C 언어 프로그래밍 입문

한올출판사

머리말

현대와 같은 정보화 시대에서 자료를 수집하여 프로그램하기 위한 C언어의 필요성은 이미 중요성이 인식되어 대학에서나 실무에서 이에 대한 요구가 점증되고 있다. C언어는 올바른 프로그램을 위한 유력한 도구이므로 많은 분야에서 이에 대한 지식을 요구하게 된다.

C언어는 프로그램 오류를 쉽게 발견하기 위한 기능은 부족하지만, 고수준 언어에서 자주 볼 수 있는 기술상의 제약이 적기 때문에 오히려 프로그래밍하기 쉬운 편리한 언어로 평가되며, 프로그램을 간결하게 쓰기 위하여 많은 연구를 한 언어이다.

C언어의 기본 특징은 ASCII코드 체계로 영문 소문자 집합을 바탕으로 하고 있으며, 함수(function)의 정의문들의 집합으로 구성되어 있고, 분할 컴파일을 할 수 있어 함수 정의부 밖의 외부 변수를 정의함으로써 컴파일 단위가 다른 함수의 외부 변수를 참조할 수 있게 되어 있다.

본서는 각 장마다 본문은 최소한의 C언어 개론 수준의 내용을 간결하고 쉽게 표현하려고 노력하였으며 내용의 서술이 끝난 뒤에 적절한 예를 들어 설명을 첨가하여 이해가 쉽도록 구성하였다. 그리고 프로그램 기초를 수강한 경험이 없는 독자들도 무리없이 이 책의 내용을 이해하도록 하였고 예제 및 연습문제의 결과들은 확인하게 하여 반복 학습이 이루어지도록 하였다.

한편 더 고급 내용을 원하는 경우에는 고급언어 방법론 및 매뉴얼 등을 참고하기 바란다.

이 책의 내용은 C프로그램 기초 및 프로그램 실무 과목의 강의 노트를 중심으로 작성된 것으로서 가장 기본적인 접근 방법과 그 이론부터 시작함으로써 자연 및 공학 계통의 학생, 각종자격시험이나 취직 시험을 대비하는 독자들도 쉽게 접근 할 수 있도록 하였다.

따라서 이 책의 도출된 프로그램 수준의 내용들이 모두 집필자들의 독창적인 연구결과로 도출된 것이 아님을 밝히고 싶다.

내용 중 많은 부분들이 국내외의 서적, 보고서, 논문, 강의 노트와 인터넷에서 얻어진 자료 등을 인용하였고 내용 중 일부는 인용표시 및 자료의 출처가 표시되어 있지 않거나 정확하게 표시못한 점에 대하여 머리 숙여 깊은 양해를 구하고자 한다.

이 책은 실무에서는 직접 이 책을 갖고서 응용할 수 있고, 또한 학부에서는 교재로 사용할 수 있도록 저자들이 지난 몇 년간 대학에서 프로그램 강의 경험을 토대로 대학의 강의 수준에 맞도록 요약 정리하기 위해 최선을 다하였으나 저자들의 경험이 일천한 관계로 여러 가지 보이지 않는 오류가 있을 것으로 사료되나 독자 여러분의 지도 편달을 받아 수정 보완해 나갈 것을 약속하면서 여러분의 많은 지도 편달을 부탁드린다.

특히 이 책이 나오기까지 열과 성을 다하여 출판하는데 애써 주신 한올출판사 여러분께 감사를 표한다.

2008. 04

매주리 연구실에서 저자 씀

Chapter 4 제어문과 순환문

Chapter 5 함수

Chapter 6 배열과 문자

Chapter 7 포인터

Chapter 8 구조체와 공용체

C언어의 시작

Chapter 01

제1장에서는 C언어의 기본 개요에 관하여 살펴본다.

C언어는 프로그램 오류를 쉽게 발견하기 위한 기능은 부족하지만, 고수준 언어에서 자주 볼 수 있는 기술상의 제약이 적기 때문에 오히려 프로그래밍하기 쉬운 편리한 언어로 평가되며, 프로그램을 간결하게 쓰기 위하여 많은 연구를 한 언어이다.

C언어의 기본 특징은 ASCII코드 체계로 영문 소문자 집합을 바탕으로 하고 있으며, 함수(function)의 정의문들의 집합으로 구성되어 있고, 분할 컴파일을 할 수 있어 함수 정의부 밖의 외부 변수를 정의함으로써 컴파일 단위가 다른 함수의 외부 변수를 참조할 수 있게 되어 있다.

1. C언어란?

C언어는 1980년대 미국의 Bell 연구소에서 유닉스를 보다 쉽게 구현하기 위해 Dennis Ritche가 개발한 시스템 기술용 언어로서 확장성, 이식성, 유연성이 뛰어난 언어이다.

C언어는 프로그램 오류를 쉽게 발견하기 위한 기능은 부족하지만, 고수준 언어에서 자주 볼 수 있는 기술상의 제약이 적기 때문에 오히려 프로그래밍하기 쉬운 편리한 언어로 평가되며, 프로그램을 간결하게 쓰기 위하여 많은 연구를 한 언어이다.

C언어의 기본 특징은 ASCII 코드 체계로 영문 소문자 집합을 바탕으로 하고 있으며, 함수(function)의 정의문들의 집합으로 구성되어 있고, 분할 컴파일을 할 수 있어 함수 정의부 밖의 외부 변수를 정의함으로써 컴파일 단위가 다른 함수의 외부 변수를 참조할 수 있게 되어 있다. 또한 프로그램의 함수 기능에는 SUBROUTINE 기능(FUNCTION 기능)을 가지고 있으며, 함수 호출시 매개변수의 값만 넘겨주는 호출 방식을 따르고 있고, 자료의 주소를 자유롭게 조작할 수 있는 점들이다.

그럼 좀 더 자세히 C언어의 특징으로 몇 가지 나열해 보면,

(1) C언어 자체는 입출력 기능이 없어서 system에서 제공되는 함수에 의하여 행하여 진다.

(2) 프로그램의 구성이 구조적이어서 알기 쉽다.

(3) 처리해야 할 데이터의 형이 계산기 내부 표현에 가까운 형으로 정의된다.

(4) 포인터 방법으로 데이터와 데이터를 자유롭게 결합시킨다.

(5) 저급언어의 특성과 함께 논리적인 구조의 고급 언어의 특성을 가지고 있다.

- 저급언어 : 하드웨어를 직접 제어할 수 있는 언어 예: 어셈블리언어
- 고급언어 : 사용자 편의 지향 예: Pascal, Fortran, Basic

2. 기본적인 사용법

2.1 실행 과정

비주얼 C++은 C는 물론이고 C++과 MFC(Microsoft Foundation Class)라고 부르는 내장 클래스의 라이브러리를 사용하는 프로그램 등을 컴파일하고 실행시키는 개발 도구중의 하나이다. 윈도우상에서 기본적인 사용법은 다음과 같다.

❶ 윈도우의 시작 버튼 시작 → 프로그램(P) → Microsoft Visual Studio 6.0 → Microsoft Visual C++ 6.0 을 실행하면 다음과 같은 화면이 나온다.

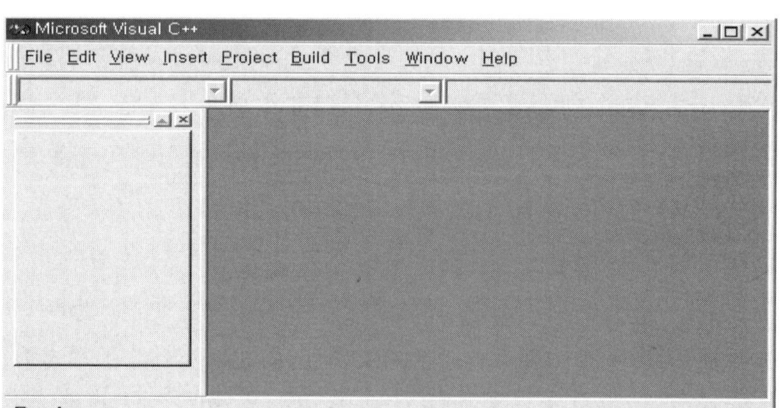

❷ C 프로그램을 작성하고 컴파일하기 위해서는 File 메뉴의 New을 통해서 새로운 프로젝트를 생성해야 한다. C프로그램을 위해서는 [Win32 Console Application] 을 선택하고 Location에 자신의 프로젝트가 저장될 경로를 기입하고 또, Project Name에 자신의 프로젝트이름을 기입하여 [OK] 버튼을 누르면 된다.

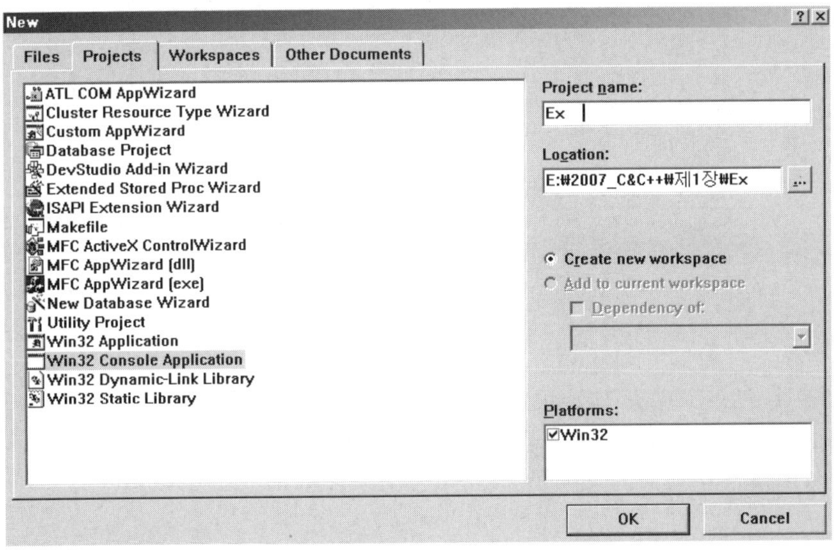

❸ 어떤 종류의 Console Application을 사용하는지에 대한 체크 대화상자가 나온다. 처음에 선택된 [An empty project.] 을 선택하고 [Finish] 버튼을 누른다.

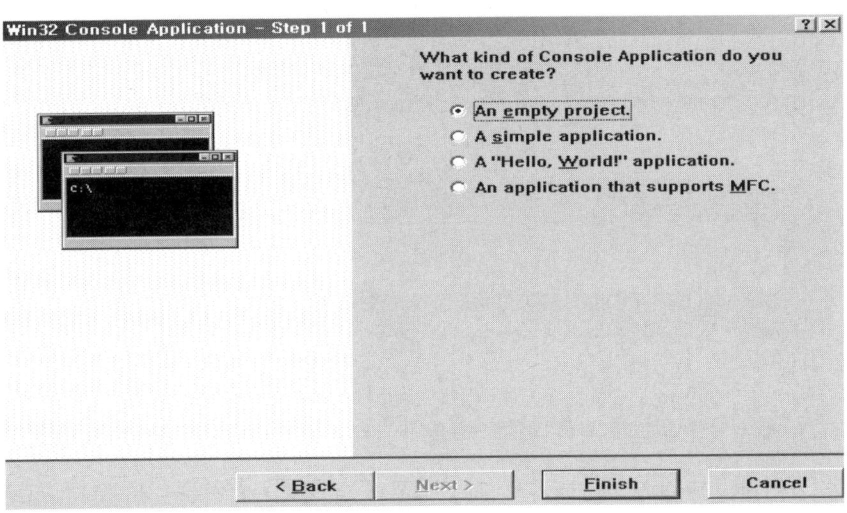

❹ 앞 단계에서 설정된 프로젝트 정보가 나타나면 OK 버튼을 누른다.

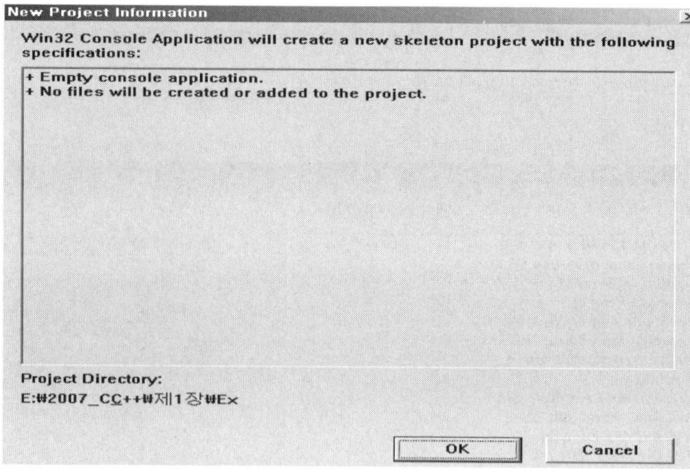

❺ 새로운 프로그램을 작성하기 위한 빈 프로젝트 화면이 나타난다. 따라서 새로운 파일을 만들기 위해서는 새로운 프로젝트를 생성했던 방법과 동일하게 [File] 메뉴의 [New]를 선택한다.

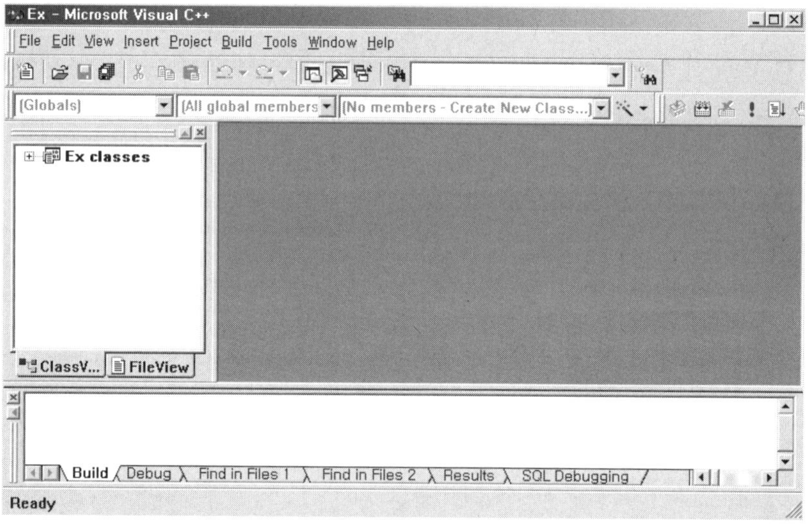

❻ [File] 메뉴의 [New]를 선택하면 다음과 같은 화면이 나타난다. C++ Source File 를 선택하고 파일이름 [Ex.c]로 기입하고 OK 버튼을 누르면 프로그램을

작성할 수 있는 빈 파일 하나가 나타난다. 물론 이미 만들어진 파일을 프로젝트에 추가하기 위해서는 File메뉴를 선택하면 된다. 이것을 이용하여 이미 존재한 헤더파일 등등을 C프로그램 파일에 추가할 수 있는 것이다.

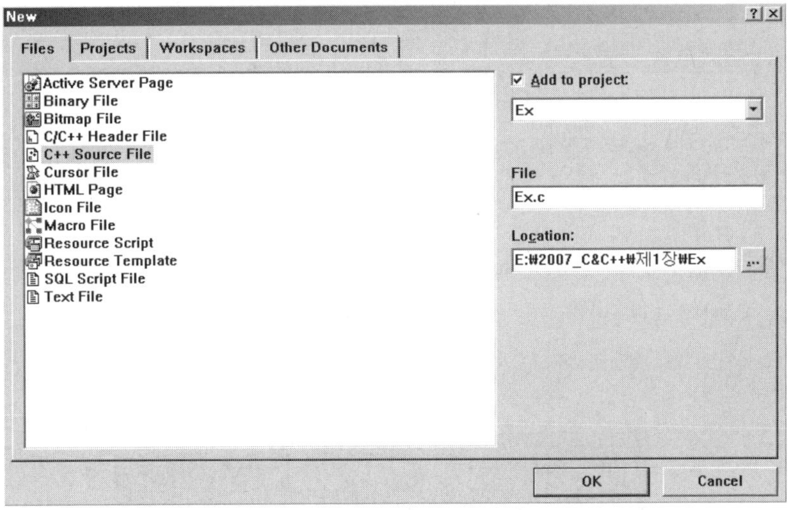

❼ 다음과 같이 코드를 작성하고 File 메뉴의 Save를 이용하여 저장한다.

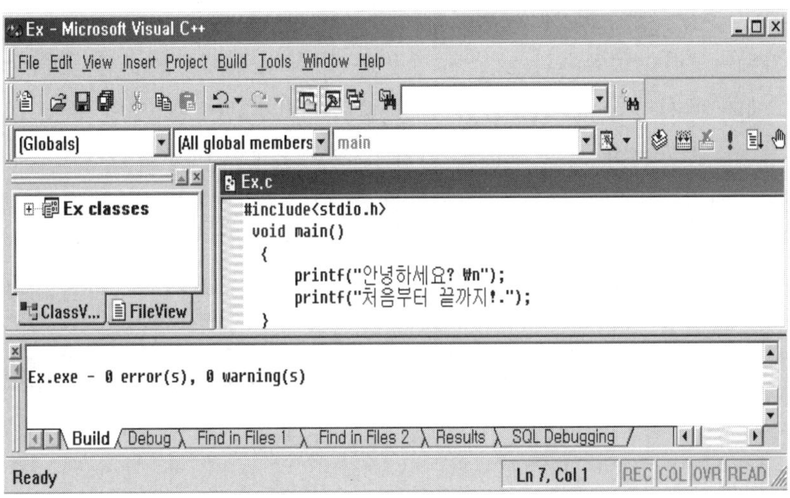

❽ 컴파일은 [Build] 메뉴의 [Compile]을 이용하면 다음과 같이 실행파일 [Execute Ex.exe]란 실행파일이 만들어 진다.

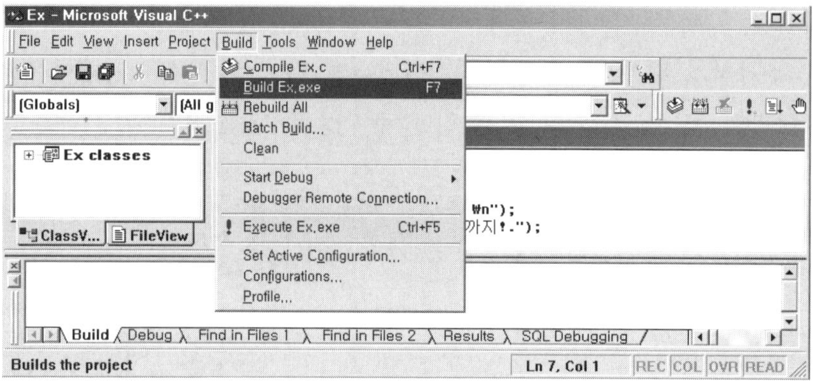

❾ 실행은 Build 메뉴의 Execute 메뉴 혹은 큰 메뉴의 ! 을 이용하면 다음과 같은 결과 화면이 나타난다. 또 다른 실행방법은 작업 폴더 Debug 폴더가 이미 만들어져 있다. 이 폴더 안에 실행파일을 실행해도 같은 결과가 나타난다.

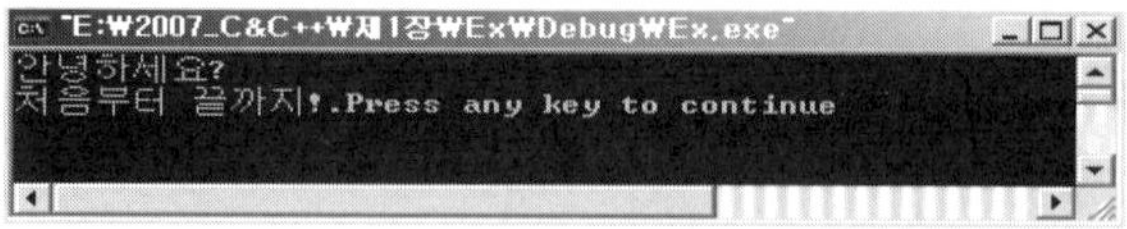

❿ 입력단계에서 만약 세미콜론(;)을 빠뜨리면 에러나 경고가 있는 다음과 같은 메시지가 생성된다. 즉, 에러나 경고가 발생 하였을 때는 에러나 경고가 발생한 파일이름과 해당 줄번호를 출력해 주며 디버그 창에 그 내용을 간략하게 보여준다. 에러 메시지가 표시된 줄을 더블 클릭하면 자동으로 해당 줄로 이동하여 수정 하면 되고 만약 여러 애러가 발생하는 경우에는 반드시 가장 위에 발생한 에러부터 수정해야 한다.

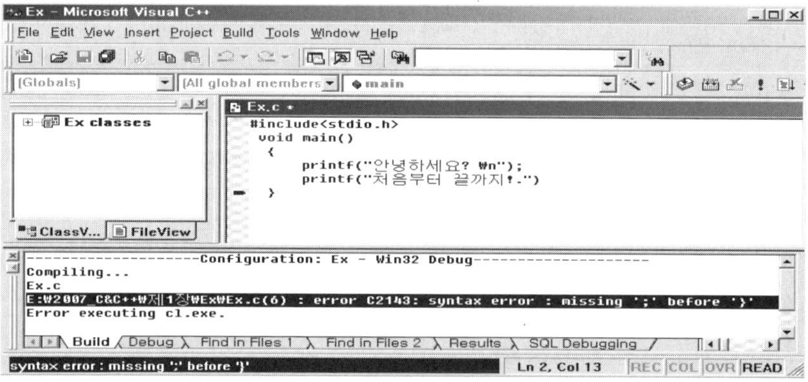

⓫ 위의 과정을 단계 별로 요약하면 다음과 같다.

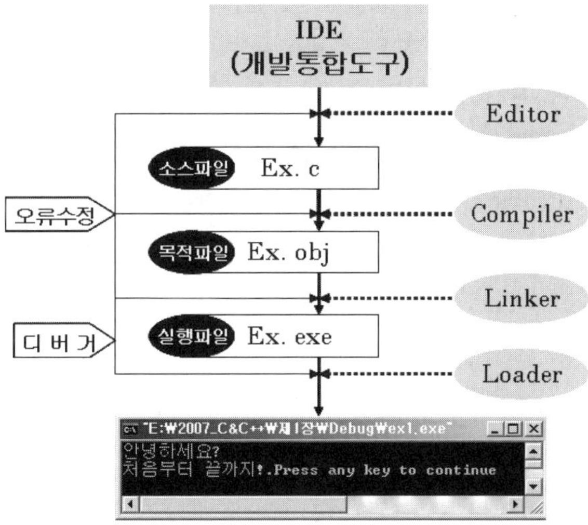

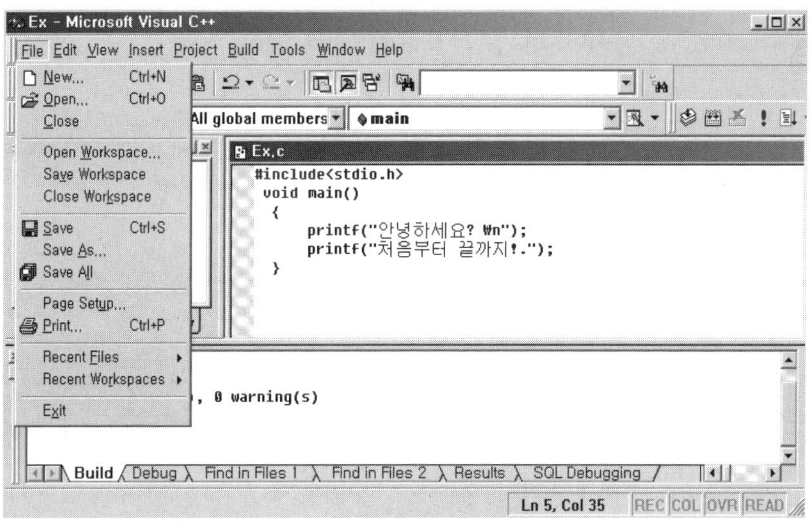

2.2 자주 사용하는 기본적인 File과 Build 메뉴 설명

아래 그림은 File 메뉴를 누르면 나타나는 부분 메뉴들이다. 이러한 메뉴를 이용하지 않고 C++ 상단에 보면 같은 기능을 하는 아이콘이 나타나 있다. 이 아이콘들은 아래 메뉴의 왼쪽에 있는 아이콘과 같다. 따라서 상단에 있는 아이콘을 이용해도 같은 기능을 한다. 그리고 아래 메뉴들의 오른쪽에 있는 단축키를 사용하여도 된다.

1	New... Ctrl+N	새로운 프로젝트나 새로운 파일을 생성할 때 사용한다.
2	Open... Ctrl+O	저장된 파일을 열 때 사용한다.
3	Close	현재 작업중인 파일을 닫는다.
4	Open Workspace...	이미 저장된 프로젝트를 열 때 사용.
5	Save Workspace	현재 작업중인 프로젝트를 저장할 때 사용.
6	Close Workspace	현재 작업중인 프로젝트를 닫을 때 사용.
7	Save Ctrl+S	현재 작업중인 파일을 저장할 때 사용.
8	Save As...	현재 작업중인 파일을 다른 이름으로 저장할 때 사용.
9	Save All	현재 열린 모든 파일을 저장할 때 사용
10	Page Setup...	소스코드 출력할 때 출력상태 환경을 설정할 때 사용
11	Print... Ctrl+P	소스코드를 인쇄할 때 사용
12	Recent Files ▸	최근에 작업했던 파일을 열 때 사용
13	Recent Workspaces ▸	최근에 작업했던 프로젝트를 열 때 사용
14	Exit	Visual C를 종료할 때 사용

아래 그림은 Build 메뉴를 누르면 나타나는 부분 메뉴이다. 자주 사용하는 메뉴만 설명한다.

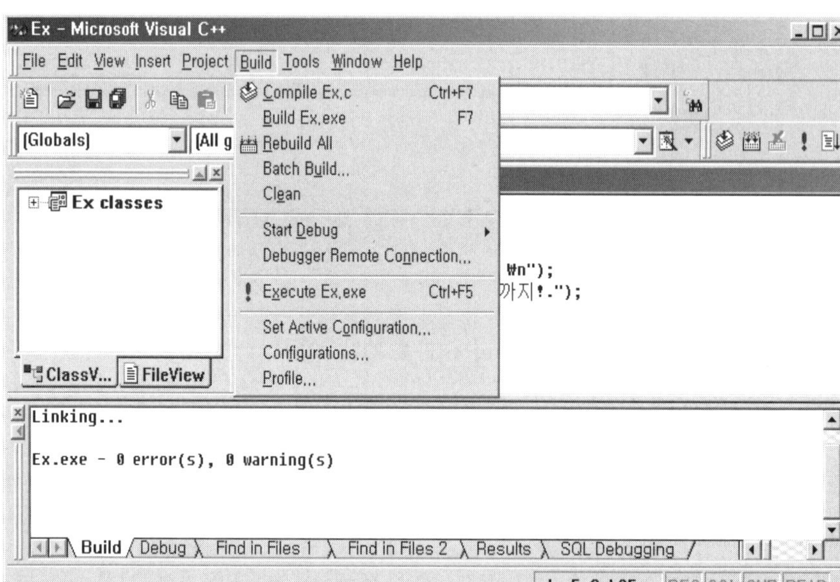

1 Compile Ex.c Ctrl+F7 현재 작업중인 코드를 컴파일 시킬 때 사용.

2 Build Ex.exe F7 현재 작업중인 프로젝트의 실행파일을 만들 때 사용.

3 ! Execute Ex.exe Ctrl+F5 현재 작업중인 프로젝트를 실행 할 때 사용.

3. C언어의 기본 구조

일반적인 C 프로그램의 형식은 [표 1.1]과 같은 구조를 갖는다. 물론 가장 기초적인 구조이며, 여기에 서브루틴이 포함되는 경우는 다소 그 형태가 변하게 된다. C언어의 강력한 형태중의 하나는 모든 프로그램들을 함수로 구성할 수 있다는 것이다. 이와 같이 함수로 구성되는 프로그램의 형태는 차차 논의될 것이다. 우선 main() 프로그램에서의 일반적인 형태를 알아보도록 하자.

헤더파일(header file)파일과 main()으로 구성되는 것이 가장 기초적인 C언어의 구조이다. 이와 같은 경우는 main()에서 모든 프로그램을 작성하는 경우에 사용된다. [그림 1.1]에는 일반적인 형태의 프로그램구조가 나타나 있다. 여기서 주의할 것은 서브루틴(Subroutine)은 그 위치가 상당히 자유롭다는 것이다. 즉, 서브루틴영역은 main영역 위에 위치할 수도 있다. 최근 프로그램의 경향은 서브루틴영역을 main영역 위에 위치시키고 있다.

표 1.1 C 프로그램의 형식

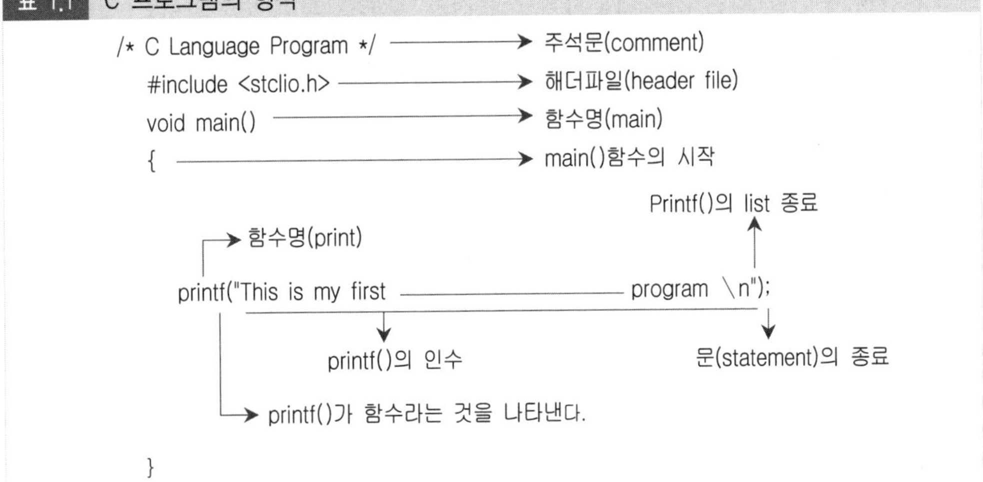

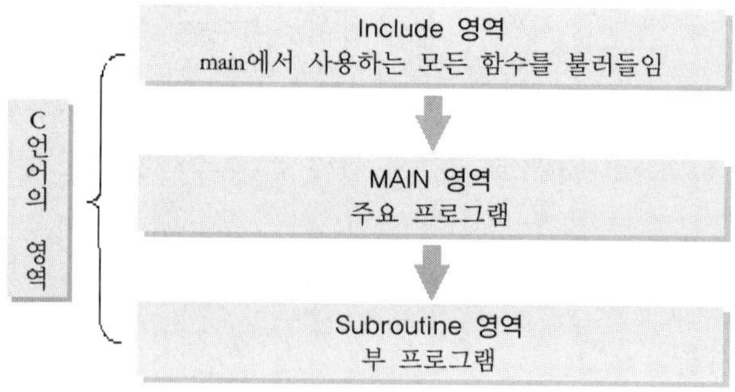

그림 1.1 C언어의 구조

[표 1.1] 의 C 프로그램 형식의 둘째 줄에 "main()"이라는 단어가 나온다. 이것은 프로그램이 시작되는 시작점(메인 프로그램)임을 나타낸다. C는 여러 개의 서브루틴들을 한 프로그램 안에 가질 수가 있는데, 어느 루틴이 맨 처음에 시행되어야 하는가를 지정해 주기 위하여 이 "main"이라는 함수를 지정해 놓은 것이다. "main" 앞의 void는 해당 함수가 어떠한 값도 반환하지 않음을 컴파일러에게 알려주는 역할을 한다. 만약 int main(void) 와 같은 형태라면 이 함수가 정수값을 반환(return 0;)한다는 것을 컴파일러에게 알려주는 역할을 한다.

다음 라인의 "{"과 끝 라인의 "}"은 시작과 끝을 나타내는 것이며, 안의 "printf"는 화면 괄호 안에 있는 내용을 출력하는 명령(정확하게는 내장 함수)이다. 그리고 각각의 "printf"는 마지막에 ";"로 끝나는데 이는 명령 단위를 구분해주는 표시로서 반드시 적어주어야 한다.

또 한가지 주의할 점은 C는 대문자와 소문자를 서로 다르게 인식한다는 것이다. 만약 위의 "main"이나 "printf"를 "MAIN" 또는 "Printf" 등으로 대문자를 끼워서 쓰게 되면 링크(Link)시 에러를 만나게 될 것이다. 일반적인 프로그램의 형식은

```
#include<stdio.h>
```

라고 프로그램의 맨 위에 선언되어야 한다. 이것은 C에서 사용되는 표준입출력 함수를 정의한 헤더파일을 가리킨다. C는 컴파일 할 때 "stdio.h"라고 하는 헤더파일을 포함하여 컴파일하고, 이를 통해 표준입출력 제어를 한다. 즉, #기호는 전처리기가 처리하는 문장이다. 다른 예로 #define A 100 라고 정의 되었다면 프로그램에서 상수 100대신에 정의한 A를 찾아내어 상수 100으로 변환하는 처리를 수행한 이후에 컴파일 된다.

연 / 습 / 문 / 제 (A)

1. C 언어의 특징을 설명하시오.

2. C 언어의 컴파일과 실행에 대한 메뉴를 설명하시오.

3. 컴파일과 링크의 의미를 설명하시오.

4. C 언어의 File 메뉴를 나열하시오.

5. C 언어에서 디버그 기능에 대하여 설명 하시오.

6. C언어의 일반적인 프로그램구조를 설명하시오.

7. C언어 컴파일러의 종류에 대하여 나열하시오.

8. printf() 함수를 이용하여 자신의 가족 이름을 출력하는 프로그램을 작성하시오.

연/습/문/제 (B)

1. 함수 $f(x) = 10 \cdot x + 5$라고 가정 했을 때 $f(5)$을 계산하고 출력하는 프로그램을 작성하시오.

▶ [힌트 및 결과]

```
#include<stdio.h>
 void main()
{
  int y, x=5;
  y=10*x+5;
  printf("f(5)=%d₩n", y);
 }
```

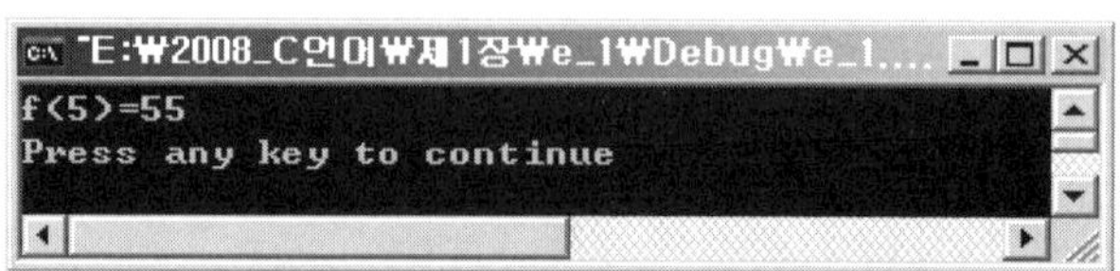

2. 230을 3로 나누어 몫과 나머지를 계산하고 출력하는 프로그램을 작성하시오.

▶ [힌트 및 결과]

```
#include<stdio.h>
 void main()
{
int x=230, y=3, k=x/y, m=x%y ;
 printf("%d/%d=%d...%d₩n", x, y, k , m );
 }
```

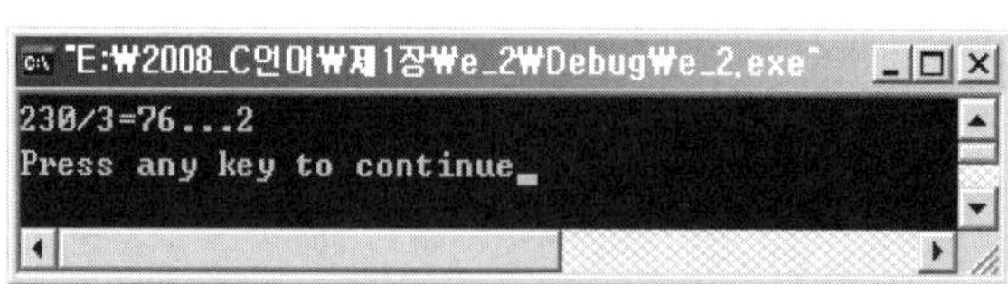

3. "The rich are not always happy" 다음에 2행을 개행하고 나서 "The beauty are not always beautiful"을 출력하는 프로그램을 작성하시오.

[힌트 및 결과]

```
#include<stdio.h>
 void main(void)
{
     printf("The rich are not always happy₩n");
     printf("₩n");
     printf("The beauty are not always beautiful₩n");
}
```

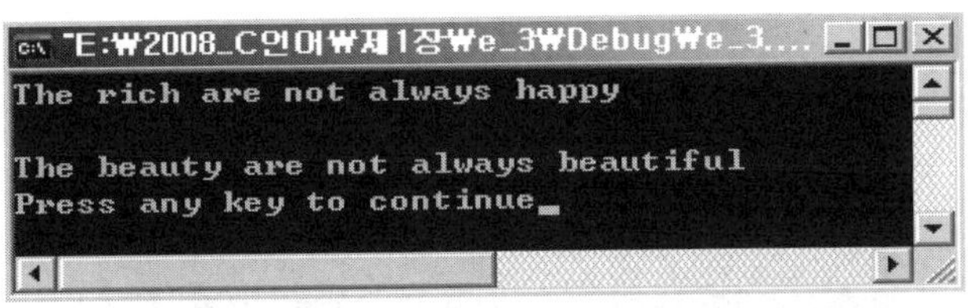

4. 상품의 단가(300원)와 판매수량(200개)이 주어지고 상자대금 100원을 더한 매매가를 계산하고 15% 할인한 서비스 가격을 구하는 프로그램을 작성하시오.

[힌트 및 결과]

```
#include<stdio.h>
  main()
{   int unit=300, number=200;
    int cost; double price;
    cost=unit*number+100;
    price=cost*0.85;
     printf("price=%f 원₩n", price);
}
```

5. "나의 사랑 그대 곁으로", "모두다 사랑 하리"를 이용하여 함수를 정의하여 호출하는 프로그램을 작성하시오.

[힌트 및 결과]

```
#include<stdio.h>

    void fun()
     { printf("나의 사랑 그대 곁으로₩n");}


      main()
     {  printf("모두다 사랑 하리₩n");
      fun();
       }
```

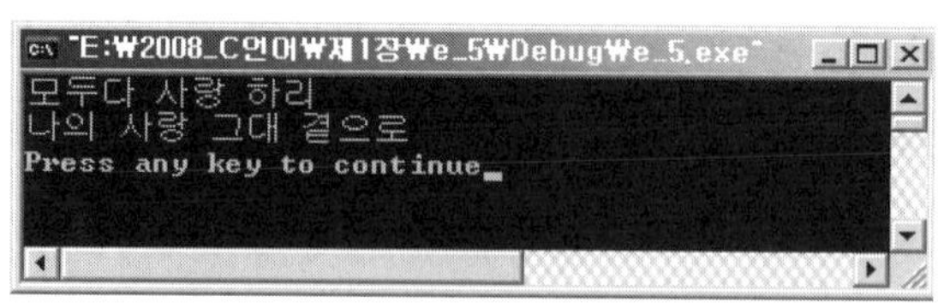

C언어의 기초

Chapter 02

제2장에서는 c언어를 이해하는데 필요한 기초 사항에 대하여 간단히 살펴본다.

1. 변수 이름
2. C의 기본 데이터형
3. 상수의 선언
4. 자료의 입력과 출력

C언어를 이해하는데 필요한 기초 사항인 기본 데이터형, 상수의 선언 및 자료의 입력과 출력에 관한 사항을 살펴보도록 하자

1. 변수 이름

일반적으로 변수 이름은 첫 문자는 영문자로 시작하고, 두 번째 문자 이후는 영문자, 숫자, "_"를 사용한다. 이름은 의미가 전달되도록 하는 것이 프로그램 이용에 편리하다. 만일 변수의 이름에 의미를 부여하기가 힘들다고 판단될 때에는 주석문을 사용하는 것도 한 방법일 수 있다. 실제로 주석문은 많은 경우에 이용된다. 매우 긴 프로그램을 작성한다고 할 때 직접 프로그램을 작성한다 하더라도 변수간의 의미를 확실히 구분할 수 없는 경우들이 발생한다. 이때의 주석문은 프로그램의 이해를 도울 수 있을 것이다. 또한 타인이 프로그램을 대할 때는 더구나 그 프로그램을 이해하기가 매우 어려운 경우가 대부분이다. 이런 경우에도 역시 프로그램을 좀더 쉽게 이해할 수 있을 것이다. 이처럼 변수의 이름을 부여하는 것은 프로그램의 유지·관리측면에서 많은 장점을 가져다 줄 것으로 생각된다.

변수이름을 붙이는 법에는 다소의 제한이 있다. 예를 들면 auto는 C 언어에서는 특

별한 의미가 있으므로 변수이름에는 사용할 수 없다. 마찬가지로 if, int, goto, register 등도 변수명이나 함수 명으로 함부로 사용해서는 안 된다. 이와 같이 미리 사용법이 정하여져 있는 말을 "예약어"라 한다. 예약어에는 [표 2.1]에 제시되는 것들이 있다.

표 2.1 C의 예약어

auto	else	long	typedef
break	enum	register	union
case	extern	return	unsigned
char	float	short	void
continue	for	sizeof	while
default	goto	static	
do	if	struct	
double	int	switch	

한편, 프리프로세서 기능으로 사용되는 #이 앞에 붙은 #include, #line, #ifdef, #define들도 특별한 이름이지만 예약어가 아니므로 변수이름으로 사용해도 무방할 것이다. 그러나 저자의 생각으로는 별로 권장할 만한 것은 아닌 것 같다.

또한 C에서는 define이라고 하는 전처리기가 있다. 이 전처리기는 비록 변수의 형태로 정의되지만, 컴파일러는 이것을 마치 상수처럼 여긴다. 이때 사용하는 변수는 일반적인 변수와 구분하기 위하여 대문자로 선언하는 것이 통례이다. 전처리기는 차후에 다시 설명할 기회가 있을 것이다.

2. C의 기본 데이터형

프로그래밍의 중요한 사항중의 하나가 출력에 대한 문제이다. 출력은 C언어에서 제공하는 출력함수를 사용하여 모니터에 연산 결과를 출력한다. 그런데, 이러한 출력의 문제는 C언어의 데이터형과 밀접한 관계가 있다. 따라서 먼저 C언어의 데이터형에 관해 먼저 알아보도록 하자.

데이터형, 즉 자료형은 프로그램 수행 시 문제가 될 수 있는 메모리의 문제를 해결하기 위한 방안으로 제안되어졌다. 즉, 부족한 메모리를 좀 더 효율적으로 사용하고자 하는 것이다.

현재 물건을 담기 위한 봉투가 중간 정도의 것만 있다고 하자. 이 봉투에 연필 한 자루를 담아서 보관한다고 하면, 봉투의 효율성은 매우 떨어질 것이다. 반대로 매우 큰 물건은 봉투에 넣을 수가 없을 것이다. 물건을 담을 때는 작은 물건은 작은 봉투에, 큰 물건은 큰 봉투에 담는 것이 제격인 것이다. 이처럼, 자료가 큰 경우는 큰 메모리에, 자료가 작은 경우는 작은 메모리에 보관하려는 의도에서 데이터형이 생겼다고 보면 될 것이다.

C에서 제공하는 데이터형의 종류는 매우 다양하다. 그러나 여기서는 기본적인 데이터형만을 알아보도록 하자. 기본적인 데이터형은 문자형, 정수형, 실수형등이 있다. 이 밖의 자료타입으로 포인터, 배열, 구조체, 공용체(Union) 등이 있으나 이는 차후에 설명하도록 하겠다.

먼저 컴퓨터가 수를 어떻게 인식하는지 부터 알아보자. 즉, 입력된 수를 메모리에 저장하는 방법이 있다는 것이다. 이것을 아는 것은 컴퓨터의 기본적인 이해측면이나, 또한 프로그래밍에 있어서 발생하게 될 에러를 방지하기 위해 매우 중요하다.

정수는 양의 정수, 0, 그리고 음의 정수로 나눈다. 그리고 1357과 -1357은 각각 양의 정수와 음의 정수이다. 그러나 1357.0은 정수가 아니라 유리수이다. 이러한 유리수를 실수형이라 하자.

컴퓨터가 모든 자료를 "0"과 "1"로 인식하는 사실은 누구나 알고 있는 내용일 것이다. 우리가 사용하는 IBM계열의 컴퓨터에서는 정수형 자료를 2바이트에 저장한다. 즉, 16비트에 저장한다. 1357을 2진수로 바꾸면 $(10101001101)_2$ 이다. 이것을 그림으로 그리면 다음과 같다.

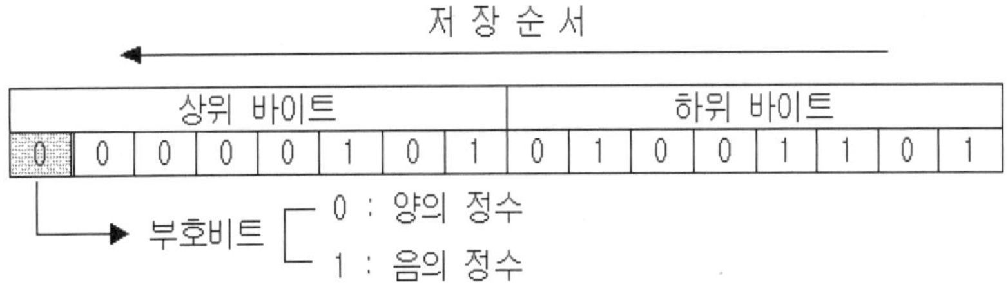

그림 2.1 정수 1357의 메모리 저장 방법

이와 같이, 정수형을 일정한 메모리에 저장하기 때문에 저장에 있어서 제약이 따르게 된다. 이러한 저장의 제약은 프로그램의 오차가 발생하는 원인이 되기도 한다. 상위 바이트의 첫 번째 비트는 부호 비트로서, 부호 비트가 "0"이면 양의 정수, 부호 비트가 "1"이면 음의 정수를 나타낸다. 따라서 표현할 수 있는 정수의 범위는 $(-2^{15}) \sim (2^{15}-1)$ 이다. 즉, -32768~32767까지의 숫자를 표현할 수 있다. 만일 부호 비트가 없는 경우는 $0 \sim 2^{16}-1$ 까지 이다. 즉, 0~65535까지의 양의 정수(이것이 부호 없는 정수이다.)를 표현할 수 있다.

이제 실수형의 경우를 생각해 보자. C에서는 이러한 실수형을 부동 소수점의 형태로 저장한다. 즉, $1.357 \times e^{-3}$ 이나 $1.357 \times e^{3}$ 등과 같이 실수를 가수부와 지수부로 나누어 표현한다. 이러한 부동 소수점의 장점은 매우 작은 수를 짧고 간략하게 표현할 수 있다는 것이다. C에서는 이러한 실수를 4바이트 혹은 8바이트로 저장한다. 그러나 필자가 경험한 바로는 부동소수점의 식은 8바이트로만 계산되는 것 같다. <그림 2.2>에 실수형의 메모리 저장방법이 그려져 있다.

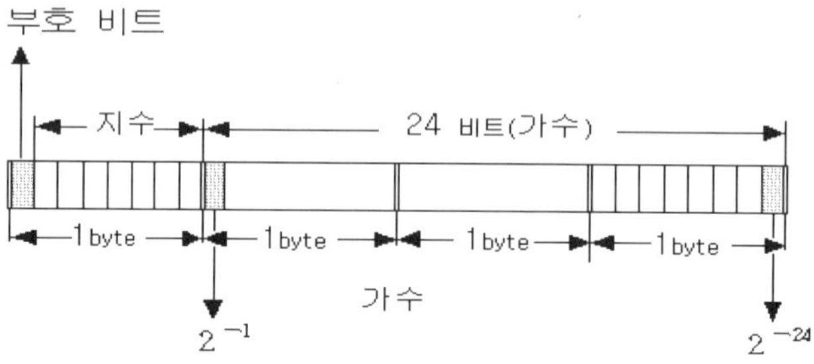

그림 2.2 실수형의 메모리 저장방법

부호 비트는 정수형의 경우와 동일하다. 즉, 부호 비트가 "0"이면 양수이고 "1"이면 음수를 나타낸다. 최상위 바이트에서 부호 비트를 제외한 7비트에 지수부가 저장된다. 따라서 지수부의 최대값은 $(1111111)_2 = 127$ 이다. 그런데 실제의 지수형태는 양수와 음수로 구분됨으로 64를 뺀 63까지가 지수부로 사용된다. 즉, 지수의 표현 범위는 최소 -64부터 최대 63까지 이다. 그리고 나머지 24비트에 가수부가 저장된다. 그런데 어떤 소수를 이진수로 표현하면 24비트에 완성되지 않기 때문에 24비트 이후에는 반올림을 하게되어 반올림오차가 발생하게 된다.

다음의 프로그램을 가지고, 내 컴퓨터에서 사용하는 정수형과 실수형 그리고 문자형등의 메모리 할당 크기를 알아보도록 하자. 또한 앞으로 설명할 short int형과 int형의 관계도 확인해 보자. 참고로 short int형과 int형은 정수형의 한 종류이다.

P/G 2.1 자료형의 크기

```
#include<stdio.h>
#include<conio.h>
void main()
{
    void clrscr(); /* 화면을 깨끗이 지운다. */
    printf(" A type of char              : %d bytes\n",sizeof(char));
    printf(" A type of unsigned char : %d bytes\n",sizeof(unsigned char));
    printf(" A type of integer           : %d bytes\n",sizeof(int));
    printf(" A type of short integer  : %d bytes\n",sizeof(short));
    printf(" A type of long integer   : %d bytes\n",sizeof(long));
    printf(" A type of float              : %d bytes\n",sizeof(float));
    printf(" A type of double           : %d bytes\n",sizeof(double));
    getch(); /* 컴파일 후에 화면을 사용자의 키보드입력 때 까지 기다린다. */
}
```

위에서 사용한 "printf()"함수는 C에서 제공하는 표준입출력 함수의 대표적인 경우로 모니터 상에 연산결과를 표시하는 함수이다. 또한 "sizeof()" 함수는 ()안의 자료형에 대한 메모리상에서의 크기를 구하는 함수이다. 아래의 결과를 확인하면 int형과 short int형은 각각 2바이트로 서로 동일한 크기를 사용하고 있는 것으로 나타났다. 또한 long형은 4바이트, float형과 double형은 각각 4바이트와 8바이트의 크기를 갖는 것으로 나타나고 있다.(내 컴퓨터는 어떨까? 쩝!) 독자들도 한번씩 수행해 보기 바란다.

[P/G 2.1] 결과

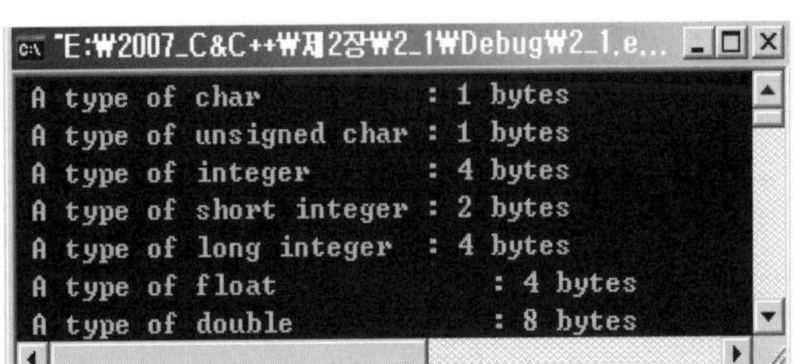

이제 다른 프로그램으로 정수형과 실수형의 차이를 확인해 보자. 흔히 정수형의 형태만으로 일반적인 프로그램이 작성될 수 있지만, 수학적 계산에서는 실수형이 필요한 경우가 대부분이다. 다음의 **P/G 2.2** 프로그램을 작성해 보자.

P/G 2.2 정수형과 실수형의 차이

```
#include<stdio.h>
#include<conio.h>
main()
   {
   char company;
   int sale1,sale2;
   float sale3,sale4;
   float sum;
   double avg;
   void clrscr();
   company='A';
   sale1=3150;
   sale2=2400;
   sale3=9500.65;
   sale4=1500.67;
   sum=sale1+sale2+sale3+sale4;
   avg=sum/4;
   printf("\n\n    %c회사의 분기별 매출\n",company);
   printf(" ---------------------- \n");
   printf("    1/4분기 매출 : %d \n",sale1);
   printf("    2/4분기 매출 : %d \n",sale2);
   printf("    3/4분기 매출 : %6.1f \n",sale3);
   printf("    4/4분기 매출 : %6.3f \n",sale4);
   printf(" ---------------------- \n");
   printf("    매출합계 : %6.1f\n", sum);
   printf("    평균매출 : %6.1f\n",avg);getch();
   }
```

P/G 2.2의 main영역에서 6번째 행까지는 변수를 선언한 내용이 나오는데, 이는 자료를 저장하기 위해서 사용자가 자신이 사용할 임의의 변수명을 먼저 선언하는 것이다.

이를테면, “sale1”, “sale2”에다가 정수형 숫자를 집어넣고 “sale3”, “sale4” “sum", “avg”에는 소수점이 들어가는 실수형 숫자를 집어넣겠다는 것을 미리 지정하는 것이다.

만약 이러한 자료 타입 선언을 미리 하지 않고 “sale1=3150;”과 같은 문장을 쓰면 에러가 발생한다. 그리고 “sale1=3150”은 “sale1”이라는 변수에다 “3150”이라는 값을 저장한다는 의미이며 흔히 “같다”라는 의미가 아니다.

변수에 어떤 값을 할당할 때 위에서 보듯이 char형은 ‘ ’으로 둘러싸서 숫자와 구별해 준다. 이때 1자의 문자만이 ‘ ’사이에 있어야 하는데, 이는 char가 1개 문자만을 저장할 수 있는 크기를 갖기 때문이다.

문자와 문자열을 구별할 필요가 있는데, 문자는 1개의 문자만을 이야기하는 것이고 문자열은 연속된 문자들의 집합을 이야기하는 것이다. 문자형을 표시할 때는 a=‘A‘와 같이 싱글 따옴표를 사용하며, 문자열인 경우 “Statistics”과 같이 이중따옴표를 사용한다. 문자열은 배열과 포인터 부분에서 다시 다룰 것이다. 메모리 측면에서 char로 선언된 변수는 1바이트의 메모리를 차지하며, int는 2바이트, float는 4바이트, double은 8바이트를 차지한다.

변수 선언 및 자료 저장 다음으로 사칙연산이 나온다. C에서는 +, -, *, / 등의 사용이 가능하며, 일반적인 연산 순위는 곱하기/나누기를 먼저하고, 더하기/빼기를 나중에 한다는 점을 따르고 있다. 예를 들어, “a=3+5*2;”로 쓰면 변수 a에는 13이 저장되며, “a=(3+5)*2;”로 쓰면 16이 저장된다.

이의 결과가 다음과 같은 [P/G 2.2] 결과와 같다. 여기서도 확인할 수 있듯이 평균을 실수형으로 정하지 않았다면 4137로 나타났을 것이다.

[P/G 2.2] 결과

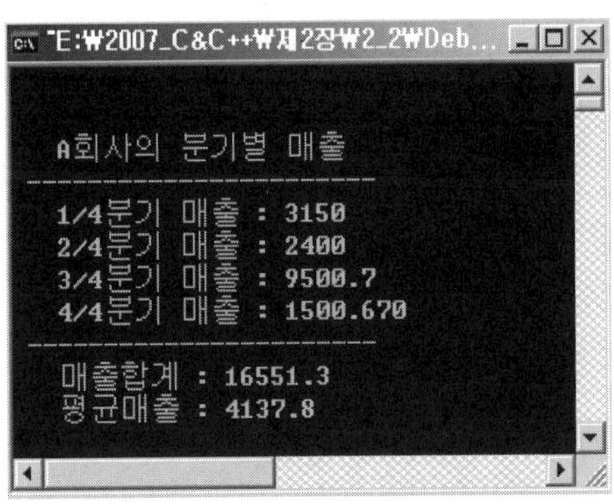

C의 자료형을 분류해 보면 다음과 같다. 또한 출력과 관련하여 자료의 형태를 변환시키는 변환문자를 소개한다. 우선은 개략적인 분류만을 살펴보도록 하자.

표 2.2 자료형의 분류

```
            ┌ 문 자 형 - char, signed char, unsigned char
┌ 기본형 ├ 정 수 형 - int, short, long, unsigned int, unsigned short
│           │                unsigned long
│           └ 실 수 형 - float, double, long double
│
└ 유도형 ┌ 함 수 명
            │ 배 열 형 - []
            └ 포 인 터 - *
```

표 2.3 변환문자

d - 10진수(Decimal),	o - 8진수(Octal)
x - 16진수(Hexadecimal),	f - 실수(Float)
c - 문자(Character)	s - 문자열(String)

이러한 변환문자는 C언어의 폭넓은 프로그래밍을 제공하고 있다. 때에 따라서는 10진수가 아닌 여타의 진법도 프로그래밍에 응용되기 때문이다. **P/G 2.3**을 통해서 이를 확인하도록 하자

P/G 2.3 자료의 형

```
#include<stdio.h>
#include<conio.h>
void main()
{
int i=12345;
char a= 'C';
static char str[ ] = "Impossble is NO!" ;
float x = 123.456;
void clrscr();
printf("정수형 변수 i를 10진수 값으로 변환한 값 : i=%d\n\n", i);
printf("정수형 변수 i를  8진수 값으로 변환한 값 : i=%o\n\n", i);
printf("정수형 변수 i를 16진수 값으로 변환한 값 : i=%x\n\n", i);
printf(" %%c의 위치에 a값을 문자상수 C로 대입한 값 :" );
printf(" 안녕! %c Programming \n\n", a);
printf("배열 이름 str에 저장된 값 : i=%s\n\n", str);
printf("변수 x의 내용을 실수로 나타낸 값 : x=%f\n\n",x);
printf("변수 x의 내용을 지수로 나타낸 값 : x=%e\n\n",x);
  }
```

[P/G 2.3] 실행결과

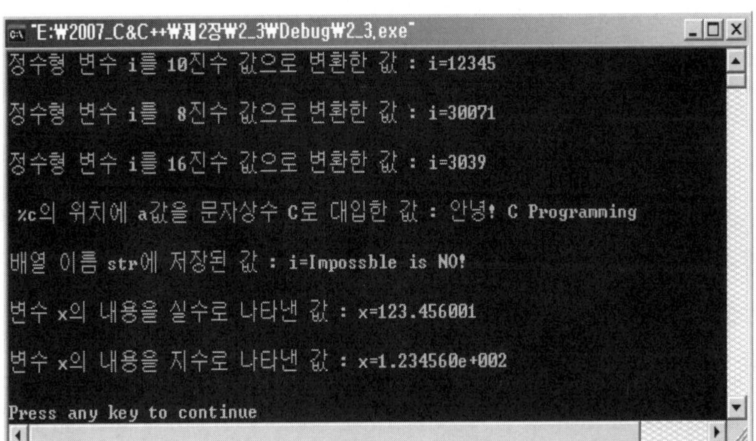

2.1 정수형

C 에서는 크게 세 가지 형태의 정수형을 제공한다. 우선, integer와 동일한 int형이 있다. 또한 이보다 작거나 같은 형태의 short형과 크거나 같은 형태의 long형등 세 가지이다. 그런데 C에서는 short int는 2바이트의 메모리를, long int는 4바이트를 할당한다. 이것은 컴퓨터의 기종과 관계없이 고정된 값이다. 그러나 int형은 컴퓨터의 기종에 따라 효율적인 메모리관리를 위하여 그 크기가 자동적으로 변하게 된다. 실제로 컴퓨터의 기종마다 int형은 2바이트(16비트)로 할당하는 경우도 있고, 4바이트(32비트)로 할당하는 경우도 있다. 그런데 우리가 사용하는 IBM계열의 개인용 컴퓨터는 흔히 2바이트로 설정하게 된다. 따라서 엄격한 자료형을 구분하지 않는다면, int형과 short int형은 서로 동일한 것이 된다. 더구나 int형은 메모리를 효율적으로 관리하기 때문에 일반적인 프로그램에서 short int형보다 선호되는 경향을 보이고 있다.

또한, C에서는 부호 있는 정수형(signed integer)과 부호 없는 정수형(unsigned integer)을 제공한다. 따라서 전체적인 정수형의 형태는 부호가 없는 형태의 정수인 unsigned short int, unsigned int, unsigned long형과 부호가 있는signed short int, signed int, signed long형등 모두 6가지가 되는 셈이다. 그런데 signed int형이나 int형은 같은 형태이다. 따라서 부호 있는 정수형은 short int, int, long형과 같이 간단히 쓰도록 하자. 또한 short int형과 int형은 동일한 형태를 갖기 때문에 int형으로 쓰도록 하자. 그러면 C에서 제공하는 정수형은 모두 unsigned int, int, unsigned long, long형등의 4가지 형태로 압축된다.

이와 같은 분류는 아마도 프로그래머들 사이의 관습인 것 같다. C에서 제공하는 다양한 형태로 인해 많은 프로그램들이 서로 알아보기 어려운 이유로 이런 4가지 형태를 관례로 정해 놓은것 같다. 앞으로 우리도 이러한 관례를 따르기로 하자.

부호 없는 정수형이란 말뜻대로 "0" 이상의 숫자를 표현할 수 있는 자료형이다. 부호 없는 정수형은 부호 비트를 이용하여 부호 있는 정수형보다 약 2배 가까운 크기를 표현할 수 있다. 부호 있는 정수형은 32767까지 표현할 수 있고, 부호 없는 정수형은 최대 65535까지 표현할 수 있다. 만일 허용범위를 넘어서게 되면 오버플로우(overflow) 현상이 발생된다. 그럼에도 불구하고 C에서는 컴파일할 때 에러를 내지 않는다. 따라서 오버플로우 현상이 발생되지 않도록 주의해야 한다. 예를 들어서 부호 없는 정수형에 "-1"을 대입하면 곤란한 결과를 발생할 수도 있다. 이런 경우 C에서는 자동으로 "65535"라는 값으로 인식하게 된다. 따라서 정수형태에 대한 허용범위를 잘 기억했다가 오버플로우 현상이 발생하지 않도록 주위하자.

관례상의 4가지 정수 형태에 대한 정수의 허용범위가 [표 2.4]에 정리되어 있다.

표 2.4 정수형 자료의 허용범위

int	-32768~32767
unsigned int	0~65535
long	-2147483648~2147483647
unsigned long	0~4294967295

2.2 실수형

C 언어의 실수형은 10진수로 나타냈을 때, 가수부의 정밀도에 따라 float와 double의 두 가지로 구분된다. 각각의 메모리 크기는[P/G 2.4] 실행결과에서 확인할 수 있다.

float형은 보통 32bit로 나타내고, 이중 8bit는 지수부를 부호와 함께 나타내며, 나머지 24bit는 지수부를 제외한 나머지를 나타내고, 양 또는 음수를 가질 수 있다.

예를 들면 다음과 같다.

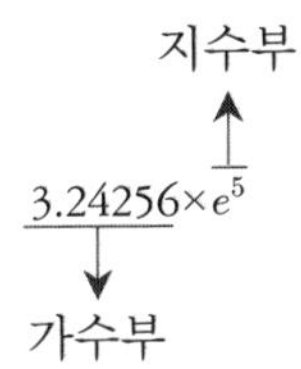

double은 부동 소수점 2배의 정밀도를 나타내며, 보통 64bit이고 long float를 사용하는 것과 같다. 이것은 정밀한 수학 또는 공학 등의 연산에서 중요한 부분으로 간주된다. float형과 doule형의 차이에 따라 프로그램의 결과가 매우 다르게 다타날 수도 있다. 또한 통계에서와 같이 반복계산이 많을 경우는 오차들이 누적되어 전혀 반대의 결과를 나타낼 수도 있는 것이다. 심지어 오차의 누적으로 말미암아 어떤 통계량을 기각시킬 것을 채택하게 하는 오류를 범할 수도 있는 것이다.

P/G 2.4 는 float형과 double형의 정밀도의 차이를 알아보고자 하는 프로그램이다. alpha와 beta 모두 수학적으로는 0.001을 최종값을 갖는다. 그러나 실제로 [P/G 2.4] 실행결과는 float형이 double형에 비해 다소간의 오차를 가지고 있는 것으로 나타났다. 이것의 결과는 반올림오차에 의한 것이다. 그러나 이것은 극단적인 결과이며, 실제로는 거의 결과상의 차이는 무시해도 좋을 만큼 매우 작은 경우가 대부분이다. 다만 독자들은 float형과 double형의 정밀도에 차이가 존재하고, 때로는 부정확한 결론을 낼 수도 있다는 사실을 기억하기 바란다. [표 2.5]에 실수형의 허용범위와 정밀도에 대해 정리해 놓았다.

P/G 2.4 float형과 double형의 정밀도

```
#include<stdio.h>
#include<conio.h>
 void main()
  {
   int i;
   float alpha;
   double beta;
   void clrscr();
   alpha = beta = 0;
   for(i=1;i<=1000;i++)     {
     alpha = alpha + 0.001;
     beta =  beta + 0.001;
   }
 printf("alpha = %.15e\n",alpha/1000.);
 printf("beta = %.15e",beta/1000.);
 getch();
}
```

[P/G 2.4] 실행결과(정밀도의 차이)

표 2.5 실수형의 정밀도와 허용범위

	최소 지수	최대 지수	유효 정밀도	최대 정밀도	출력 정밀도
float	−38	+38	7 자리	8 자리	7 자리
double	−308	+308	16 자리	18 자리	16 자리

2.3 문자형

C에서 지원하는 문자형은 char, signed char, unsigned char 형 등 모두 세 가지이다. 위에서도 설명이 되었지만, char과 signed char은 모두 부호 있는 char형으로 모두 1바이트씩의 메모리를 차지한다. 따라서 관례적으로 동일한 것으로 취급하자. 또한 char형은 수식 내에서는 int형으로 변환되어 계산된다.

IBM계열의 컴퓨터에서는 문자는 ASCII 코드로 인식된다. 그러나 대형 컴퓨터나 다른 기종의 컴퓨터에서는 다른 문자 체계를 가지고 있다. 그럼에도 불구하고, C에서는 ASCII 코드체계만을 지원하고 있다. char형이 int형처럼 사용될 때의 허용범위는 −128~127이며, unsigned char형은 0~255까지 이다.

1 자만의 문자를 저장하는 변수는 예를 들어

```
char a;
```

와 같이 선언한다. 그리고 이미 설명했던 것처럼 char형 상수는 단일 인용 부호로 묶어 사용한다.

2.4 형변환

프로그램을 하다보면 자료의 형변환(type conversion)을 할 때가 발생한다. 이것은 강제적인 자료형의 변환(이것을 캐스트 연산자라 한다.)과 산술연산에 의한 방법 2가지이다. 즉 float변수 x에 대하여 double형으로 바꾸어 계산하고 싶다면 (double)x와 같이 프로그램하면 된다. 또한 이러한 형의 변환은 계산도중 자동으로 발생하기도 한다.

먼저, 데이터형을 높은 것에서 낮은 것으로 나열하면 다음과 같다.

char < int < float < double

자동 발생하는 형변환은 다음과 같다.

❶ 부동 소수점 연산은 모두 double형이 된다.

『예』 float형 + double형 = double형

❷ char나 short는 모두 int로 격상된다.

❸ 어느 한쪽의 피연산수가 double이면 다른 한쪽도 double로 변환되어 결과도 double이다.

❹ 최고 Rank의 오퍼랜드가 long이면 다른 한쪽도 long으로 변환되어 결과는 long이 된다.

❺ 부호가 없는 경우와 단순한 정수의 경우는 정수가 부호 없는 정수로 변환되어 결과는 부호 없음(unsigned)이 된다.

이러한 형변환은 프로그램에서 도움을 주기도 하지만, 때로는 프로그래머의 의도와 관계없는 결과를 생성할 수도 있음을 상기하기 바란다.

3. 상수의 선언

상수는 자료형과 연관되어 있으며, 보통의 경우 short, unsigned, float형의 상수는 존재하지 않는다. C의 상수형에는 정수 상수, 문자 상수, 실수형 상수, 문자열 상수, 기호형 상수의 5가지가 있는데 특히 기호형 상수는 선행 처리 제어문 #define EOF -1과 같이 정의하여 EOF -1이라는 값을 갖게 됨을 정의한다. 상수는 변수와는 달리 프로그램의 실행 도중 값이 변하지 않는다.

상수의 크기는 자료형과 마찬가지로 크기에 따라서 어떤 데이터로 취급해야 하는지를 주의 깊게 판단해야 한다. 그렇지 않으면 연산결과가 엉뚱하게 나올 수도 있다. 우선, 정수상수부터 설명하도록 하자.

3.1 정수 상수

정수 상수는 그 값의 크기에 따라서 크게 4가지 형태를 갖는다. 그런데 음의 정수는 양의 정수 범위에 "-"를 붙인 결과를 나타낸다. 따라서 C에서의 정수 상수는 일단

양의 정수와 "0"을 가리킨다고 하자.

표 2.6 정수 상수의 구분

범위	취급
0~32767	int형을 취급
32768~65535	unsigned int형으로 취급
65536~2147483647	long형으로 취급
2147483648~4294967295	unsigned int형으로 취급

여기서의 수의 범위는 10진수를 기준으로 표시되었다. 그러나 C에서는 이미 살펴본 바와 같이 16진수나 8진수의 형태도 지원하고 있다. 만일 첫 번째 숫자가 "0"이면 8진수로, 0x나 0X가 붙으면 16진수로 인식한다. 그런데 관례적으로 16진수를 표현할 때 소문자를 즐겨 쓰고 있다. 예를 들면

0 : 10진수
00 : 8진수
0×0 : 16진수

이다. 따라서 10진수를 표현함에 있어서 그 앞에 "0"을 붙이지 않도록 주의하여야 한다. 01357은 8진수로 인식되기 때문이다. 참고로, 표현 형태가 다르더라도 각각의 표기법은 메모리에 저장될 때는 동일하게 저장된다. 또한 4294967295를 초과하는 수가 발생되면 이 수는 상위 비트가 자동적으로 잘려 나간다.

이 외에도 정수 상수의 접미사와 같은 기능을 하는 문자들이 있다. 접미사로 L 또는 U를 붙이면 각각 long형과 unsigned int형으로 인식하게 된다. 예로 1357L은 long형으로, 1357U는 unsigned int형으로 인식한다.

3.2 문자 상수

문자 상수라는 말은 작은따옴표('')로 둘러싸인 하나의 문자를 일컫는다. 예를 들면 다음과 같은 형태가 존재한다.

'S' 'T' 'A' 'T' 'I' 'S' 'T' 'I' 'C'

이러한 문자 상수 외에도 C에서는 기존에 지원되지 않는 다른 문자 상수들도 지원하고 있다. 자주 사용되는 개행문자('\n')가 그것이다. 이와 같은 문자 상수를 다른 말로 "확장열(escape sequence)"이라 한다. C에서는 작은따옴표('')안에 역슬래쉬(\)가 사용되면, 그 다음에 위치하는 문자를 확장열로 받아들인다. 몇 가지 확장열을 정리해 놓았다.

표 2.7 확장열

확 장 열	의　　미
'\n'	개　행
'\t'	수평　탭
'\v'	수직　탭
'\a'	벨소리
'\\'	역슬래쉬
'\ b'	백스페이스
'\xkkk'	문자를 ASCII 코드 값으로 직접표현

개행문자 다음으로 많이 사용되는 확장열은 '\xkkk '이다. 여기서 'kkk'는 문자대신 ASCII코드 값으로 직접 대입하며 1~3자리의 16진수이다. 이러한 확장열은 컨트롤 문자나 그래픽 문자를 삽입할 수 있는 방법이 된다.

3.3 문자열 상수

문자 상수와 구별하여 문자열 상수는 큰따옴표("")로 둘러싸인 문자 상수의 집합체라 할 수 있다. 즉, 이는 문자의 배열로 모든 문자열을 처리한다. 데이터형에도 존재하지 않는 문자열 상수는 아마도 관례적으로 이런 이름이 부여된 것 같다.

C에서는 이러한 문자열 상수를 취급하는 많은 문자열 함수가 존재한다. 그 중에서 stren(), strcpy()등이 대표적이다. 문자열의 취급은 이미 위에서 보인 예제 프로그램에서도 이용되었다. 특이한 것은 문자배열과 문자열 상수의 저장방법은 서로 동일한 구조를 이루고 있다.

S	T	A	T	I	S	T	I	C	.	\0

그림 2.3　문자형의 저장 구조

마지막에 표현되는 "\0"은 널문자로서 문자의 배열이 끝났음을 의미한다. 참고로 문자열 상수에서는 자동적으로 널(Null)문자를 추가하여 저장하지만, 일반적인 문자 배열에서의 널(Null)문자를 추가하는 것은 프로그래머의 책임이다.

3.4 실수형 상수

실수형 상수의 표기법은 부동 소수점 표기법이나 고정 소수점 표기법이나 모두 가능하다. 이 중에서 부동 소수점 표기법만을 설명해도 무난하리라 생각한다.

(수의 부호)(정수부). (소수부) e (지수의 부호)(지수부)(예, +0.27e-14)

여기서 () 으로 표기된 부분은 생략할 수 있다. 그러나 정수부와 소수부를 동시에 생략할 수 없다. 모두 생략하게되면 "수(數)"라고 할 수 없다. 또한 지수부를 생략하면 고정 소수점 표기법이 된다. "e" 대신에 "E"를 써도 된다. 이러한 부동 소수점 표기법은 이미 설명한 것처럼 8바이트에 저장됨을 상기하기 바란다. 만일 이러한 부동 소수점 표기법의 값이 double형의 최소값보다 작게 된다면, 언더프로우(underflow) 현상이 발생하여 그 값을 "0"으로 처리한다. 또한 상한 값을 넘어서는 경우는 오버플로우(overflow) 현상이 발생하여 그 값을 "0" 또는 ±9.999999e+999로 간주한다.

4. 자료의 입력과 출력

자료를 키보드에서 입력하고, 화면에 출력하는 방법에 관하여 여기서 설명한다. 우선 키보드에서 자료의 이름을 지어 넣는 방법에는 『표준 입출력 함수』를 이용하는 것과 『표준 양식 입출력 함수』를 이용하는 방법이 있다.

표준 입력 함수로는 getchar(), gets() 등이 있으며 이들은 문자(열)만을 받아들이는 방법으로, 헤더화일을 지정하는 #include <stdio.h>를 프로그램에 정의하여야 한다. 이와 달리 양식 입력이란, 프로그래머의 지시에 따라 정보를 입력하는 방법이다. 대표적인 예가 scanf()이다. 위의 예제에서 계속 사용되었던 것이라 그 동안 궁금하게 여긴 독자들이 많았으리라 생각된다. 우선 출력함수부터 알아보도록 하자.

출력에 사용되는 C의 내장 함수에는 여러 가지가 있으나 가장 일반적인 것이

printf()문이다. 그 동안의 프로그램에서 보듯이 printf()는 이중따옴표(" ")안의 내용을 그대로 화면에 출력한다.

그런데 우리가 계산한 값을 함께 출력하려면 어떻게 해야만 할까?

2가지를 지정해야 하는데, 먼저 이중따옴표 안의 출력하고자 하는 지점에 문자형일 경우에는 %c, 정수형일 경우에는 %d, 그리고 float 실수형일 경우에는 %f 등을 적어준다. 이때 만약 정수를 4자리로 출력하고자 할 경우에는 %4d와 같이 크기를 적어 주면 된다. 실수형일 경우는 %6.1f와 같이 전체 크기(6)와 소수점 이하 자릿수(1)를 같이 지정해 준다.

이 포맷 지정이 끝났으면 어떤 변수의 내용을 출력하라는 것인지 지정해 주어야 하는데, 이는 " "뒤에 나열해 주게 된다.

```
printf(" 매출 합계 : %5d    /n", sum);
```

이 예는 sum 변수의 내용을 이중따옴표안과 같은 형식으로 출력하는 것이다.

우선 **P/G 2.5** 와 같은 또 다른 간단한 프로그램을 만들어 보자.

P/G 2.5 프로그램의 예

```
#include<stdio.h>
#include<conio.h>
/*(1) */  void main()
/*(2) */  {
/*(3)*/     char name[10];
/*(4)*/   void clrscr();
/*(5)*/     printf("\n\nWhat is your name? :");
/*(6)*/     scanf("%s", name);
/*(7)*/     printf("Mr. %s\n", name);
/*(8)*/     printf("Let us study C p/g\n");
/*(9)*/     printf("Press Enter to {ESC}");
/*(10)*/    getch();
/*(11)*/ }
```

| 해석 |

(1) void main ()
main()은 함수명을 표시한 것이며 특히 주 프로그램임을 나타내고 있다. C언어의 구조적 특징 중의 하나가 함수로 구성되어 있다는 것이다. 이러한 함수를 이용하여 사용자는 문제를 단계별로 나누어 간편하게 해결할 수 있다. void는 이 프로그램이 함수값을 되돌리지 않는다는 것을 의미한다.

(2), (11)의 { }표시는 함수의 시작과 끝을 나타내기 위하여 사용한다.

(3) name은 프로그램에서 사용할 변수 이름으로서 문자열형으로 최대 10칸을 차지하며, 하나의 문장이 끝남을 알리기 위하여 ;(세미콜론)을 사용한다.

(4) 화면을 깨끗이 지우고, 새로운 문자를 출력할 준비를 한다.

(5) What is your name?(당신의 이름이 무엇입니까?)을 화면에 표시한다.

(6) "김C "를 입력하면 name은 "김C " 를 기억한다. 또한 scanf()함수의 특성으로 자동으로 다음의 행으로 작업 줄을 변경한다.

(7) 김C를 출력한다. 즉, name이 기억하고 있는 문자열을 출력한다.

(8), (9) (8)에서는 Let us study cp/g를, (9)에서는 "Press Enter to [ESC]"을 각각 화면에 표시한다. 참고로 getch()함수는 프로그램의 진행을 일시적으로 중단하는 역할을 한다. 따라서 사용하기에 따라서 사용자로부터 키보드 입력이 이루어질 때까지 프로그램의 진행을 멈추게 한다.

이상의 프로그램의 결과가 다음과 같이 나타난다.

[P/G 2.5] 실행결과

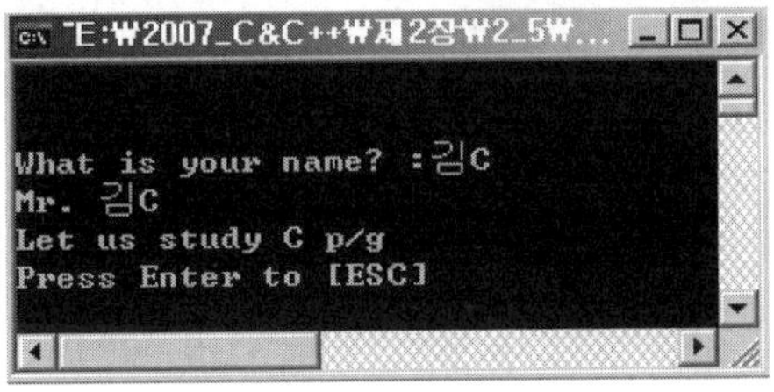

P/G 2.6 자료의 표시

```
/* (1) */  void main()
/* (2) */ {
/* (3) */     int a=1234;
/* (4) */     char *b="MYLOVE";
/* (5) */     float c=56.7894;
/* (6) */             printf("a1 = %d\n",a);
/* (7) */             printf("a2 = %6d\n",a);
/* (8) */             printf("a3 = %2d\n",a);
/* (9) */             printf("b1 = %s\n",b);
/* (10)*/             printf("b2 = %7s\n",b);
/* (11)*/             printf("b3 = %3s\n",b);
/* (12)*/             printf("c1 = %g\n",c);
/* (13)*/             printf("c2 = %8g\n",c);
/* (14)*/             printf("c3 = %10.3g\n",c);
           }
```

[P/G 2.6] 실행결과

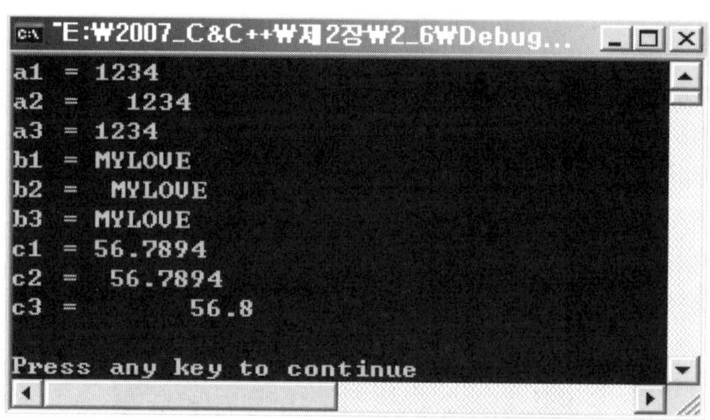

자료를 출력하는 일반적인 형식이 다음에 주어져 있다.

printf("format ",[arg1,arg2,…]);

으로 양식 명령 format은 scanf의 양식 명령과 같고 출력해야 할 변수들(arg)을 편집문자와 같은 개수의 쌍으로 나열한다. 먼저 **P/G 2.6**의 프로그램을 살펴보도록 하자.

[P/G 2.6] 실행결과을 보면서 **P/G 2.6** 의 프로그램을 설명한다. 우선, 정수의 출력에 관하여 설명하도록 하자.

| 해석 |

(3) int a=1234; 에서 a가 정수이며 1234를 초기값으로 한다.

(6) printf("a1 = %d\n",a); 에서는 우선 a1=를 표시한다. " "으로 둘러싸인 부분은 escape 문자열과 편집 변환 문자 쌍을 제외하고는 그대로 표시하는 것이다. 다음에 a는 칸수를 지정하지 않고, 그대로 표시하도록 지시하고 있다. 이와 같이 하면 a=1234로 대입한 숫자를 그대로 표시한다.

(7) printf("a2 = %6d\n",a); 에서는 a를 표시하는 칸수를 6칸으로 하고 있다. 이 경우는 a2= 1234와 같이 칸수를 6칸으로 설정하고, 숫자를 오른쪽에 모아 표시한다.

(8) printf("a3 = %2d\n",a); 에서는 a에 들어 있는 숫자보다 작은 칸수인 2를 지정하고 있다. 이 경우 칸수의 지정은 무시하고 대입된 모든 칸수를 표시하고 있다.

다음에 문자열의 표시에 관하여 설명한다.

(4) char *b="LOVE"; 에서는 b는 문자열로서, MYLOVE가 총 7자이므로 묵시적으로 7칸으로 지정되었으며 초기값으로 "MYLOVE"이라고 하는 문자열을 대입한다.

(9) printf("b1 = %s\n",b); 에서는 b를 그대로 칸수로 표시하도록 지시하고 있다.

(10) printf("b2 = %7s\n",b); 에서는 b를 7칸으로 표시하도록 지시하고 있다. 이 경우는 정수의 경우와 같게 표시 장소로 7칸을 확보하고, 오른쪽으로 모아 표시한다.

(11) printf("b3 = %3s\n",b); 에서는 b의 지정 칸수인 6칸보다 작은 3칸이 지정되고 있다. 이 경우에도 정수의 경우와 같이 작은 칸수의 지정은 무시되고, 모든 문자열인 pascal 이 표시되고 있다.

마지막으로 실수의 표시에 관하여 설명한다.

(5) float c=56.7894; 에서 c가 실수인 것을 정의하고 56.7894를 대입하고 있다.

(12) printf("c1 = %g\n",c); 는 c의 표시에서 칸수를 특별히 지정하고 있지 않다. 이 경우는 general형으로 56.7894로 나타났으나, 참고로 실수형 중 편집 변환 문자가 %e와 같은 형일 경우에는 5.6789400000E+01로 5.67894×10+01을 나타내며, 5.6789400000과 같은 부분을 가부수라 하고, 첫째 칸은 공백(blank)으로 합계 13칸을 사용한다. 자료가 음인 경우에는 공백 부분에 -가 들어 있다. 지수부에는 E+01과 같이 4칸을 사용하고, 합계하여 표시에 17칸을 사용한다.

(13) printf("c2 = %8g\n",c); 에서는 c를 8칸으로 표시하도록 지시하고 있다. 이 경

우 결과는 56.7894와 같이 되고, 특별한 지정이 없는 값보다 한자리 많은 칸 수를 지정하였으므로 위 정수 예에서와 같이 오른쪽으로 몰아 표현하였다.

(14) printf("c3 = %10.3g\n",c); 에서는 c의 표시에 총 칸수를 10칸, 소수부의 칸수에 3칸을 지정하고 있으나, 출력 형식 지정 문자 g에 따르면 소수형 또는 지수형 중에서 간단한 것을 출력하므로 56.8이라는 값을 가지게 된다. 만일 소수점 수의 출력이 필요할 때는 %10.3f와 같이 표현하다.

지금까지의 예제 프로그램에서 보았듯이, printf()함수는 C에서 자주 사용하는 출력 함수 중의 하나이다. 아래의 표에 printf()함수에서 사용되는 중요한 서식을 정리해 놓았다.

표 2.8 printf()의 서식

서 식	변환 형식
%d	부호 있는 10진수의 정수형 자료를 출력한다.
%u	부호 없는 10진수로 출력한다.
%x %X	16 진수로 출력한다. - %x는 16진수 숫자에 소문자를 사용하고, %X는 16진수 숫자에 대문자를 사용한다.
%c	문자로 출력한다.
%s	널 종료문자를 만날 때까지 출력한다.
%f	고정 소수점 표기법에 의해 출력한다.
%e %E	부동 소수점 표기법에 의해 출력한다. - %e는 지수문자로 "e"를 사용하고, %E는 "E"를 사용한다.
%g	%e나 %f 서식 중에서 길이가 짧은 쪽의 서식으로 출력한다. 후행 0(trailing zero)은 제거되며 필요 없는 소수점도 제거된다.
%%	"%"문자 자체를 출력한다.
[string]	특별 문자형을 출력한다.

C에서 제공하는 출력용 함수는 매우 여러 가지가 있다. 그중 간단히 printf()에 대해서만 설명하였다. 앞으로 나타나는 필요한 함수의 설명은 필요할 때마다 하도록 하자.

출력에 준하여 입력 또한 중요한 사항 중의 하나이다. 앞서 설명한 것과 같이 표준양식 입력함수로 scanf()가 대표적이다. 예를 들면

```
scanf("%d",&count);
```

와 같은 형태이다. 즉 양식 명령은 %와 편집 문자 변환 쌍으로 되어 있고, 입력하는데 사용되는 모든 변수들은 그 변수들의 주소로 전달되어야만 하므로 문자열의 경우를 제외하고는 주소 연산자인 &를 변수명 앞에 붙여 표시한다.

추상적인 설명만으로는 알기 어려우므로 실제 프로그램을 실행하여 보자.

P/G 2.7 자료의 입력

```
#include<stdio.h>
  void main()
   {
         int a,b,c,d;
         void clrscr();
  /*(1) */  printf("Enter data-1:");    scanf("%d",&a);
  /*(2) */  printf("Enter data-2:");    scanf("%d",&b);
  /*(3) */  printf("Enter data-3:");    scanf("%d",&c);
  /*(4) */  printf("Enter data-4:");    scanf("%d",&d);
  /*(5) */  printf("  a=%d\t",a);        printf("  b=%d\n",b);
  /*(6) */  printf("  c=%d\t",c);        printf("  d=%d\n\n",d);
   }
```

| 해석 |

(1) Enter data-1(자료 1을 넣어 주시오)라는 표시가 나온다. 실제로 scanf()만을 사용한다면, 단순히 블랙화면에 커서만이 깜박이게 될 것이다. 그러나 앞서 사용된 printf()의 사용으로 사용자가 입력 데이터의 정보를 편하게 확인할 수 있는 것이다. 10을 입력하여 리턴키를 누르면, scanf("%d",&a)에서 정수형으로 10을 받아들인다.

(2) Enter data-2의 표시가 나온다. 거기에 20으로 입력한다. scanf("%d",&b);에서 이 프로그램의 입력시 정수 대신에 부동 소수 점수를 대입하면, 일반적으로 소수점 이하가 끊어진 채 입력되고 출력된다는 것을 (5), (6)에서 볼 수 있다.

(3) Enter data-3, Enter data-4. 의 표시가 나오면 각각 30, 40을 입력하고 [Enter↵]키를 클릭한다.

[P/G 2.7] 실행결과

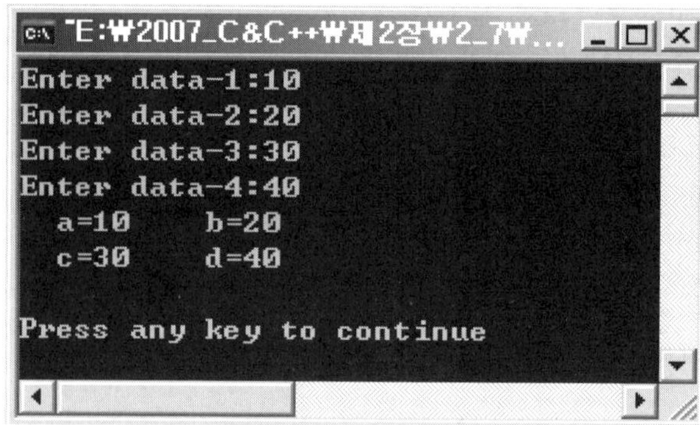

아래의 프로그램은 printf()의 사용에 대한 일종의 트릭이다. 이렇듯 C에서는 사용자에 따라 다양한 형태의 프로그램이 가능하도록 하고 있다. 아래의 프로그램은 scanf() 함수에 의한 자료입력에서 연속적인 세 가지의 자료를 입력할 수 있다.

P/G 2.8 scanf()함수

```
#include<stdio.h>
void main(void)
 {
     int a,b;
     float c, d;
     printf("Input a,b,d :");
     scanf("%d%d%f",&a,&b,&d);
     c=a+b;
     printf("%d+%d=%4.3f\n %5.3f\n\n",a,b,c,d);
 }
```

[P/G 2.8] 실행결과

scanf()함수의 또 다른 예를 살펴보면 다음과 같다.

P/G 2.9 자료의 입력

```
#include<stdio.h>
void main(void)

{
    char a[10], b[20];
    printf("Input string<10 characters:\n");
    printf("Input string>10 characters:\n");
    scanf("%s",a);
    scanf("%s",b);
    printf("Input a string=%s\n",a);
    printf("Input b string=%s\n\n",b);
}
```

[P/G 2.9] 실행결과

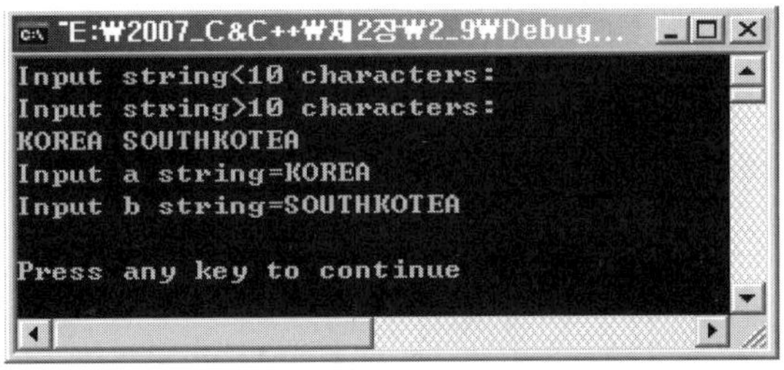

여기서, %s는 문자열을 입출력시킬 때 사용하는 변환 문자이다. 문자열을 입출력시킬 때 중간에 공백(blank)을 입력하면 공백(blank) 전까지는 문자열로 간주한다.

연 / 습 / 문 / 제 (A)

1. C에서 지원하는 변수의 이름은 몇 글자까지 인지 확인해 보시오

2. C 언어에서의 문자(CHARACTER)와 문자열(STRING)의 차이점을 나열하고 각각 예를 드시오.

3. 개행 문자 \n의 용도를 나열하시오.

4. C의 데이터형을 설명하시오.

5. 정수형, 실수형, 문자형, 문자열형을 각각 예를 들어 설명하시오.

6. char형, int형, float형, double형 데이터가 차지하는 메모리의 크기는 각각 얼마인가?

7. 위 문제에서 각 데이터형의 최대 크기와 최소 크기를 출력하는 프로그램을 작성하시오(단 최대값과 최소값을 직접 출력하는 형태는 제외한다).

8. int형의 출력범위는 $(-2^{15}) \sim (2^{15}-1)$ 이다. 여기서 "-1"이 들어있는 이유를 설명하시오.

9. 정수형 데이터와 실수형 데이터의 저장 형태를 그림으로 설명하여라.

10. 캐스트 연산자란 무엇인지 설명하여라.

11. C언어의 상수와 변수의 차이점을 기술하라.

연 / 습 / 문 / 제 (B)

1. 각 개행 문자들을 출력 하였을 때 그 결과를 확인하시오.

```
#include<stdio.h>
 void main()

{   printf("₩a Bell₩n"); /* 벨소리 */
    printf("Seoul ₩"₩n"); /* 이중 따옴표의 출력 */
    printf("Seoul ₩₩₩n"); /* 역 슬래시  */
    printf("tab₩t Seoul ₩n"); /* tab  */
    }
```

[힌트 및 결과]

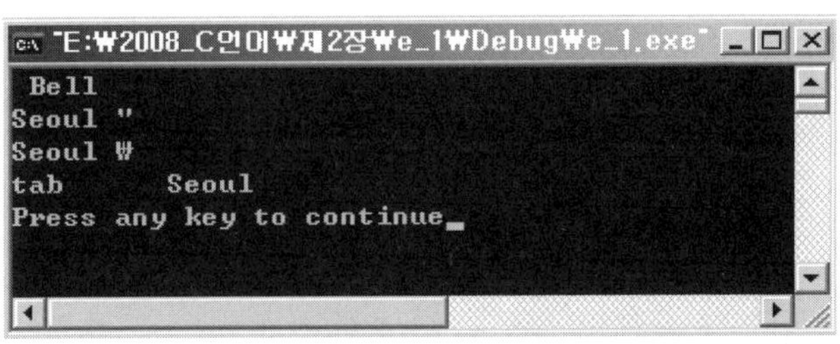

2. 다음 프로그램은 가로와 세로가 주어졌을 때 사각형의 면적을 구하는 프로그램을 작성하시오.

[힌트 및 결과]

```
#include<stdio.h>
  main()

 {  int garo, seoro;
      printf("Enter garo  ");
    scanf("%d", &garo);
```

```
printf("Enter seoro    ");
scanf("%d", &seoro);
printf("면적은 = %d ₩n", garo*seoro);

}
```

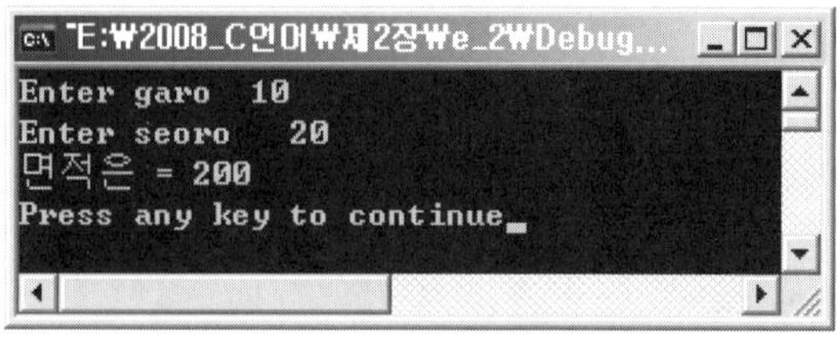

3. 1년이 몇 초인지를 계산하는 프로그램을 작성하시오.

[힌트 및 결과]

```
#include<stdio.h>
   main()

  {  printf("Number of seconds in a year: ");
     printf("%f₩n ", 60.0*60.0*24.0*365.0);

  }
```

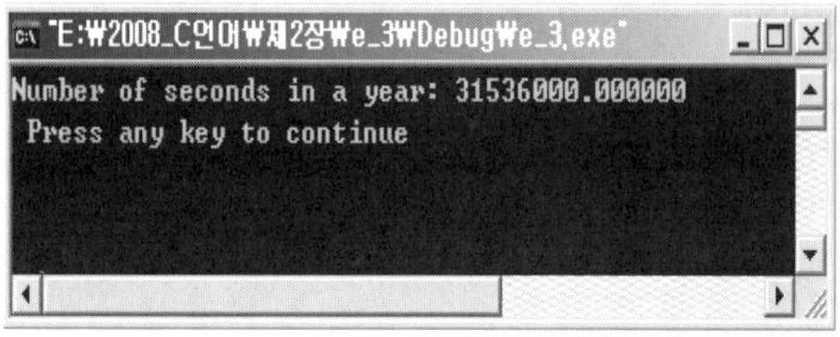

4. 다음 프로그램은 2개의 함수 main(), func1()으로 구성된 프로그램이다. 화면에 출력되는 문장을 생각하여 보시오.

```
#include<stdio.h>
   func1()
  { printf("C언어 학습"); }
```

```
main()
{   printf("우리들은 " );
    func1();
    printf("동호인입니다.₩n");


    }
```

[힌트 및 결과]

5. 다음 실수형 변수의 프로그램의결과는 무엇인가?

```
#include<stdio.h>
void main()
  { float x= 1234.123451 ;
    printf("x=%f₩n", x);
    printf("x=%8.5f₩n", x);
    printf("x=%13.6f₩n", x);
    printf("x=%22.7f₩n", x);
    }
```

[힌트 및 결과]

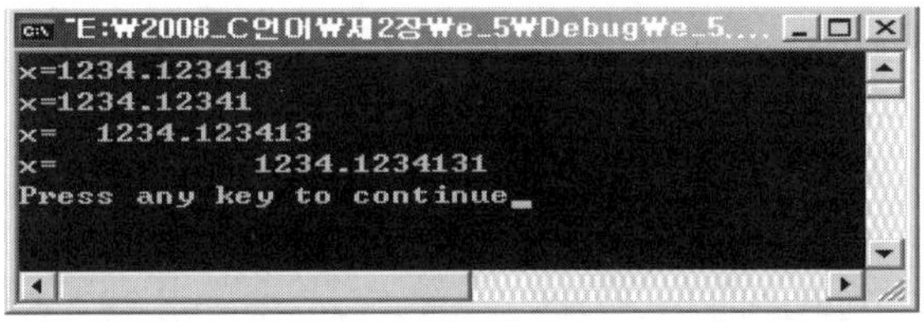

6. 변수 a, b, c, d 에 L, O, D, E를 대입하여 ASCII 코드를 표시하는 프로그램을 작성하시오.

[힌트 및 결과]

```
#include<stdio.h>
```

```
void main()
{ char a, b, c, d ;
   a='L';
   b='O';
   c='D';
   d='E';
   printf("%d   %d  %d  %d₩n", a, b, c, d) ;
    }
```

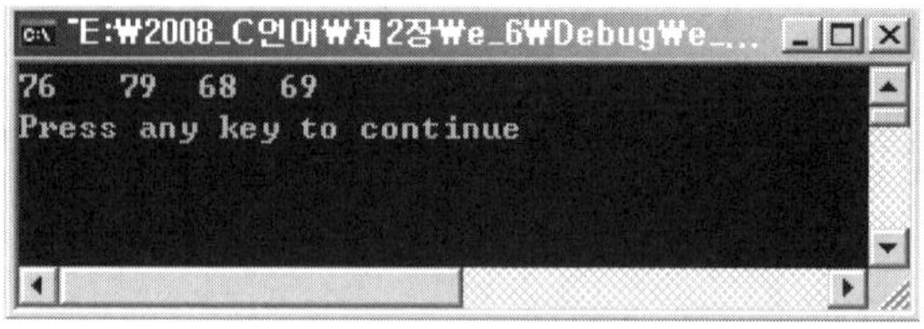

7. 변수 a, b, c, d 에 L, O, D, E의 ASCII 코드를 대입하여 LODE를 표시하는 프로그램을 작성하시오.

▶ [힌트 및 결과]

```
#include<stdio.h>
void main()
  { char a, b, c, d ;
    a=76;
    b=79;
    c=68;
    d=69;
    printf("%c   %c  %c  %c₩n", a, b, c, d) ;
   }
```

8. 다음은 열거형 변수를 이용하여 프로그램을 작성 한 것이다. 그 결과가 무엇인지를 나열하시오.

```
#include<stdio.h>
void main()
{ enum cotains{x1, x2, x3, x4} kind ;
  int i;
  kind=x1;
  printf("kind=%d\n", kind);
  printf("x4=%d\n", x4);
  for(i=x1; i<=x4; i++)
  printf("%d", i) ;
    printf("\n") ;
  }
```

▶ [힌트 및 결과]

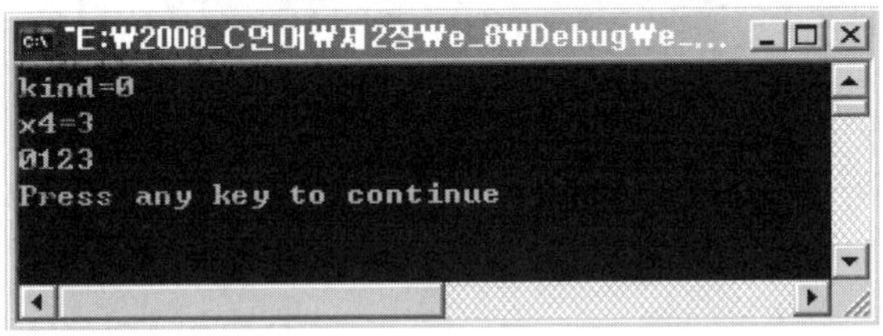

9. int형, short형, long형, unsigned형의 정수형 변수 및 float형, double형의 실수형 변수를 사용하여 그들의 변수에 대응하는 정수를 출력하는 프로그램을 작성하시오.

```
#include<stdio.h>
void main()
{  int x1;
   short x2;
   long x3;
   unsigned x4;
   float x5;
   double x6;
  x1=42;
```

```
x2=042;
x3=-0X5A2F528L;
x4=24821;
x5=3.141592;
x6=-213.565638E+1;
printf("%d₩n %d₩n%ld₩n%u₩n%f₩n%f₩n", x1, x2, x3, x4, x5, x6) ;
printf("₩n") ;
}
```

[힌트 및 결과]

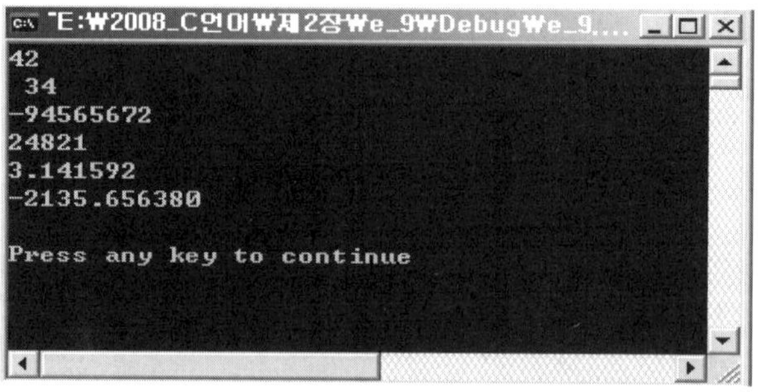

10. 국어, 영어, 수학 점수를 입력하여 그 평균값을 출력하는 프로그램을 작성하시오.

```
#include<stdio.h>
void main()
{  int x1,x2,x3;
   float a;
    printf("국어 ?") ;
    scanf("%d", &x1);
    printf("영어 ?") ;
    scanf("%d", &x2);
    printf("수학 ?") ;
    scanf("%d", &x3);

    a=(x1+x2+x3)/3.0;

      printf("₩n") ;
    printf("국어 =    %3d ", x1) ;
```

```
printf("영어 =    %3d ", x2) ;
printf("수학 =    %3d ", x3) ;
printf("\n.........................................") ;
  printf("\n") ;
printf("평균.  = %6.2f\n", a) ;
}
```

[힌트 및 결과]

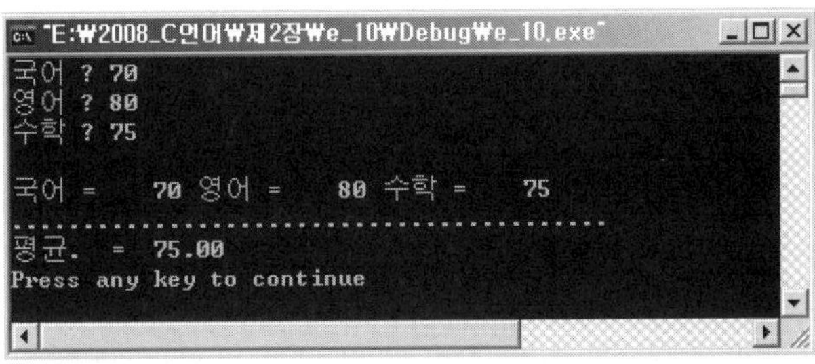

11. getchar() 함수를 이용하여 한 개의 문자를 입력받고 putchar() 함수를 이용하여 문자를 출력하는 프로그램을 작성하시오.

```
#include<stdio.h>
void main()
{  int c1;
  printf("문자 하나 입력 ? ");
  c1= getchar() ;
  printf("입력 문자 출력=");
  putchar(c1) ;
    printf("\n");
}
```

[힌트 및 결과]

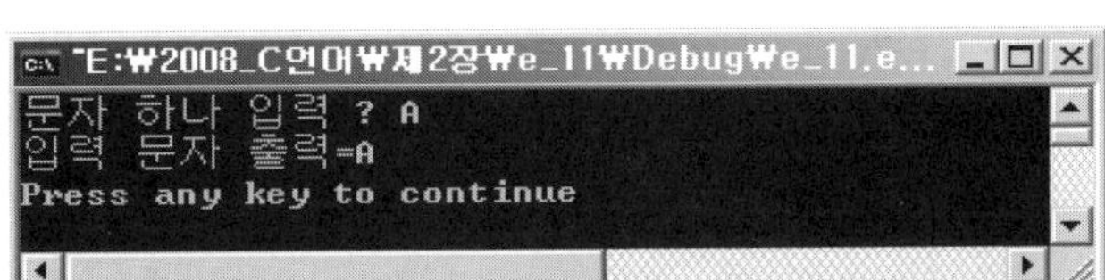

12. getsr() 함수를 이용하여 문자열를 입력받고 puts() 함수를 이용하여 문자열을 출력하는 프로그램을 작성하시오.

```
#include<stdio.h>
void main()
{  char c1[20];
   printf("문자열 입력 ? ₩n");
   gets(c1) ;
   printf("입력 문자열 출력=  ");
   puts(c1) ;
   printf("₩n");
 }
```

[힌트 및 결과]

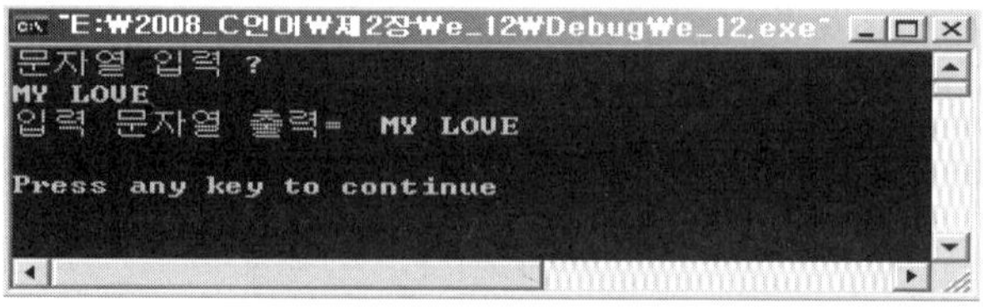

13. 문자열을 입력 할 때 공백문자를 허용하지 않는 scanf() 함수와 gets()함수를 이용하여 문자열를 입력받는 방법을 비교하는 프로그램을 작성하시오.

```
#include<stdio.h>
 void main()
 {  char s1[20], s2[20];
    printf("gets() 함수 문자열 입력 ? ₩n");
    gets(s1) ;
    printf("gets() 함수 입력 문자열 출력= %s ₩n", s1);
              printf("₩n");
    printf("scanf() 함수 문자열 입력 ? ₩n");
    scanf("%s", s2) ;
    printf("scanf() 함수 입력 문자열 출력= %s ₩n", s2);
    printf("₩n");
  }
```

▶ [힌트 및 결과]

14. 문자열 출력시 자동으로 줄바꿈을 행하는 puts() 함수와 printfs()함수를 이용하여 문자열를 출력하는 방법을 비교하는 프로그램을 작성하시오.

```
#include<stdio.h>
void main()
{  char s1[ ]="The rich are not always happy" ;
   printf("printf() 함수 문자열 출력 ₩n");
   printf("%s", s1  ) ;
   printf("%s₩n", s1) ;
               printf("₩n");
   printf("puts() 함수 문자열 출력 ₩n");
   puts(s1) ;
   puts(s1) ;
   printf("₩n");
 }
```

▶ [힌트 및 결과]

연산자

Chapter 03

제3장에서는 C언어를 이해하는데 필요한 연산자에 간단히 살펴본다.

1. 산술 연산자
2. 증가 연산자 와 감소 연산자
3. 대입 연산자
4. 부호 연산자
5. 관계 연산자
6. 논리 연산자
7. 조건 연산자
8. 콤마 연산자
9. 비트 연산자
10. 연산자의 우선 순위

연산자는(operator)는 컴파일러에 특수한 산술 또는 논리연산을 수행하도록 지시하는 기호이다. 이러한 연산자를 C에서는 매우 다양한 형태로 지원하고 있는데, 무려 40여 가지의 연산자를 지원하고 있다.

C 언어에는 실수, 정수, 문자 등에 사용하는 연산자가 있다. 이러한 연산자의 작용을 받는 것을 피연산자(operand)라 한다. 예를 들면, "a+b"에서 "+"는 연산자이고, a와 b는 피연산자(또는 오퍼랜드)이다. 연산자의 대표적인 것은 덧셈(+), 뺄셈(-), 곱셈(*), 나눗셈(/) 등의 사칙연산자 일 것이다. 주의할 점은, 곱셈에 있어서 X*Y를 곱셈기호를 생략한 형태인 XY인데, 이는 수학에 있어서 통용되는 연산형태일 것이나, C에서는 이것을 하나의 변수로 인식한다. 그러므로 이와 같이 연산자가 생략된 수식은 컴파일할 때 에러를 만나게 될 것이다. 또한 양수 1357에 대해 +1357과 같이 표현한다면 잘못된 표현이다. 이때의 "+"는 양수를 나타내는 기호가 아니라 덧셈 연산자로 인식하기 때문이다.

음수의 표현에 있어서는 다른 경우가 된다. 만일 프로그램 중에 임의의 변수 x에 대하여 다음과 같이 선언되었다고 하자.

```
float x= -1357;
y= -x;
```

이런 경우는 컴파일할 때 에러 메시지를 내지 않는다. y의 값은 1357 이 된다. 다시 말해, 음수의 기호는 수학에서와 같이 $-(-1357)=1357$인 것이다. 두 가지의 차이점을 혼동하지 않기를 바란다. 아래에 오퍼랜드의 수에 대한 분류와 연산자의 기능에 따른 일반적인 분류를 정리하였다.

(a) 단항 연산자 : 오퍼랜드를 한 개 취하는 연산자

▶ 증감 연산자

증가 연산자 : 주어진 연산 수의 값을 1만큼 증가 (형식) ++n, n++

감소 연산자 : 주어진 연산 수의 값을 1만큼 감소 (형식) --n, n--

▶ 전후 연산자

전위형 : 자신을 먼저 증감한 후 값을 사용(++n, --n)

후위형 : 값을 먼저 사용한 후 자신을 증감(n++, n--)

(b) 이항 연산자 : 오퍼랜드 두개 취하는 연산자(+, -, *, /, %)이다. 기본 사칙연산이 이에 포함된다. %연산자는 나머지를 계산한다. 예를 들어 7%3은 1의 값을 갖는다. 이 %연산자는 정수형에서만 사용되고, 실수형에는 계산되지 않는다. 사칙연산자와 나머지 연산자를 통틀어 산술 연산자라 한다.

(c) 대입 연산자 : 오른쪽의 연산 결과의 값을 왼쪽의 변수에 대입하는 연산자

(=, +=, -=, *=, /=, %=)

표 3.1 연산자의 기능별 분류

기능별 분류	부 호
부호 연산자	+ -
증감 연산자	++ --
산술 연산자	+ - * / %
논리 연산자	&& ||
관계 연산자	! < <= > >= !=
대입 연산자	= += -= *=
조건 연산자	?:
쉼표 연산자	,
sizeof() 연산자	sizeof()
비트 연산자	& | ^
캐스트 연산자	(데이타 형)

1. 산술 연산자

산술 연산자란 원칙적으로 2개의 오퍼랜드를 필요로 하는 수치계산이라 할 수 있다. 즉 덧셈, 뺄셈, 곱셈, 나눗셈 및 나머지 연산 등을 수행하는 것이다. 이 같은 산술 연산자는 사용하기에 따라 매우 복잡한 형태를 취할 수도 있다.

다음의 프로그램에서 산술연산자의 기능을 시험하여 보자. [P/G 3.1]의 프로그램을 실행하면 [P/G 3.1]의 실행 결과는 다음과 같다.

P/G 3.1 산술연산자의 기능

```
/* (1) */    #include<stdio.h>
/* (1.1) */ #include<math.h>
/* (2) */   void main()
/* (3) */    {
/* (4) */      int a=7, b=5;
/* (5) */      float c=3.5, d=8;
/* (6) */          printf("\n\n\na = 7 , b = 5 ...... integer \n");
/* (7) */            printf("\tc = 3.5 , d = 8 ...... real \n");
/* (8) */          printf("\ta+b = %d\n", a + b);
/* (9) */          printf("\tc+d = %f\n", c + d);
/* (10) */          printf("\ta-b = %d\n", a - b);
/* (11) */          printf("\tc-d = %f\n", c - d);
/* (12) */          printf("\ta*b = %d\n", a * b);
/* (13) */          printf("\tc*d = %f\n", c * d);
/* (14) */          printf("\ta/b = %f\n", a / b);
/* (15) */          printf("\tc/d = %f\n", c / d);
/* (16) */          printf("\tc/a = %f\n", c / a);
/* (17) */          printf("\ta div b = %d\n", a / b);
/* (18) */          printf("\ta%%b = %d\n", a%b);
/* (18) */          printf("\ta mod b = %f\n", fmod(a,b));
/* (19) */  }
```

| 해석 |

위의 프로그램과 [P/G 3.1] 을 보면서 산술연산자의 기능을 설명하자. 연산자의 +는 덧셈을 시행을 한다. 정수 a의 7과 b의 5와의 덧셈의 결과는 정수 12로 되어 있다. 이것에 대하여 실수인 c의 15.5와 d의 8과의 덧셈의 결과는 실수 11.5로 되고 있다. 마찬가지로 -는 뺄셈, ×는 곱셈의 기능을 하고, 덧셈과 마찬가지로 정수끼리의 연산은 정수, 실수끼리의 연산은 실수의 결과로 되고 있다.
즉, 두 오퍼랜드의 자료형이 서로 다른 혼합 연산에서는 기억 장소의 크기가 큰 쪽으로 통일시켜 연산된다는 것을 알 수 있다. 이것은 C언어의 다양성을 증명하는 것이며, 또한 프로그램의 능력에 따라 원하지 않는 결과를 산출할 수도 있다는 것이다. 따라서 프로그래머는 이와 같은 관계를 면밀히 살펴야 할 것이다.
mod는 정수끼리만 이용 가능한 연산으로서, 정수 사이의 나눗셈의 결과 남은 나머지의 값 결과는 실수로 들어간다. 또한 **P/G 3.1** 의 (18)행에서 주의할 것은 2장에서 설명하였듯이 "%"자체를 출력하기 위해서는 "%%"라고 프로그램해야 한다.
위 프로그램에서는 수학 함수 fmod를 이용하기 위하여 (1.1)에 #include <math.h>를 선언하고 있다. 이 것의 결과와 나머지 연산의 결과가 동일함을 알 수 있다.
정수끼리 연산의 경우 div와 mod의 관계를 식으로 쓰면 다음과 같다.

i = (i div j) * j + (i mod j)

P/G 3.1 의 결과는 아래와 같다.

[P/G 3.1] 산술연산자의 실행 결과

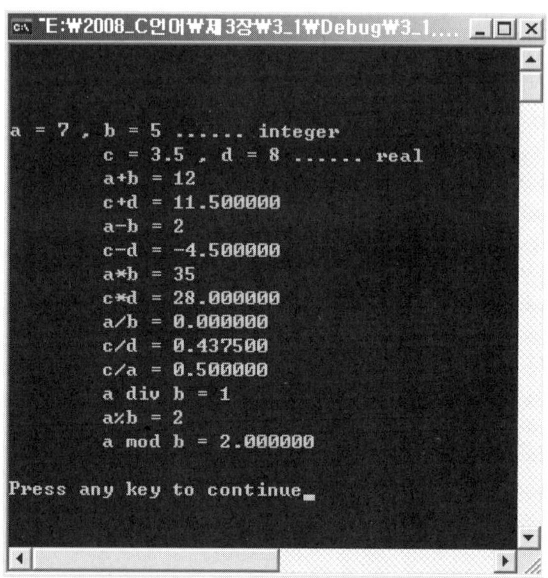

2. 증가 연산자와 감소 연산자

증가 연산자(++)와 감소 연산자(--)는 단항 연산자로 그와 동일한 우선 순위를 부여한다. 이러한 연산자들은 변수에만 적용되며, 상수에는 적용되지 않는다. 또한 이러한 연산자들은 앞·뒤 모두 사용할 수 있으며, 그 계산 결과는 서로 다를 수 있다. 그러나 그 사용의 편리함과 표현의 간결성 때문에 C에서는 매우 빈번하게 사용되는 연산자중 하나이다.

증가 연산자는 피연산자의 값을 하나 증가시키는 역할을 한다. 물론, 감소 연산자는 피연산자의 값을 하나 감소시킨다. 그런데 이 연산자들은 그 위치에 따라 계산 값이 서로 다를 수 있음을 상기하자. 또한 감소 연산자의 쓰임은 증가 연산자의 쓰임과 동일함으로 증가 연산자만을 살펴보기로 하자.

증가 연산자의 전위형과 후위형은 모두 변수의 값을 1증가시킨다. 그러나 변수의 값을 증가시키는 시점이 다르게 된다. 예를 들어 $++i$와 $i++$ 인 경우를 생각해 보자. 변수 i가 어떤 값을 가지고 있다고 생각하면, 이 두식은 모두 i를 증가시킨다. 그런데 $++i$는 i 값이 계산되기 전에 i 값을 증가시킨 후 계산을 하지만, $i++$ 는 i 값을 계산 후 i 값을 증가시킨다. 다음의 그림은 명확한 설명이 될 것이다.

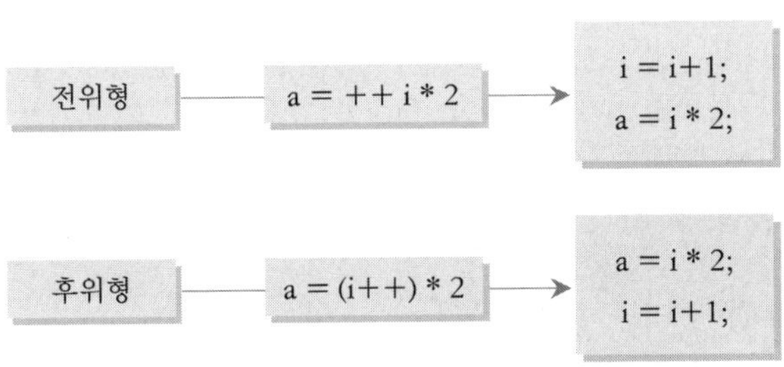

그림 3.1 증가 연산자의 전위형과 후위형

[그림 3.1]에서 알 수 있듯이 전위형 연산자와 후위형 연산자는 분명 계산 순서가 다름을 알 수 있다. 이에 반하여, 이러한 증·감 연산자가 단독으로 사용되는 경우는 그 연산 결과가 동일하게 나타난다. 이렇게 단독으로 사용되는 경우는 후위형 연산자를 사용하는 것이 프로그래밍의 관례로 되어 있다. 다음의 예를 통해서 그 비교를 해 보자.

P/G 3.2 증· 감 연산자

```
#include<stdio.h>
void main()
{
  int a,b,c,i,sum1,sum2,sum3;
  i=sum3=0;
  a=1; b=2; c=3;
  sum1=(++c*a) - (b--);
  sum2=(3*b--) + (2*c--) + (++a);
  while (i < 10){
    sum3 += i ;
    ++i;
  }
  printf("sum1=%d , sum2=%d , sum3=%d\n\n",sum1,sum2,sum3);
 }
```

| 해석 |

위의 프로그램을 논리적으로 생각해 보면 그 과정을 이해할 수 있을 것이다. 한 가지 주의 할 것은 "i=sum3=0 ;" 부분이다. 대체로 어떤 변수가 선언되면 그 변수의 자료형에 알맞은 크기를 가지고 메모리를 할당한다. 이때 메모리에 남아 있는 값을 변수가 자동적으로 취하는데 이를 "쓰레기 값"이라고 흔히 말한다. 이 때의 값은 프로그램에서 원하지 않는 값이다. 따라서 누적되는 합의 값에서는 반드시 그 값을 "0"으로 초기화해야만 원하는 값을 얻을 수 있다. 실제로 "i=sum3=0" 부분을 삭제 또는 주석마크를 한후 프로그램을 컴파일해 보자. 분명히 45가 아닌 다른 값으로 나타날 것이다.

[P/G 3.2] 실행 결과

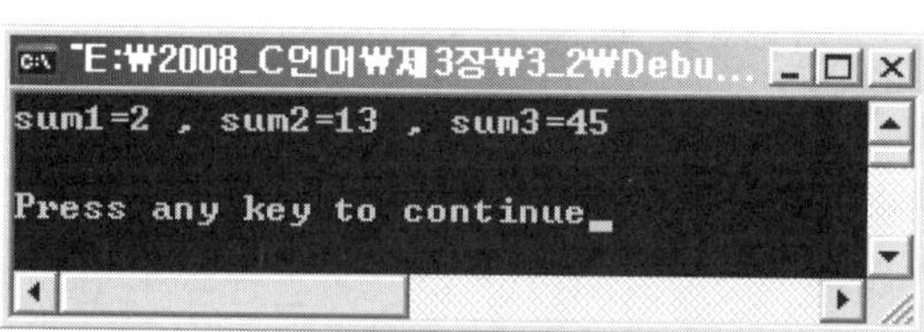

또한, $i=i+1$ 의 식을 $i++$ 의 형태로 쓰이기도 한다. 이와 비슷하게 $i=i-1$ 은 $i--$로 쓰인다.

이와 같은 편리함과 기능성 때문에 많은 프로그래머들은 증감 연산자를 즐겨 쓰고 있는 듯 하다. 이러한 점을 깊이 숙지하고 혼동이 없기를 바란다.

3. 대입 연산자

대입 연산자(Assignment operator)를 굳이 분류하자면 이항 연산자라 해야 할 것이다. 대입 연산자는 좌변의 변수에 우변의 수식 값을 대입하게 하는 연산자이다. 이렇게 대입 연산자를 사용한 수식을 "대입 연산식" 줄여 "대입식"이라고 한다.

C 에서 "="연산자는 수학적인 "같음"을 의미하는 것이 아니라 "대입"을 의미한다.

그렇다면 다음의 세 줄의 식을 간단히 할 수 있는 방법은 없을까? 한 번 생각해 보고 스스로에게 답해보길 바란다.

```
a=1;
b=2*a+2
c= 2*b + 3*a
```

위의 세 줄의 식을 간단히 하는 방법은 대입 연산자를 쓰면 된다. 즉, 다음과 같이 하면 된다.

```
c=2*(2*(a=1)+2) + 3*(a=1)
```

주의할 것은 "="은 "+"보다 나중에 계산됨으로 "="을 먼저 계산하려면, 반드시 괄호를 사용해야 한다. 이처럼 대입 연산자를 잘만 사용하면 프로그램을 한결 간결하게 할 수 있을 것이다. 또한 이러한 대입 연산자의 특징은 다음 그림에서와 같이 산술식을 간단히 할 수 있다는 매력이 있다.

```
a= a+1      a += 1
a= a*2      a *= 2
a= a/4      a /= 4
a= a-2      a -= 2
```

이러한 프로그램의 간결성은 실제로 C 언어의 큰 장점이 되고 있다. 이러한 간결성을 이용하여 다음의 프로그램을 작성하여 보자. a, b 모두 100의 값을 예상하고 만든 것이다.

P/G 3.3 대입 연산자의 우선 순위

```
#include<stdio.h>
 void main()
 {
   int a,b;
   a=b=10;
   a = a*9 + 10;
   b *= 9 + 10;
      printf("a=%d , b=%d\n\n",a,b);
 }
```

[P/G 3.3] 의 실행 결과

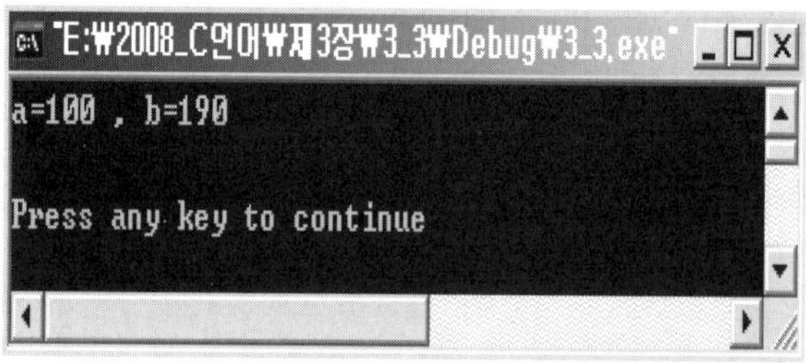

| 해석 |

실제의 연산 값은 a=100, b=190이 된다. 이것은 이러한 대입연산자가 "+"보다 연산순위가 낮기 때문이다. 이러한 결과의 원인은 a=a*9 +10은 덧셈보다 곱셈의 연산 순위가 높기 때문에 올바른 결과를 얻을 수 있었다. 그러나 b *=9+10은 "*=" 보다 "+"의 연산 순위가 높기 때문에 실제로 b=b*(9+10)의 계산이 되어진 것이다. 이러한 연산순위는 실제로 자주 발생하는 오류중의 하나이다. 연산 순위에 대해서는 마지막 절에서 다시 다루도록 하자.

4. 부호 연산자

부호 연산자는 피연산자(operand)를 하나 취하는 단항 연산자이다. 피연산자에 위치할 수 있는 것은 산술형 데이터나 수식을 취할 수 있다. 또한 부호 연산자는 어떠한 값의 부호를 지정하거나 바꾸는데 쓰인다. 예를 들면 아래와 같이 사용되는 것이다.

+1357　-1357　-+-+-+1357

그런데, 부호 연산자는 약간의 주의가 필요하다. 앞서도 말했듯이 "--1357"이나 "++1357"등의 표현은 옳은 표현이 아니다. 이것은 증감 연산자로 상수에는 적용할 수 없는 표현이다.

5. 관계 연산자

상등 연산자(equality operator)와 관계 연산자(relation operator)는 두 가지 이상의 오퍼랜드의 상등 또는 관계를 각각 평가하는 연산자이다. 그러나 흔히 관계 연산자라 함은 상등 연산자를 포함하여 일컫는다. 여기서도 이 관례를 따르도록 한다. 독자들은 용어에 주의하기 바란다.

표 3.2 관계연산식과 의미

수 식	의 미	수 식	의 미
a < b	a가 b보다 작다.	a >= b	a가 b보다 크거나 같다.
a <= b	a가 b보다 작거나 같다.	a == b	a와 b가 같으냐?
a > b	a가 b보다 크다.	a != b	a와 b가 같지 않는가?

이러한 관계 연산식 두 개의 오퍼랜드가 필요한데, 그 수식의 평가는 참(true =1) 또는 거짓(false =0)으로 한다. 즉, 관계 연산자를 사용한 식이 참(true)이면 "1"을, 거짓이면 "0"을 리턴(return)한다. 참고로 C에서는 "0"을 논리적 거짓으로, "1"을 논리적 참으로 판단한다. 예를 들어 a=1 이고 b=100이라면,

```
result1 = (a > b);
result2 = (a = = b);
result3 = (a < b);
result4 = (a != b);
```

result1과 result2는 모두 "0"의 값을 갖는다. 또한 result3과 result4는 모두 "1"의 값을 갖는다. 그런데 관계 연산식에서 두 오퍼랜드의 자료형은 동일해야 한다. 만일 그렇지 않다면, 자료형의 비교는 엉뚱한 값을 유도할 수도 있다. 따라서 만일 자료형이 다른 비교는 캐스트 연산자를 통해서 자료형을 일치시켜야 한다. 다음의 프로그램에서 확인하기 바란다.

P/G 3.4 관계 연산식과 자료형

```
#include<stdio.h>
#include<math.h>
void main()
{
   int a, b;
   a=100; b=10;
   if(a > b) printf("%d > %d\n\n",a,b);
      else printf("%d < %d\n\n",a,b);
   }
```

위의 결과는 다음과 같다.

[P/G 3.4] 의 실행 결과

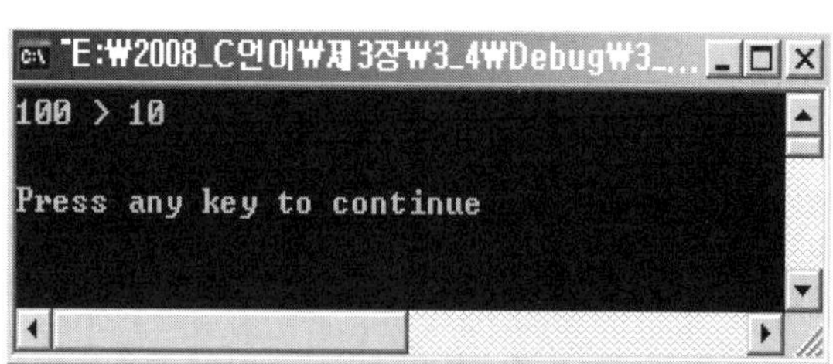

이들 연산자의 기능을 프로그램을 사용하여 살펴보자. **P/G 3.5** 의 프로그램을 실행하면 [P/G 3.5] 의 실행 결과와 같이 된다.

P/G 3.5 관계연산자의 기능

```
        #include <stdio.h>
/* (1) */ char *trans(int a) {
/* (2) */ char *c;
/* (3) */ if(a) c ="TRUE";
/* (4) */ else   c ="FALSE";
/* (5) */ return(c);
/* (6) */    }
/* (7) */ void main()
/* (8) */  {
/* (9) */           printf("5 = 5 %s\n",trans(5==5));
/* (10)*/           printf("6 > 4 %s\n",trans(6 > 4));
/* (11)*/           printf("6 < 4 %s\n",trans(6 < 4));
/* (12)*/           printf("6 != 6 %s\n",trans(6 != 6));
/* (13)*/           printf("6 <= 8 %s\n",trans(6 <= 8));
/* (14)*/           printf("6 >= 8 %s\n\n",trans(6 >= 8));
          }
```

[P/G 3.5]의 실행 결과

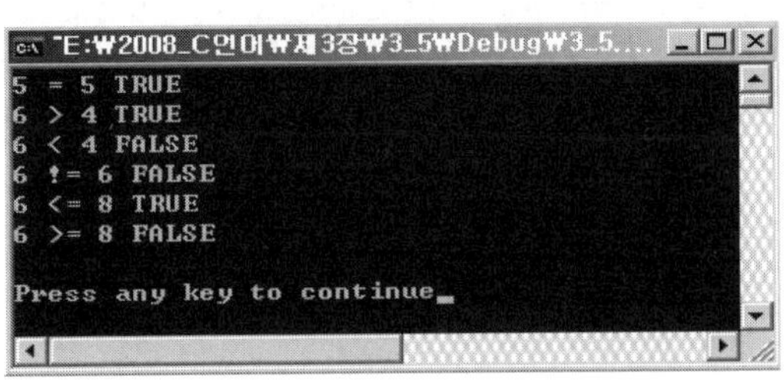

관계연산자의 결과는 [P/G 3.5] 의 실행 결과를 보면 알게 되는 것처럼

TRUE (1) : 참

또는

FALSE (0) : 거짓

인 결과를 얻을 수 있다. 위 프로그램에서 포인터의 개념을 도입했지만, 여기서는 단지 관계연산자의 기능을 실험하기 위한 것이므로 걱정할 필요는 없다. 한 가지 상등 연산자는 관계 연산자보다 우선 순위가 떨어진다.

6. 논리 연산자

논리 연산자(logical operator)에는 &&(논리곱 and), ||(논리합 or), !(부정 not)이 있으며 사용 형식은 다음과 같다.

수식1 && 수식2

수식1 || 수식2

! 수식

논리 연산의 경우에도 관계 연산과 마찬가지로 연산 결과의 판정은 TRUE 혹은 FALSE로 판정한다. 또한 이것은 각각 "1"과 "0"의 값으로 대체 된다. 아래에 논리 연산자에 대한 진리표가 나타나 있다.

표 3.3 논리 연산식과 진리표

수식1	수식2	&&	||	!(수식1)
0	0	0	0	1
0	0 이외의 값	0	1	1
0 이외의 값	0	0	1	0
0 이외의 값	0 이외의 값	1	1	0

C 에서의 제공하는 논리 연산자의 중요한 기능 중 알아두면 편리한 것이 있다. 그것은 Short Circuit이라는 기능이다. 이것은 계속되는 논리 연산자중에서 일단 좌측에 &&의 조건이 만족하면 더 이상 우측의 조건을 살피지 않는다. 또한 좌측의 ||계산이 만족되는 경우에도 우측의 조건을 살피지 않는다. 이러한 기능은 프로그램을 좀더 간

결하게 구성할 수 있다는 장점과 더불어 프로그램의 실행속도 또한 향상시킬 수 있는 장점이 있다.

P/G 3.6 논리연산자의 기능

```
#include <stdio.h>
 int i=10, j=30;
 void main()
{
    printf(" %d\n", i != 0) ;
    printf(" %d\n", i = = 10) ;
    printf(" %d\n",i !=0 && j/i= = 10) ;
    printf(" %d\n\n",i !=0 || j/i= = 10) ;
  }
```

[P/G 3.6]의 실행 결과

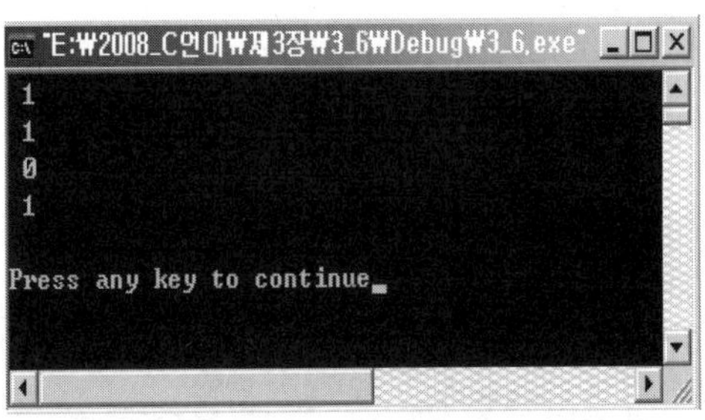

7. 조건 연산자

조건식의 결과가 참인가 거짓인가를 판정하여 값을 구하는 연산자로 형식은 다음과 같다.

조건식? 수식 1: 수식 2;

조건식이 참(true)이면 수식1이 실행되고, 조건식이 거짓(false)이면 수식 2가 실행된

다. 예를 들면, 다음과 같다.

$$c = a < b \ ? \ a : b;$$

조건식이 참이면(즉, a < b) a를 c에 대입하고, 거짓이면(즉, a > b) b를 c에 대입한다. 이러한 구문은 앞으로 언급될 If-else문의 간단한 표현이기도 하다.

P/G 3.7 논리연산자의 기능

```
#define Max(x,y) ((x>y)? x:y )
 #include <stdio.h>
  void main()
 {
     printf(" Max=%d\n", Max(10, 20) );
     printf(" Max=%d\n", Max(-10, 20) );
     printf(" Max=%d\n\n", Max(-10, -20)) ;
    }
```

[P/G 3.7]의 실행 결과

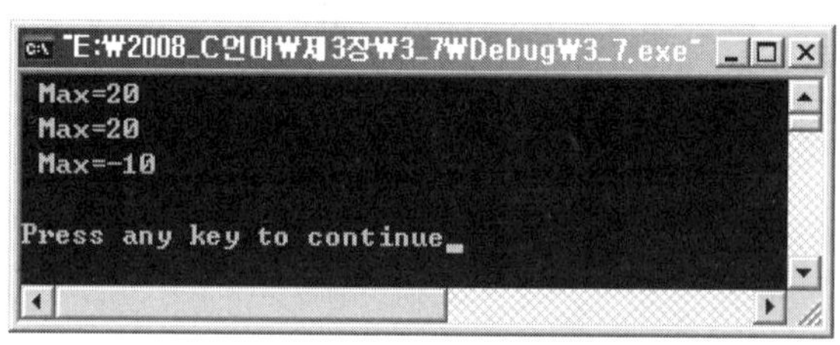

8. 콤마 연산자

콤마 연산자는 이항 연산자로 동일한 성격, 동일한 자격의 오퍼랜드를 나열하는데 사용하며, 순차 연산자라고도 부른다. 예를 들면 다음과 같다.

i=(j=50,k=j+50) ; ⇔ j=50, k=100, i=100 ;

여기서 콤마로 분리된 식들을 왼쪽 것부터 평가하여 그것의 오른쪽 식의 값을 결과의 값으로 한다.

위의 관계연산자, 논리연산자는 다음에 설명하는 if 명령에 없어서는 안되는 것이다.

P/G 3.8 콤마연산자의 기능

```
#include <stdio.h>
  void main()
 {
   int a, b;
     a=(b=10, 3, -9); printf(" a=%d, b=%d\n", a, b );
     a=(1, b+=5, 5); printf(" a=%d, b=%d\n", a, b );
     a=(3+5, b=6+7, 7); printf(" a=%d, b=%d\n\n", a, b );
   }
```

[P/G 3.8]의 실행 결과

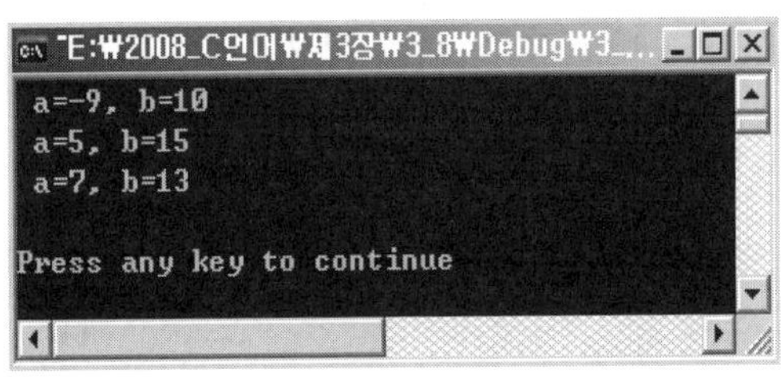

9. 비트 연산자

비트 연산자에는 모두 6가지의 연산자가 있다. 비트 연산자는 논리 연산자와 동일한 진리표에 의해 실행된다. 다만 논리 연산자에 비해 비트 연산자는 비트와 비트간에 이루어지는 연산자이다. 다시 말해 오퍼랜드로 비트가 오는 경우의 논리 연산자라고 생각하면 될 것이다. 실제의 프로그램에서는 오퍼랜드의 위치에 16진수, 8진수, 10진수 등으로 표기해야 함을 주목하기 바란다.

비트 연산자에는 다음과 같은 종류가 제공된다.

❶ ~ : 보수 연산자(one's complement operator). 이 연산자는 해당 비트의 토글(toggle) 역할을 한다. 즉 1을 0으로, 0을 1로 각각 토글 시킨다.

❷ & : 비트 AND 연산자(bitwise AND operator). 두 오퍼랜드의 대응 비트를 논리곱인 AND연산을 수행한다.

❸ | : 비트 OR 연산자(bitwise OR operator). 두 오퍼랜드의 대응 비트를 논리합인 OR 연산을 수행한다.

❹ ^ : 비트 XOR 연산자(bitwise exclusive OR operator). 두 오퍼랜드의 대응 비트들이 서로 같지 않으면 결과 비트는 1이 된다. 아래에 XOR의 진리표가 나타나 있다.

표 3.4 XOR의 진리표

수식 1	수식 2	수식 1 ^ 수식 2
0	0	0
0	1	1
1	0	1
1	1	0

❺ << , >> : 쉬프트 연산자(left, right shift operator). 쉬프트 연산자는 우변에 있는 피연산자에 의해 주어지는 자릿수만큼 피연산자의 비트들을 좌측(<<) 또는 우측(>>)으로 자리 이동을 한다. 이때 좌측 쉬프트 연산자에서는 발생하는 빈자리는 모두 0으로 대신하게 되며, 밀려지는 비트는 모두 버려지게 된다. 우측 쉬프트 연산자의 경우는 빈자리를 0으로 대신하고 밀려지는 부호도 무시된다. 그러나 음수의 경우 최상위 비트는 그대로 복사됨을 주의해야 한다.
따라서, 가급적 부호 있는 연산자의 경우 부호가 바뀔 수 있으므로, 부호 없는 연산자를 사용해야 한다.

또한 이러한 부호 연산자는 그 우선 순위가 서로 다르다. &, |, ^ 연산자는 관계 연산자보다 연산 순위가 낮으며, << >> 연산자는 +, - 연산자 보다 연산 순위가 낮다.

P/G 3.9 비트연산자의 기능

```
#include <stdio.h>
  void main()
 {
   int a=0x05;
     a=a<<3 ; printf(" a<<3 =%d\n", a );
     a=a>>1 ; printf(" a>>1 =%d\n", a );
     a=a>>2 ; printf(" a>>2 =%d\n", a );
     a=a<<1 ; printf(" a<<1 =%d\n\n", a );
   }
```

[P/G 3.9]의 실행 결과

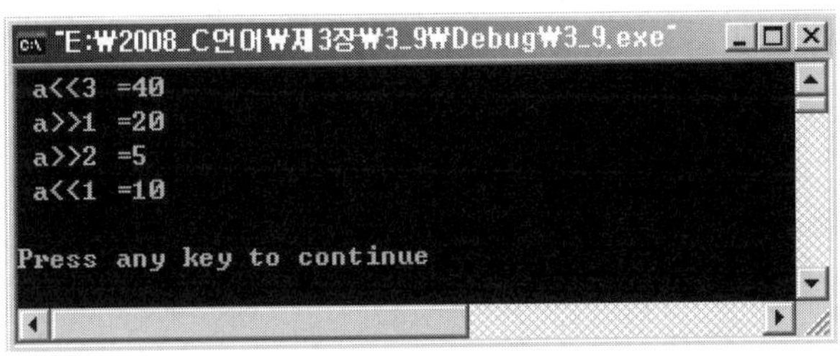

[P/G 3.9] 의 실행 결과(int a=0x05;)를 정리하면 다음과 같다.

수식	2진수 표현	x의 값	비고
x	00000101	5	
x<<3	00101000	40	$5 \times 2^3(=8)$
x>>1	00010100	20	$40 \times 2^{-1}(=0.5)$
x>>2	00000101	5	$20 \times 2^{-2}(=0.25)$
x<<1	00001010	10	5×2

10. 연산자의 우선 순위

한 연산식에 여러 연산자가 존재하면 다음과 같은 우선 순위에 의하여 처리된다.

표 3.5 연산자의 우선 순위

연산 순위	연 산 자	결 합 방 향
1	() [] - > .	⇒
2	! ~ ++ -- - + *(포인터) & sizeof()	⇐
3	* / %	⇒
4	+ -	⇒
5	<< >>	⇒
6	< <= > >=	⇒
7	= = !=	⇒
8	&	⇒
9	^	⇒
10	|	⇒
11	&&	⇒
12	||	⇒
13	? :	⇐
14	= += -= *= /= %= <<= >>= &= ^= |=	⇐
15	,	⇒

연/습/문/제 (A)

1. 키보드로부터 2개의 문자를 입력받아 입력받은 문자와 그에 대응하는 ASCII code번호를 출력하는 프로그램을 작성하라.

2. 3개의 정수를 입력받아 입력받아서 각 정수를 5로 나눈 나머지 값들을 16진수 형태로 출력하는 프로그램을 작성하라.

3. 변수 a에 9, b에 3을 배정한 후 두 변수의 4칙 계산을 행하는 프로그램을 작성하시오.

4. 키보드로부터 자신의 생년월일을 입력받아 학번으로 출력하는 프로그램을 작성하시오. (단 증감 연산자만을 이용할 것)

5. 다음 연산의 출력 결과식은 얼마인가?

```
int  x,y,z;
x=y=z=0;
x=  ++y  +  ++z;
x=  y++  +  z--;
printf("x=%d,y=%d,z=%d\n",x,y,z);
x=  ++y  +  z++;
x=  ++(y+z)+  --y;
printf("x=%d,y=%d,z=%d\n",x,y,z);
```

6. 다음 수식의 결과 값은 얼마인가?

```
int  a,b,c,d,e;
float  x,y;
a=0;  b=1;  c=2;  d=3;  e=  -1;
x=1.65;  y=0.0;
```

수 식	결 과 값
(c<d)||a	
c<(d&&a)	
3>!(!d+d)	
2<!(a+b+ d++)	
1>!(d+a)	
x<=1+3/2+y	

7. C의 연산 우선순위에 대해 설명하시오.

8. C의 비트 연산자를 이용하여 AND게이트와 NOR게이트의 플로우 차트를 그리고, 각각의 진리 집합을 출력하는 프로그램을 작성하시오.

9. 키보드로부터 임의의 숫자를 입력받아, 입력된 숫자가 어떤 데이터형인지를 판별하는 프로그램을 작성하시오.

연 / 습 / 문 / 제 (B)

1. x=100으로 하여 ++a, a++, --a, a--, a를 나타내는 프로그램을 작성하시오.

```
#include<stdio.h>
void main()

{    int a=100,b=100;
  printf("%d₩n", ++a);

  printf("%d₩n", a++);
        printf("%d₩n",a);
               printf("%d₩n", --b);
  printf("%d₩n", b--);
  printf("%d₩n",b);

  }
```

[힌트 및 결과]

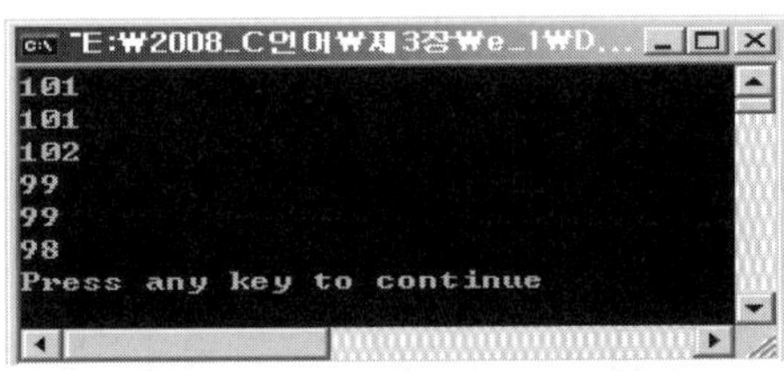

2. 하나의 숫자를 입력하여 짝수 및 홀수를 판별하는 프로그램을 작성하시오.

```
#include<stdio.h>
void main()

{ int a;
  scanf("%d", &a);
    if ((a % 2) ==  0) printf ("짝수₩n");
```

```
else printf("홀수\n");
printf("\n");
}
```

[힌트 및 결과]

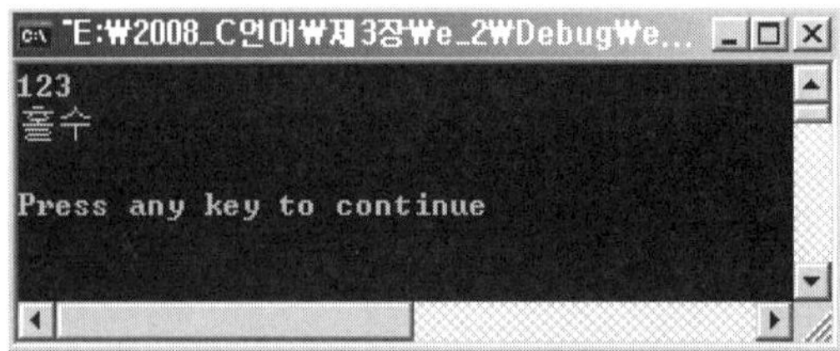

3. 3의 배수를 판별하는 프로그램을 작성하시오.

```
#include<stdio.h>
void main()

{ int a;
  scanf("%d", &a);
   if ((a % 3) ==  0) printf ("3의 배수\n");
  else printf("3의 배수가 아님\n");
  printf("\n");
  }
```

[힌트 및 결과]

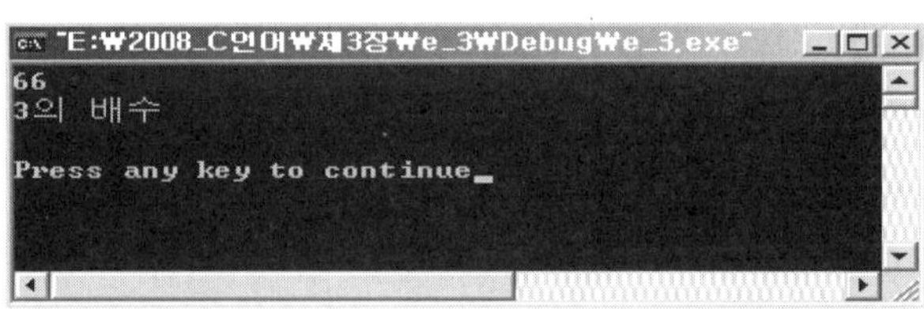

4. 다음 프로그램의 실행 결과는 어떻게 되는지를 나열하시오.

```
#define PRINT(int) printf("%d\n", int)
#include<stdio.h>
```

```
void main()

{ int a, b, c;
 a=2; b=1; c=0;
 a=a && b || c; PRINT(a);
 b=a || b && c; PRINT(a);
PRINT(a || !b && c);
  printf("₩n");
  }
```

[힌트 및 결과]

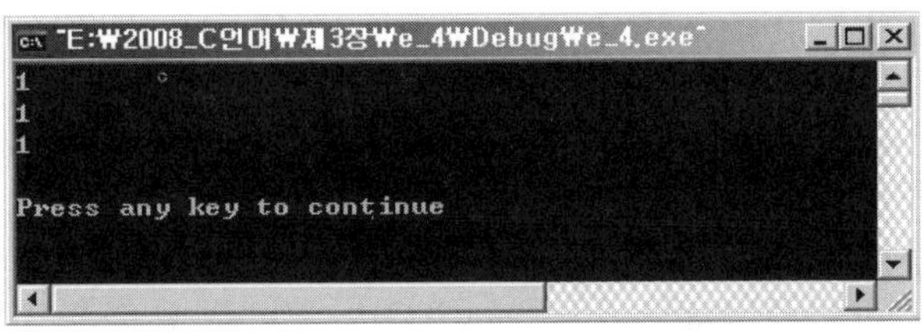

5. 매크로 함수에 조건연산자를 이용하여 두 개의 수를 판별하는 프로그램을 작성하시오.

```
#define MIN(x,y) ((x<y)? x:y)
#include<stdio.h>
 void main()

 { printf("Min=%d₩n", MIN(3,10));
   printf("Min=%d₩n", MIN(-9,10));
   printf("Min=%d₩n", MIN(-3,-10));
   printf("₩n");
      }
```

[힌트 및 결과]

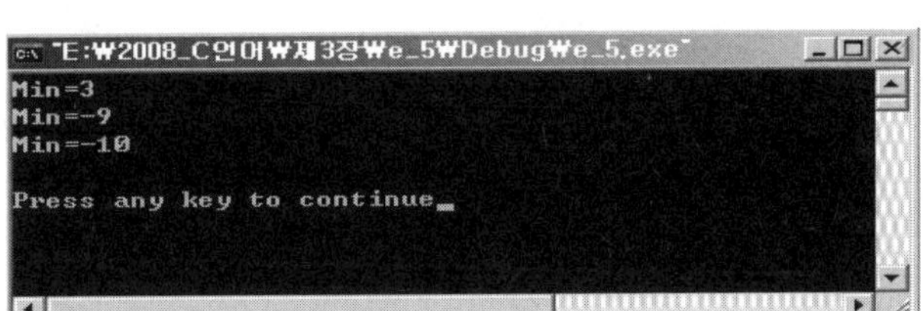

6. 다음은 주소연산자 & 을 이용하여 변수의 주소와 값을 구하는 프로그램이다. 그 결과값을 나열하라.

```
#include<stdio.h>
void main()

{ int x=99;
  printf("x의 주소=%X₩n  x의 값=%d₩n", &x, x);
    }
```

[힌트 및 결과]

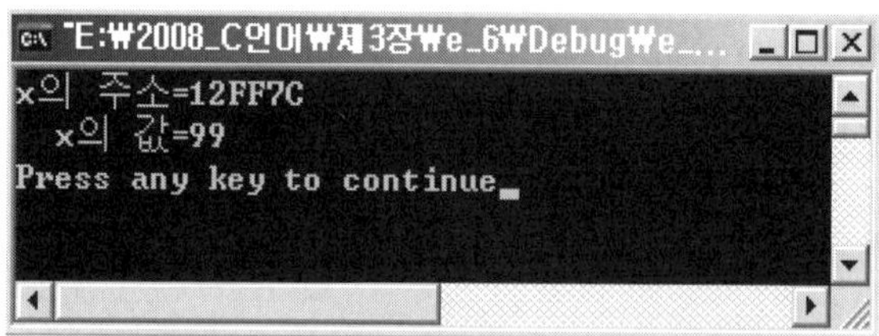

7. 다음은 치환문에서 형 변환과 캐스트 연산자 형 변환과의 결과의 차이를 비교하는 프로그램이다. 그 결과값을 나열하라.

```
#include<stdio.h>
void main(void)

{ int x1, x2;
    x1=3.8*4.5;
    x2=(int)3.8*(int)4.5;
 printf("x1=%d₩n", x1);
 printf("x2=%d₩n", x2);
    }
```

[힌트 및 결과]

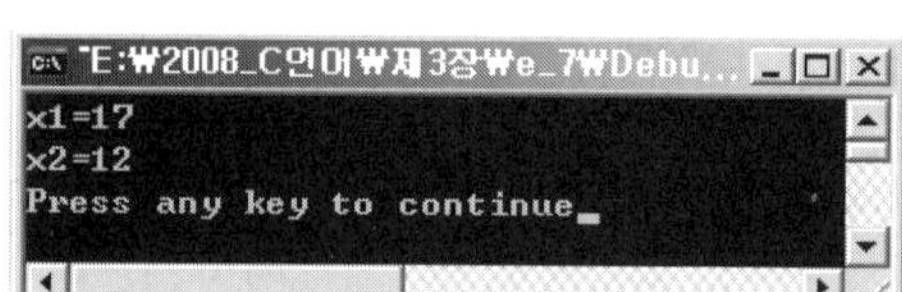

8. 다음은 두 변수의 값을 교환하는 프로그램이다. 실행하여 결과를 비교하시오.

```
#include<stdio.h>
 void main()
 { int su1=10, su2=200, imsi=200;
  printf("₩n원래의 수 :%d  %d  ₩n", su1, su2);
  imsi=su1;
  su1=su2;
  su2=imsi;
  printf("교환값 :%d    %d₩n", su1, su2);
        printf("₩n");
      }
```

[힌트 및 결과]

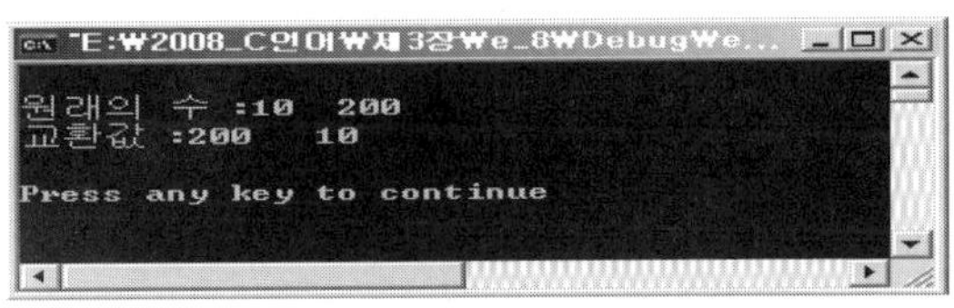

9. 17부터 1000까지에 존재하는 모든 17의 배수를 출력하는 프로그램을 작성하시오.

```
#include<stdio.h>
 void main()
 { int a;
  for(a=17; a<=1000; a+=17)
  printf("%d  ₩n", a);
  printf("₩n");
      }
```

[힌트 및 결과]

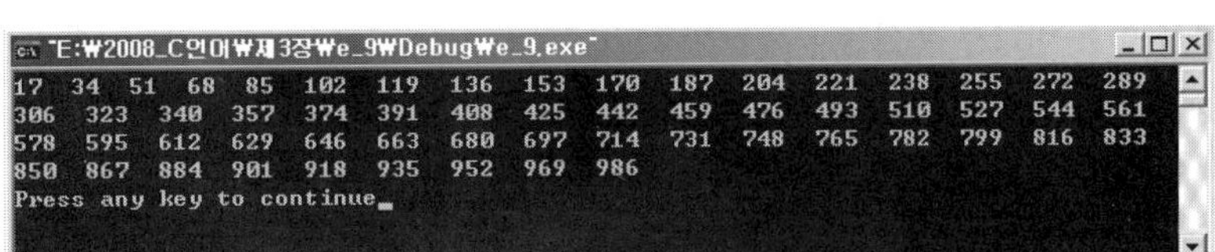

10. 다음 프로그램은 키보드에서 입력한 하나의 문자의 ASCII값을 2진수로 출력하기 위해 비트연산자 AND를 사용한 프로그램이다. 실행하여 나타난 그 결과를 설명하시오.

```
#include 〈stdio.h〉
#include 〈conio.h〉
  int main(void) {
  char ch;
  int i;
  printf("Enter a character: ");
  ch = getch();
   printf("₩n");
   for(i=128; i〉0; i=i/2)
       if(i &ch) printf("1 ");
    else printf("0 ");
       printf("₩n");
     return 0;
}
```

[힌트 및 결과]

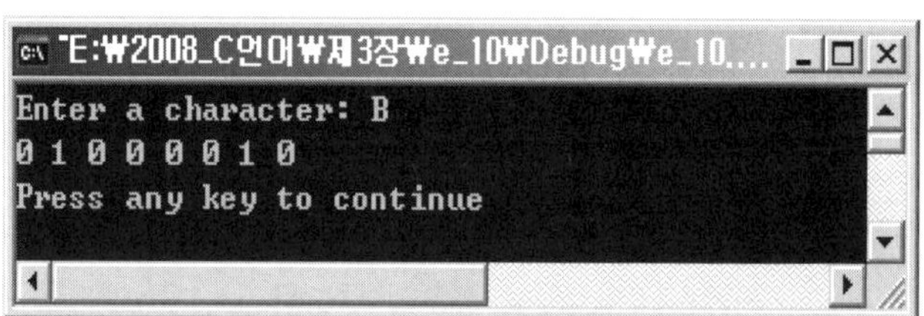

(설명)

이 프로그램은 비교가 일어날 때마다 단 하나의 비트만 1로 되도록 i의 값을 조정한것이고 한 바이트에서 최상위 비트는 128을 나타내므로, 이 값을 시작값으로 사용한것이다. 한번 반복할 때마다 i의 값은 반으로 된다. 이것은 i내에서 다음 비트의 위치를 1로 만들고 나머지 비트들은 모두 0으로 되게 한다. 그러므로, 반복될 때마다 ch에 있는 한 비트를 검사한다. 만약 그 비트가 1이라면 그 비교는 참이 되어 1을 출력한다. 그 비트가 1이 아니라면 0이 출력된다. 이 과정은 모든 비트가 검사될 때까지 계속된다.

11. 다음 프로그램은 실행하여 그 결과를 나열 하시오.

```
#include <stdio.h>
int main(void) {
    int i;
    i = 12;
    printf("initial value of i: %d₩n", i);
    i = i ^ 12345;
    printf("i after first XOR: %d₩n", i);
    i = i ^ 12345;
    printf("i after second XOR: %d₩n", i);
    return 0;
}
```

[힌트 및 결과]

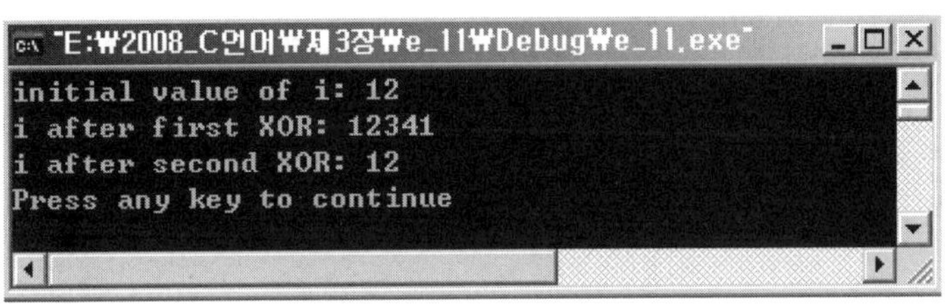

12. 다음 프로그램은 실행하여 그 결과를 나열 하시오.

```
#include <stdio.h>
void main(){
 int a=1,b=2,c=3,x1,x2,x3,x4;
 x1=!a;
 x2=!0;
 x3=a<b||b!=c;
 x4=a-4||a!=b&&2+2!=c;
 printf("x1=%d₩n x2=%d₩n x3=%d x4=%d₩n",x1,x2,x3,x4);
}
```

[힌트 및 결과]

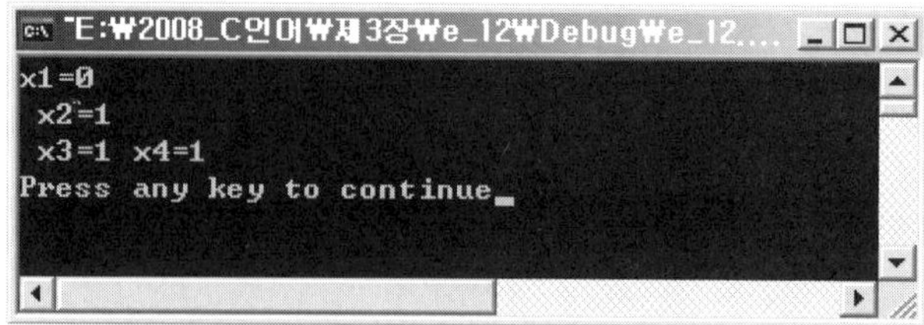

13. a의 값을 이진수로 바꾸어 보면 00000101 이 되는데 이 값을 왼쪽으로 2비트 이동시키면 00010100이 된다. 이를 다시 십진수로 바꾸어 보면 20이란 결과 값이 나오는 프로그램을 작성하시오.

```
#include <stdio.h>
 void main(){
 int a=5, x1,x2;
 x1=a<<2;
 x2=a>>2;
 printf("결과=%d₩n",x1);
 printf("결과=%d₩n",x2);
}
```

[힌트 및 결과]

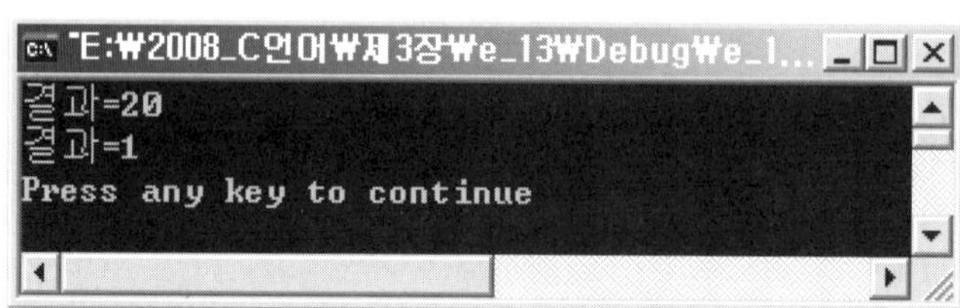

14. 다음 프로그램은 실행하여 그 결과를 나열 하시오.

```
#include<stdio.h>
 main(){
  int a=12;
  printf("byte size= %d₩n",sizeof(a));
```

```
    printf("byte size= %d₩n",sizeof(int));
    printf("byte size= %d₩n",sizeof(char));
    printf("byte size= %d₩n",sizeof(float));
}
```

[힌트 및 결과]

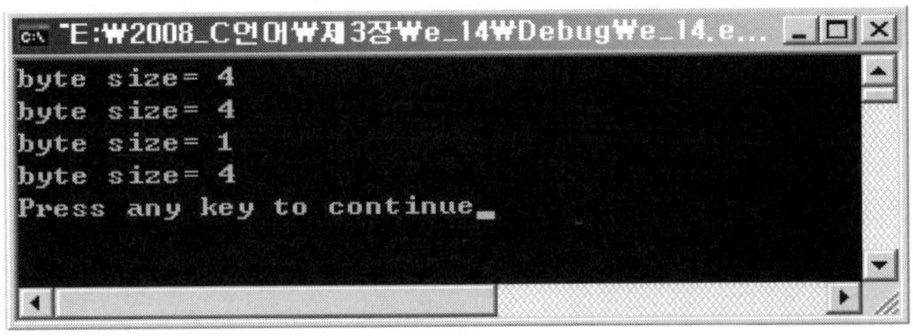

제어문과 순환문

Chapter 04

제4장에서는 C언어를 이해하는데 필요한 제어문과 순환문에 대하여 간단히 살펴본다.

1. if문
2. switch문의 사용
3. for문의 사용
4. while문과 do-while문의 사용

여러 프로그램을 구성하는데 있어서 제어문(control statement)과 순환문(iteration statement)은 매우 중요한 용도로 사용된다. 사실상 이러한 제어문과 순환문의 사용은 전반적인 프로그램의 대부분을 차지한다고 해도 과언이 아닐 것이다.

C에서 사용하는 제어문은 크게 조건문, 순환문, 점프문으로 나눈다. 먼저 조건문으로는 if문과 switch문이 있다. 조건문은 간단히 말하면 "이런 조건에서 이런 명령을 실행할 것을 지시"하는 것이다. 반면 순환문에는 while문, do-while문, for문 등이 있다. 이러한 순환문은 반복적인 계산이 요구될 때 많이 사용된다. 또한 점프문은 break문, continue문, goto문, return문 등으로 분류된다.

실제로는 조건문과 순환문 그리고 점프문이 서로 복합적으로 어울려 사용된다. 이러한 어울림은 프로그램의 효율성과 직결되기 때문에 유의해야 될 것이다.

1. if문

조건문중 우선 if문에 대하여 알아보도록 하자. if문은 지금까지의 예제 프로그램에서도 많이 사용되어 왔다. 그 형식은 다음과 같다.

```
if (조건식)    문장;
```

위의 형식은 if문의 가장 간단한 형태를 표현하고 있다. 여기서 중요한 것은 조건식과 문장 사이에 "then"문장을 써서는 안된다는 것이다. 다른 언어에 익숙한 독자라면 충분히 가능한 작업이라 생각된다.

if문은 괄호 안의 조건식이 만족되면 문장을 실행한다. 앞서 설명한 것처럼 조건식이 만족된다는 것은 괄호안의 값이 최종적으로 "1"의 값을 갖게 된다는 것을 의미한다. 즉, 조건식이 "TRUE"일 때만 다음에 기술된 문장이 실행된다. 만일 조건식이 "FALSE"일 때는 문장이 실행되지 않고 다음의 프로그램으로 넘어가게 된다. 또한 조건문이 "FALSE"일 때 따로 실행되는 문장을 지정할 수 있는데 이것이 if-else문이다. 그 형식은 아래와 같다.

```
if ( 조건식 )        문장1;
   else             문장2;
```

이 형태도 조건식이 참이면 문장1을, 거짓이면 문장2를 수행한다. 문장이 여러 개인 경우는 각각 {}로 여러 개의 문을 둘러싼다. if문의 순서도는 [그림 4.1]과 같이 된다.

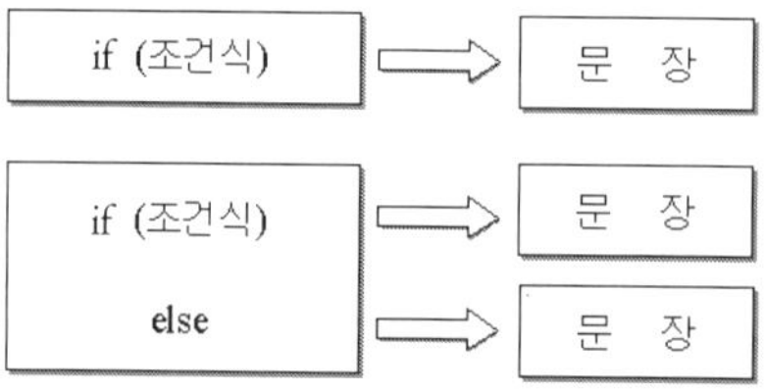

그림 4.1 if문의 형식

if를 사용한 프로그램 예를 [P/G 4.1]에서 나타낸다.

P/G 4.1 if문의 예

```
/*(1) */              #include <stdio.h>
/*(2) */              #include <conio.h>
/*(3) */  void main(void)
/*(4) */ {
/*(5) */    char love;
/*(6) */    printf("Are you a golf lover or not ? \n");
/*(7) */    printf("Please  enter y or n:");
/*(8) */    scanf("%c", &love);
/*(9) */    if ( love == 'y' )
/*(10) */       printf("You are a golf lover.\n\n\n");
/*(11) */     else
/*(12) */        printf("You are not a golf lover.\n\n\n");
/*(13) */ }
```

| 해석 |

[P/G 4.1]의 프로그램을 설명하자.

(6) Are you a golf lover or not? (당신은 골프 애호가입니까?)라고 출력 된다.

(7) Please enter y or n. (y혹은 n을 넣어 주시오.)이라 출력되고, 만약 y를 넣으면 "You are a golf lover."라는 문장이 인쇄되고, 만약, n을 넣으면 "You are not a golf lover."의 문장이 출력된다.

위의 예제에서 "y"를 입력한 결과는 아래에 나타나 있다.

[P/G 4.1] 실행 결과

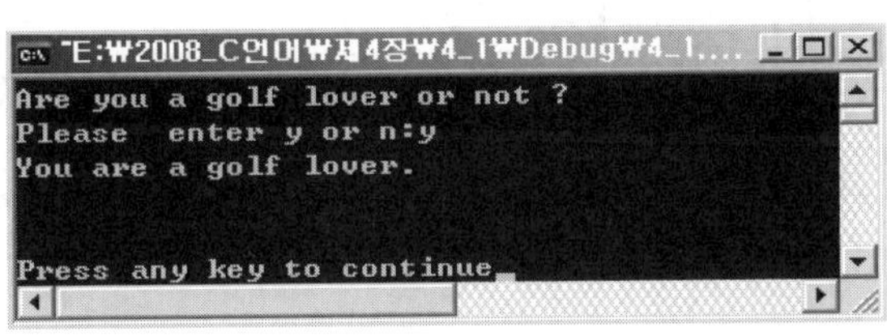

다음 예는 4 개의 Sale 점수를 더해서 평균을 구한 다음, 만약 점수가 85 이상이면

'우수'를, 84 이하이면 '미달'이라고 표시하는 것이다.

P/G 4.2 if...else문의 예

```
#include<stdio.h>
void main()
 {
int sale1=95,sale2=60,sale3=80,sale4=74;
int avg;
avg=(sale1+sale2+sale3+sale4)/4;
if(avg>=85)
    printf("2000 2/4분기 판매실적 : 우수\n\n");
else
    printf("2000 2/4분기 판매실적 : 미달\n\n");
    }
```

| 해석 |

"if" 문장 다음에 괄호안의 내용이 조건에 해당하는데, 위의 예에서는 평균(avg)이 "85"보다 크거나 같다면 바로 아래 문장을 실행하게 되고, 그렇지 않다면, "else문" 다음에 위치한 문장을 실행하게 된다. 그리고 위의 예에서 변수 선언과 동시에 int sale1=95와 같이 숫자를 대입시켰는데, C언어는 이렇게 변수 선언과 동시에 초기값을 대입해 주는 문장을 지원한다.

위의 프로그램을 실행하면, 다음과 같다.

[P/G 4.2] 실행 결과

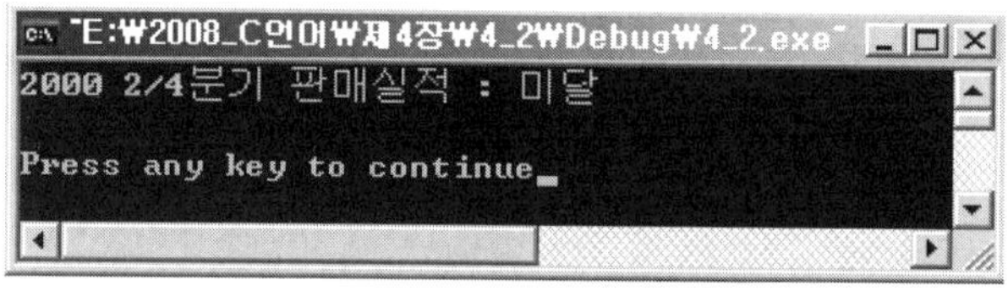

"if문"(다중 if문)의 예를 들어보자. "if...else if..."와 같이 여러 개의 'if문'이 중첩되어 있는 것을 '다중 if문'이라고 하는데, 다중 if문의 형식은 다음과 같다.

표 4.1 다중 if문의 형식

```
if(조건식1) {
    if(조건식2) 문장2 ;
    else if (조건식3) 문장3;
    else 문장4;
  }
else if (조건식5) 문장5;
else if {
    if(조건식6) 문장6;
    else (조건식7) 문장7;
  }
          ⋮
else  문장m;
```

위에서와 같이 다중 if문의 형식은 매우 복잡하게 보인다. 그러나 실제로 조금 만 익숙해지면 어려움을 느끼지 않을 것이다. 한가지 이러한 복잡한 형식을 구성할 때에는 되도록 간결하게 하도록 노력해야 한다는 것이다. 필자의 경험으로는 C의 여러 문법 중에서 “if문”의 속도가 가장 느린 것 같다. 따라서 프로그램의 속도와 간결성을 유지하기 위해 조건문의 사용은 가급적 자제하는 것이 바람직할 것이다.

어느 학생의 평균 성적을 이용하여 “수, 우, 미, 양, 가”로 나누어 보는 예제이다.

P/G 4.3 if...else,if...else문의 예

```
#include<stdio.h>
 void main()
   {
     int korean=70,english=88,math=95,ethics=85,science=77;
     int avg;
     avg=(korean+english+math+ethics+science)/5;
     if(avg>=90) printf("수");
     else if(avg>=80) printf("우\n\n");
     else if(avg>=70) printf("미");
     else if(avg>=60) printf("양");
     else  printf("가");
   }
```

| 해석 |

먼저 첫 번째 조건(avg>=90)을 체크하여 조건에 맞지 않으면 "else if문" 다음 조건(avg>=80)을 체크해 나간다. 따라서 "else if(avg>=80)"이라는 조건은 이미 평균이 90미만이라는 조건에서 검사되는 것이다. 위의 프로그램을 실행하면 "우"라는 글자가 출력된다.
한편 다중 if문은 그 조건이 너무 많이 늘어날 때는 혼돈의 우려가 있다. 따라서 많은 조건을 체크해야 할 경우에는 대개 switch문을 사용한다. 또한 if문의 사용대신 조건 연산자 "? :"을 사용할 수도 있다. 이미 3장에서 조건 연산자를 다루었으니 참고하기 바란다. 이러한 조건 연산자를 사용하면 매우 간편한 프로그램을 작성할 수 있다.

[P/G 4.3] 실행 결과

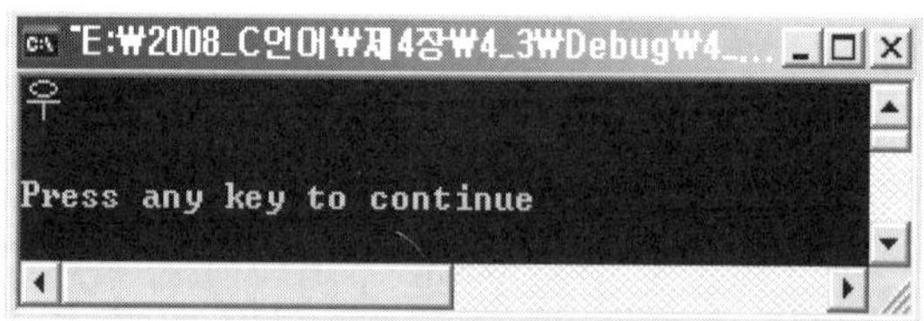

2. switch문의 사용

if-else문을 사용하면 두 가지 표현식만이 가능하다. 많은 경우의 선택에 있어서는 if-else …if-else문을 사용해야 한다. 그러나 위에서도 확인하였듯이 이러한 구성은 매우 복잡하거니와 프로그램의 간결성도 매우 떨어지게 된다. 이런 경우 C에서는 다중 선택을 위한 switch문을 제공한다. 참고로 다른 프로그램에서는 다중 선택 문으로 case문을 제공하고 있다. switch문의 형식은 다음과 같다.

표 4.2 switch문의 형식

```
switch (수식) {
  case 상수1 : 문장1 ; break;
  case 상수2 : 문장2 ; break;
             ⋮
  case 상수k : 문장k ; break;
  default    : 문장m ; break;
}
```

간단히 switch문을 설명할 필요가 있을 것 같다. switch라는 명령으로 다중 선택을 하겠음을 알린다. 다음에 위치하는 "(수식)" 부분은 반드시 수식이 위치할 필요는 없다. 그 곳에 변수가 위치해도 관계는 없다는 말이다. "상수k"의 위치에는 switch문에서 지정된 수식의 값 또는 변수의 값이 위치하면 된다. 또는 문자 상수가 위치해도 된다. 이미 알고 있는 것처럼 문자 상수는 ''으로 둘러싸야 한다. 그런데 "상수k"는 반드시 정수형 데이터나 정수형으로 변환될 수 있는 값이어야 한다. 즉, float, double형은 위치할 수 없다는 것이다. 굳이 실수형을 써야 한다면 캐스트 연산자를 사용하는 것도 한 방법이라 생각한다.

또한 break문은 하나의 case인 경우만을 종료시킨다. 그리고 생략할 수도 있다. 주의할 것은 break문은 특별한 경우가 아니면 반드시 기입하는 것이 좋다. case문은 break문을 만나기 전까지 모든 문장을 실행시킨다. 따라서 break문이 없다면 원하지 않는 결과를 생성할 수도 있다. 결국 하나의 case문장 다음에 여러 문장이 위치할 수도 있는 것이다. 그러므로 프로그래머의 의도에 따라서 break문을 적절히 활용한다면 좀더 간단한 프로그램을 만들 수도 있다.

그리고 default문은 그 위치가 마지막일 필요는 없다. 또한 생략할 수도 있다. 그러나 생략하는 것은 권할 일이 아닌 것 같다. 역시 default문 뒤에도 break문을 사용하는 것을 잊지 않도록 주의하기 바란다. switch문의 예제가 아래에 나타나 있다. 실제로 switch문은 여러 가지로 쓸모가 많다는 것을 알 수 있을 것이다.

P/G 4.4 switch문의 예

```
#include <stdio.h>
#include <conio.h>
 void main()
 {
     int num;
     void clrscr();
     printf(" 다음의 과목 중 어떤 과목을 좋아하십니까? \n");
     printf(" 1.음악  2.수학  3.국어  4.영어  5.과학  6.기타\n");
     printf(" ans : >");
     scanf("%d",&num);
     switch (num) {
       case 1 :  printf("\n 음악을 선택하셨습니다."); break;
       case 2 :  printf("\n 수학을 선택하셨습니다."); break;
       case 3 :  printf("\n 국어를 선택하셨습니다."); break;
       case 4 :  printf("\n 영어를 선택하셨습니다."); break;
       case 5 :  printf("\n 과학을 선택하셨습니다."); break;
       case 6 :  printf("\n 기타를 선택하셨습니다."); break;
       default : printf("\n 다시 선택해 주십시오.");  break;
       }
     printf("\n\n");
     printf("-----------수고하셨습니다. 엔터를 치세요.-------------\n\n\n");

}
```

[P/G 4.4] 실행 결과

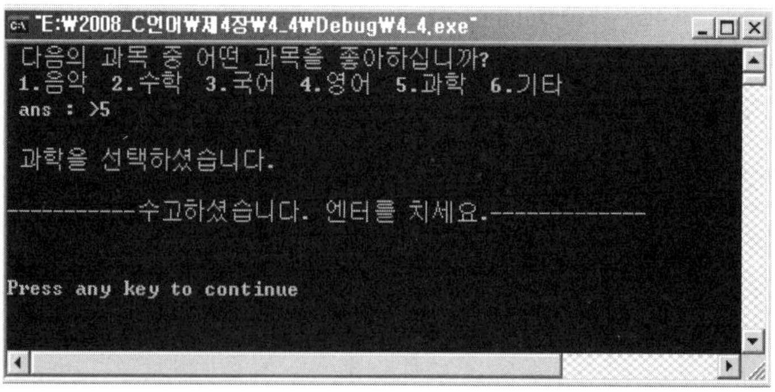

3. for문의 사용

이번에는 반복하는 명령인 for문을 설명한다. for문은 여러 순환문 중에서 단연 사용 빈도가 많은 구문이다. C 의 for문은 while문 보다 더욱 광범위하게 사용할 수 있고 처리 속도 또한 while문과 동일하기 때문에 C에서는 while문 보다 for문을 단연 선호하고 있다. 다음에서 간략하게 while문과 for문을 비교해 보자.

```
i=1;
while(i<100);  {
  printf("i=%d\n",i);
  i++;
}
```

```
for(i=1;i<100;i++) printf("i=%d\n",i);
```

그림 4.2 for문과 while문의 비교

위의 두 프로그램은 서로 동일한 프로그램이다. 그러나 여러 줄로 구성된 while문에 비해 for문은 단 한 줄로 프로그램이 끝났다. 그러나 for문은 다음과 같은 형식을 가진다.

표 4.3 for문의 형식

```
for (수식; 조건식; 증감식) 문장;
for (수식; 조건식; 증감식) {
   문장;
      ⋮ ;
}
```

위 형식에서 수식은 초기값으로 조건을 검사하기 위해 사용되는 초기상태이고, 조건식은 루프 제어변수의 조건으로서 반복실행을 위한 검사의 기준이 된다. 또한 증감식은 주로 증감 연산자를 사용한 루프 제어변수를 제어한다.

반복하는 문 가운데서 for의 제어변수를 변경하는 것은 인정되지 않으며 반복문이 여러 개인 경우는 {}로 둘러싸인다. for문의 순서도는 [그림 4.3]과 같다.

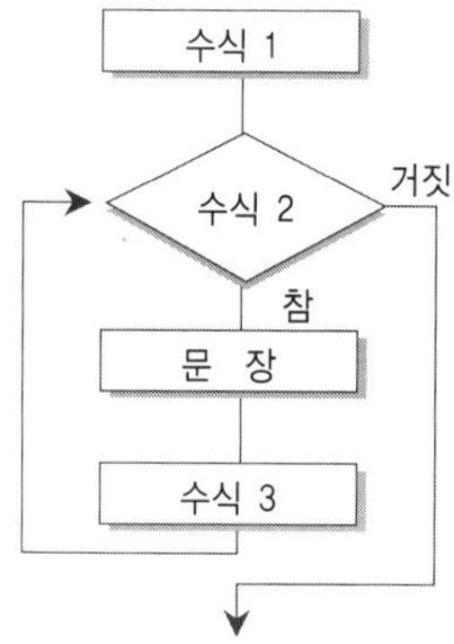

그림 4.3 for문의 순서도

예를 들어

```
for (n = 1; n<=200 ; n++)
    sum = sum + n ;
```

으로 하면 1에서 200까지가 sum에 더하여 진다. 이것은

```
for(n=200;n>=1 ; n--)
    sum =sum + n ;
```

과도 마찬가지이다.

그러면 [P/G 4.5] 와 같이 1에서 100까지를 더하는 프로그램을 for문을 사용하여 만들어 본다.

P/G 4.5 for문의 예

```
#include<stdio.h>
/* (1) */ void main()
/* (2) */ {
/* (3) */     int n=0,sum=0 ;
/* (4) */     for(n=0 ; n<=100 ;n++)
/* (5) */         sum=sum+n ;
/* (6) */         printf("sum of 1..100=%d\n\n",sum);
/* (7)*/      }
```

[P/G 4.5] 실행 결과

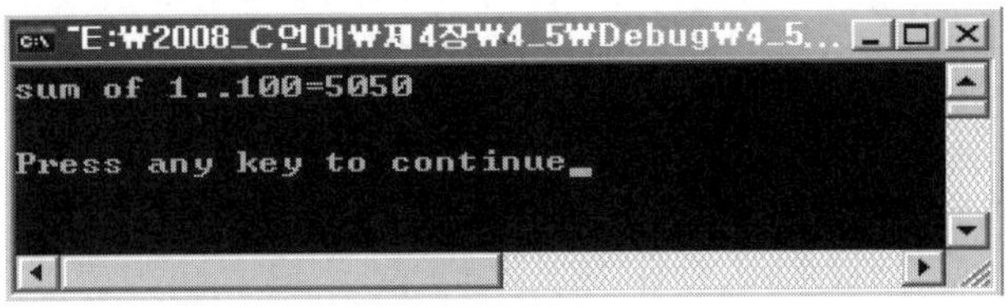

[P/G 4.4]의 프로그램에서는 (4)의 for 명령에서 n을 1에서 100까지 바꾸어 그것을 sum에 더한다. 다시 복습하면

『기본 형식』

```
for(초기치;조건문;변수증감) {
   statement 1;
   statement 2;
      ......
   }
```

for문의 사용 예로 구구단을 표현하는 프로그램을 작성해 보도록 하자.

P/G 4.6 for문의 예(구구단)

```
#include<stdio.h>
#include<conio.h>
void main()
{
   int i,j;
   for(i=1;i<10;i+=2)
    {
                    void clrscr();
                    printf("\n\n");
                    for(j=1;j<10;j++)
                     printf("\t    %d*%d=%2d   \t   %d*%d=%2d \n", i,j,i*j,i+1,j,(i+1)*j);
                     printf("\n\tPress any key to be continued.");
                           }
  }
```

| 해석 |

위의 'for문'을 자세히 살펴보자. 이러한 형식은 다중 for문으로 실제적으로 많이 사용되는 형태중의 하나이다. for문내의 각각의 Expression(식)들은 세미콜론(;)으로 분리되는데 이 안의 식들은 반복을 얼마만큼 하여 언제 끝낼 것인지를 결정하게 된다.

```
for(i=1;i<10;i+=2)
```

첫 번째 i=1은 반복 Loop에 사용되는 초기 변수값을 설정하는 것이다. 두 번째 i<10은 i 값이 10미만이면 계속 반복 수행하라는 것으로 "exit"할 조건을 이곳에서 체크하게 된다. 세 번째 i+=2는 i=i+2와 같은 뜻으로 변수 i의 값을 2씩 증가시키라는 뜻이다. 이 i+=2의 문장은 for문 아래에 위치하는 문장들이 한 번씩 수행되고 나서 실행되는 것이다. 요약컨대, for문의 전체적인 수행 순서는 먼저 초기값 i를 1로 설정하고, i 값이 10미만인지를 체크하고 만약 10미만이면 아래에 위치하는 문장을 실행하고 i+=2를 실행한다. 다시 반복 조건인 i<10을 체크하고 10미만이면 계속 반복 수행되는 것이다.

[P/G 4.6] 실행 결과

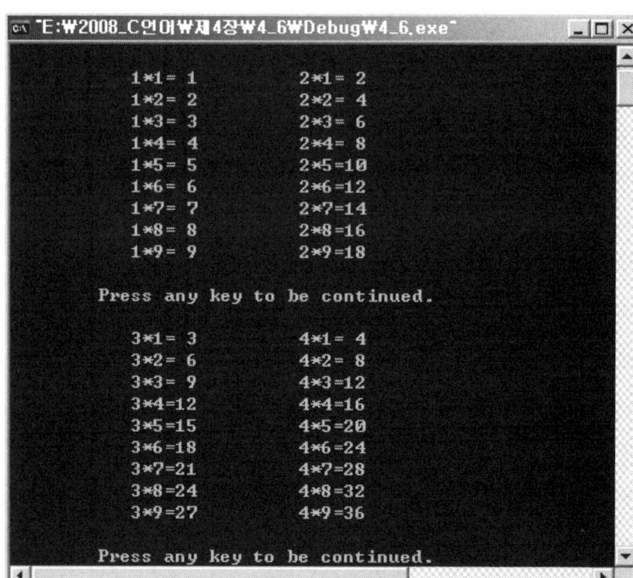

다음 예제는 수치값에 따라 별표(*)를 사용하여 그래프를 그리는 프로그램으로서 역시 다중 for문의 예이다.

P/G 4.7 for문을 이용한 막대그래프

```
#include<stdio.h>
void main()
 {
                    int i,j;
                    for(i=1;i<10;i=i+2) {
            printf("%2d:",i);
          for(j=1;j<=i;j++) printf("*");
                        printf("\n");
                      }
        }
```

| 해석 |

첫 번째 'for문'은 1부터 10까지의 홀수에 대해 반복 문장들을 시행하라는 것이며 두 번째 'for문'은 i개만큼 별표(*)를 연속적으로 찍어 주도록 한다. 따라서 실행 결과는 이렇게 될 것이다.

[P/G 4.7] 실행 결과

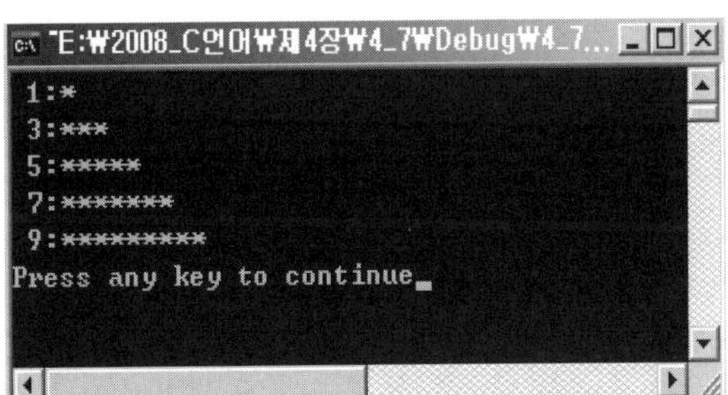

마지막으로는 'for문'을 사용하여 무한 Loop를 구현하는 예제를 보자.

P/G 4.8 for문을 이용한 메뉴 구성

```
#include<stdio.h>
#include<stdlib.h>
void main()
{
            char ch;
            printf("메뉴선택 S)ave O)pen P)rint Q)uit\n");
            for(;;) {

              if(ch=='q' || ch=='Q') exit(0);

              ch=getchar();

      switch(ch) {

                case 's':
                case 'S':printf("Saving…\n");
              /*save_data(); */
                          break;
                case 'o':
  case 'O':printf("Open file…\n");
                         /*open_file();*/
                         break;
                case 'p':
  case 'P': printf("Printing…\n");
                         /*print_data();*/
                break;
                 }/*end switch */
              }/*end for*/
```

| 해석 |

이 예제에서 사용되는 for문은 초기값도 "Exit" 조건문도 없다. 따라서 무한히 반복하게 된다. 프로그램을 이처럼 짜게 되면 어떠한 수단으로도 빠져 나올 수 없게 된다(다시 Reset하는 수밖에). 이러한 무한 루프를 방지하기 위해 메뉴 중에 "q"를 누르면 "exit"되도록 중간에 하나의 if문을 넣어 주었다. exit()는 프로그램을 종료하는 함수이며, getchar()는 키보드부터 1개의 문자를 입력받는 함수이다. 그러나 화면상에 표시되지는 않는다. 독자들은 직접 프로그램을 실행하기 바란다.

[P/G 4.8] 실행 결과

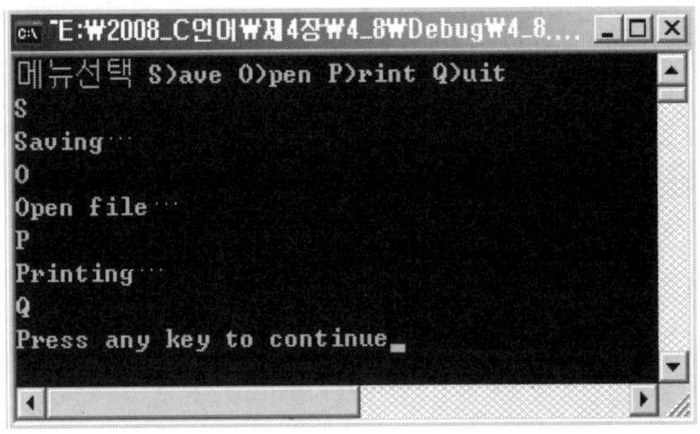

4. while문과 do-while문의 사용

4.1 While문

컴퓨터의 뛰어난 장점 중에 하나는 지루하고 반복적인 작업을 자동으로 처리해 준다는 점이다. 이 절에서는 for문에 이어서 while문을 설명한다. while문은 조건이 만족되는 동안 반복시키는 순환(loop)문이며, 먼저 수식을 평가한 후 그 결과가 참(true)인 동안만 계속 반복을 실행한다. 먼저 while문의 형식을 알아보자.

```
while (조건식)
   반복문 ;
```

이 때 반복 문장이 여러 개인 경우에는 {}를 사용하여 다음과 같이 표시한다.

```
while (조건식) {
문 1 ;
…
문 n ;
   }
```

while문은 특정 조건(Condition)이 참(True)인 동안 계속 반복을 수행하게 된다. 이러한 특성은 for문의 특징과도 동일한 형태를 갖게 된다. 앞으로 언급할 do-while문과는 그 특성이 다소 다름으로 주의하여 살펴두기 바란다.

while문의 순서도를 [그림 4.4]에서 나타낸다.

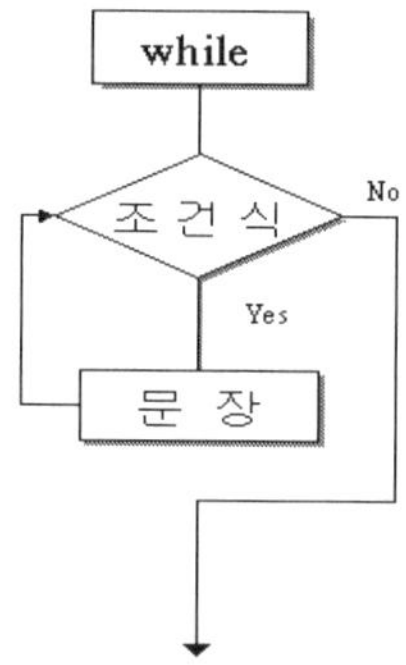

그림 4.4 while의 순서도

예를 들어, while을 사용하여 1에서 10까지의 합계를 구하는 프로그램을 만들면 [P/G 4.9] 과 같이 된다.

P/G 4.9 while문의 예제

```
#include <stdio.h>
/* (1) */  void main()
/* (2) */ {
/* (3) */     int n = 1, sum = 0 ;
/* (4) */     while (n < 11 ) {
/* (5) */         sum = sum + n ;
/* (6) */         n = n + 1 ;
/* (7) */       }
/* (8 )*/      printf("%d\n", sum) ;
/* (9) */   }
```

[P/G 4.9] 실행 결과

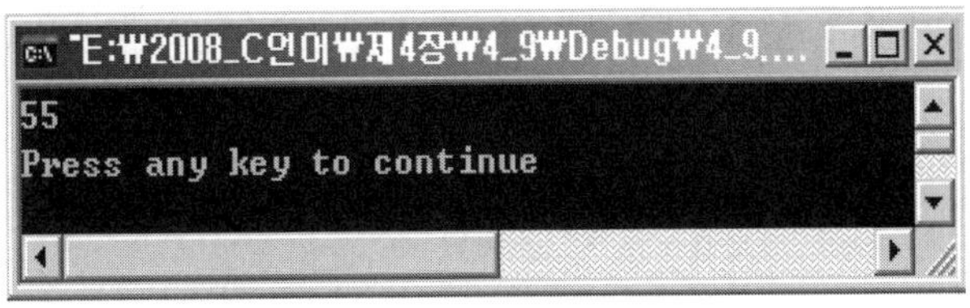

| 해석 |

[P/G 4.9] 의 프로그램을 설명한다.

(3) n을 정수로 하여 초기값으로 1을 주고, sum 또한 정수이며 초기값을 0으로 한다.

(4) n이 11보다 작은 경우, "{"과 (7)의 "}"사이의 문을 반복하여 실행하는 것을 지정하는 문이다.

(5) sum에서 n의 값이 차례로 더하여진다.

(6) n은 처음 1에서, 다음은 2로 되고, 이하 하나씩 더하고 있다. 여기서 n이 가지는 마지막 값은 11로 되고 결국, sum은 1에서 10까지의 합계 55로 된다. 이것을 순도에 나타내면 [그림 4.5]와 같이 된다.

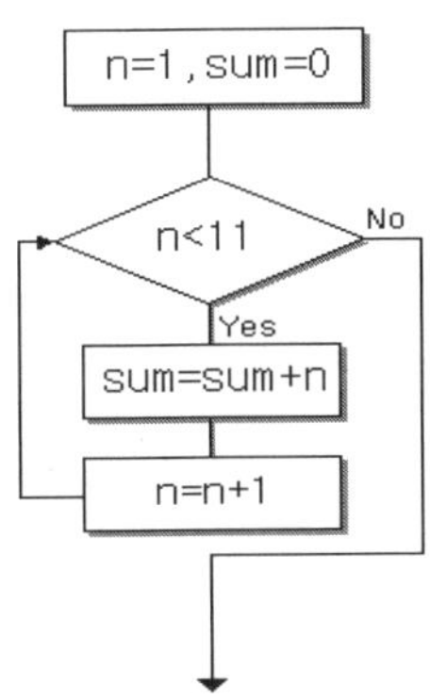

그림 4.5 합을 하는 순서도

또 다른 예를 통해서 while문을 숙달하기로 하자.

이 예제는 키보드로부터 한 개의 문자를 입력받아 그 값이 'q'와 같지 않으면, 계속해서 해당키의 ASCII값을 출력하여 주는 프로그램이다.

P/G 4.10 키보드 입력에 대한 아스키값의 출력

```
#include<stdio.h>
#include<conio.h>
#include<stdlib.h>

void   main()
 {
                     char ch;
      void clrscr();
      printf("아스키 코드값을 원하는 문자를 입력하십시오.\n");
      printf("종료를 원하시면 q를 누르시면 됩니다.\n");
      while ((ch=getch())!='q'){
                       printf("\n\n입력하신 문자는 %c입니다.\n",ch);
                       printf("입력하신 문자의 Ascii코드값은 %d입니다.\n",ch);

                       }
   }
```

"while"의 조건절을 보면 일단 getch()로부터 키보드의 한 개의 문자를 입력받아 그 값을 "ch"라는 변수에 할당(여기서 ch=getch()의 Equal(=)의 의미를 할당(Assign)을 뜻함)하고, ch 변수값이 "q"와 같지 않으면 (부호 '!='은 같지 않다를 의미, '= ='는 같다라는 의미) 아래 문장들(2개의 "printf문")을 수행하게 된다. 문자형 "ch"를 출력할 때 "%c"가 아닌 "%d"로 해주면 ASCII 값이 출력된다. 다시 말해 "q"가 눌려질 때까지 프로그램은 계속 실행된다.

[P/G 4.10] 실행 결과

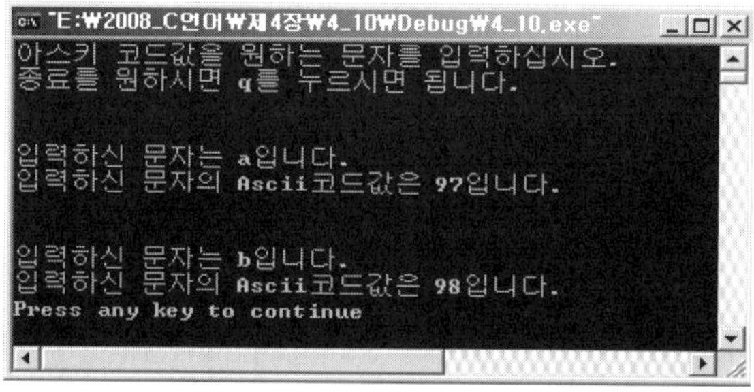

하나의 예를 더 들어보자. 다음은 원의 반지름과 넓이간의 참조표를 출력하는 프로그램이다.

P/G 4.11 원의 반지름과 넓이 참조표

```
#include <stdio.h>
#define PI 3.141592
main()
{
        int from_value,to_value,R2;
        from_value =1;
        to_value =20;
        printf("반지름 넓이 \n");
        printf("··························\n");
        while(from_value <=to_value){
        R2=from_value * from_value;
        printf("%5d %8.3f\n",from_value,(float) PI* R2);
        from_value++;
    }
 }
```

이 예에서는 from_value가 처음에 '1'로 설정되어 있고 while loop 내부의 문장에서 그 값을 하나씩 증가시키고 있다. 그래서 만약 그 값이 to_value보다 커지면 loop를 벗어나게 된다. 만약 Loop내부에서 from_value 값을 변화시키지 않는다면 무한 Loop에 빠지게 될 것이다. 프로그램의 결과가 다음에 나타나 있다.

[P/G 4.11] 실행 결과

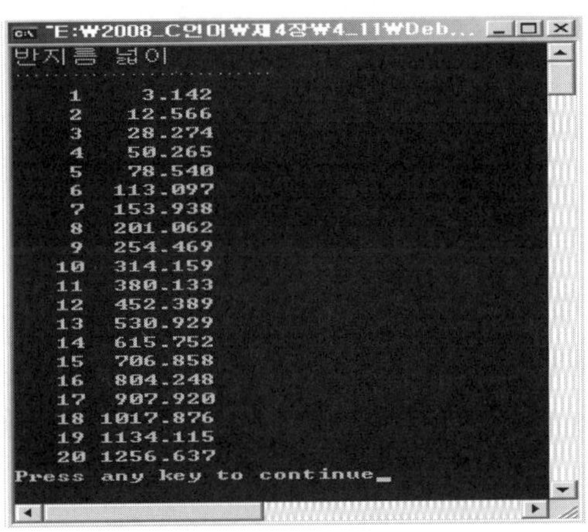

4.2 do-while문

while문은 처음에 먼저 조건을 체크하여 그 값이 참일 경우만 loop내의 문장들을 수행하게 된다. 그런데 "do-while"문은 먼저 loop내의 문장들을 일단 한 번 수행한 후에 밑의 while문에서 조건을 체크한다는 점이 while문과 다르다. 따라서 while문의 변형으로 간주할 수 있는 do-while문의 형식은 다음과 같다.

```
do {
  문 1;
  . . .
  문 n ;
 } while (조건식)
```

do-while문의 순서도를 [그림 4.6]에 나타낸다.

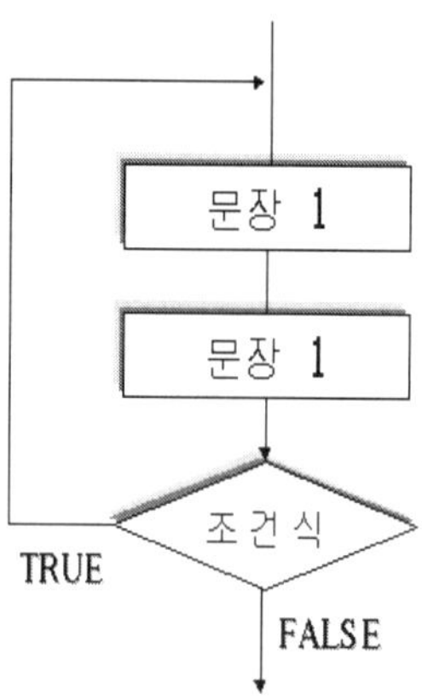

그림 4.6　do-while문의 순서도

do-while문은 while문과 매우 비슷하나 조건의 검사 시기가 다르다. while은 조건을 검사하고 난 다음 참일 경우에 문을 실행하는데 반하여 do-while문은 무조건 한번 do 다음의 반복문을 실행한 후 조건식을 평가한다.

다음과 같은 메뉴 선택 화면을 구현하기 위해서는 "while문"보다 "do - while문"이 더 편리할 것이다.

P/G 4.12 do-while문의 예

```
#include <stdio.h>
#include<stdlib.h>

  void main()
  {
                    char ch;
                     printf("<<메뉴선택>>\n");
                          printf(" 1.스파게티 ");
                          printf(" 2.돈 까 스 ");
                          printf(" 3.비후까스 ");
                          printf(" 4.생선까스 ");
                          printf(" 0.Exit ");
                          printf("번호를 누르세요...\n");
                    do {

                          ch=getchar();
                          switch (ch){
                            case '1':printf("4500원 입니다\n");break;
                            case '2':printf("3500원 입니다\n");break;
                            case '3':printf("6500원 입니다\n");break;
                            case '4':printf("6000원 입니다\n");break;
                           }

                              }while(ch!='0');
  }
```

| 해석 |

이 예는 메뉴를 보여주고 해당 번호를 누르면 가격을 표시해 주는 것인데, 먼저 Loop조건을 체크하지 않고 메뉴에서 입력을 받은 후에 Exit하는지 조건을 체크하게 되어 있다. 만약 이것을 "while문"으로 구현했다면 처음 조건 체크 부분이 참이 되도록 추가적인 조작을 해주어야 할 것이다.

[P/G 4.10] 실행 결과

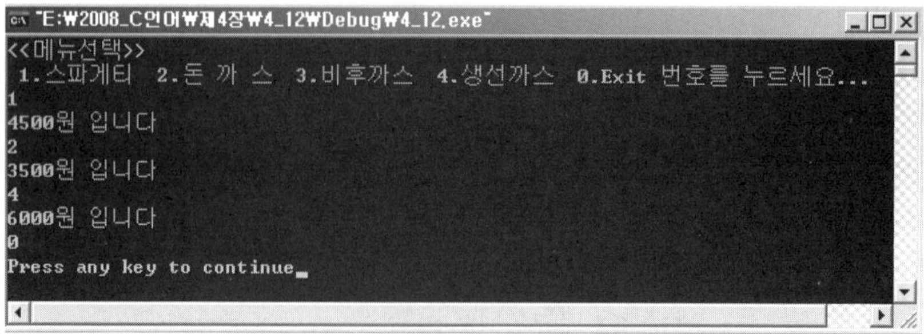

또 다른 do-while문을 사용하여 1에서 100까지를 더하는 프로그램을 만들어 본다.

P/G 4.13 do-while문의 예

```
#include<stdio.h>
void main()
{
    int n=0, sum=0;
    do{
      n=n+1;
      sum=sum+n;
    } while(n<100);
    printf("sum of 1..100= %d\n", sum);
 }
```

| 해석 |

[P/G 4.13]의 프로그램에서 (5)와 (6)의 문이 (4)와 (7)의 do-while문에서 n이 100이 되기까지 반복 실행되어 진다. 이 프로그램을 실행하면 아래의 결과 같이 된다.

[P/G 4.13] 실행 결과

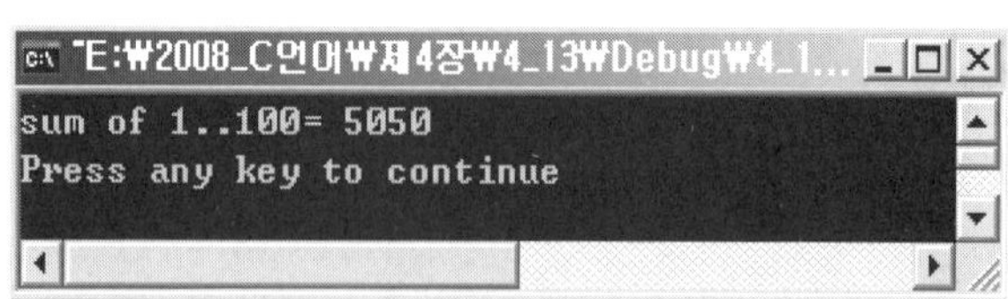

지금까지 C에서 사용하는 3개의 반복문에 대해 알아보았는데 이들 반복문들은 약간씩 차이를 가지고 있어서 어떤 때는 “for-loop“가, 또 어떤 때는 ”while문“이 더 편리한 때가 있다.

주로 정확히 처음과 끝을 미리 수치적으로 알고 있는 경우에는 ‘for문’이 편리할 것이며 파일의 끝부분을 체크해서 그때까지 계속 레코드들을 처리해야 할 경우와 같이 미리 끝부분을 탐지할 수 없을 때는 “while문”이 편리할 것이다. 따라서 프로그램 작성자는 이 3가지의 문법에 대해 잘 알아둘 필요가 있으며 때로는 혼용해서 사용할 수도 있어야 한다.

4.3 break와 continue문

break문은 일반적으로 반복문의 문장 내부에서 명시적인 탈출에 사용된다. 그런 이유로 위에서 언급했던 for문, while문 그리고 do-while문 등에서 같이 사용된다. 참고로 switch문에서는 break문은 거의 필수적이라 하겠다. continue문은 어떤 순환하는 문장 속에서 현 단계의 반복을 중단시키고 다음의 새로운 반복 단계를 위한 조건의 검색 부분으로 되돌아간다. 즉, break문은 루프를 완전히 벗어나게 하지만 continue문은 실행을 중단하고 조건검색으로 되돌아가서 조건이 만족하면 다시 순환문을 실행시킨다. 유의 할 것은 continue문은 for문, while문, do-while문 등에서는 사용할 수 있으나 switch문에서는 사용할 수 없다. 이미 앞에서 break문을 다루었으나 이곳에서 다시 한번 확인하기 바란다.

다음에 continue문의 순서도가 있으니 확인하기 바란다.

```
while (1) {
  n=n+1;
  sum=sum+n;
  if(n==100) break;
 }
```

이것은 1부터 100까지 더하는 프로그램의 일부인데, 이 프로그램에서 무한 loop를 수행하다가 break문을 만나면 loop를 빠져나가는 형식이다. 위의 while문을 [P/G 4.13]의 do-while과 교체하면 같은 의미의 프로그램이 된다.

다시 말해서 while문은 일단 조건을 검색한 뒤 순환문을 실행하지만, do-while문은 일단 순환문을 실행 시킨 뒤 조건을 검색하는 차이가 있는 것이다.

연 / 습 / 문 / 제 (A)

1. 순환문과 제어문의 종류를 들고 각각의 플로차트를 그리시오.

2. 다음의 수식을 if문을 사용하여 나타내어라.

```
z=(x>y)? 1:(x==y)? 2:3
```

3. 다음의 수식의 결과는 어떻게 나타나는지 판독하고, 마지막의 else문은 어떤 if와 대응되는지를 말하여라. 또 그렇게 되는 이유는 무엇인가?

```
int a=2; int b=3;
if(a==2)
    if (b==2)
        printf("**********\n");
else  printf("@@@@@@@@@@\n");
```

4. 다음의 두 수식을 비교하고, 결과가 생성되는 이유를 설명하여라.

〈수식 1〉

```
int a=3;
if(a==1) printf("#####");
else printf("@@@@@");
```

〈수식 2〉

```
int a=3;
if(a==1) printf("#####");
printf("@@@@@");
```

5. 다음의 두 if문을 비교하여라. 어떤 if문이 효율적인가? 또한 두 번째의 if문의 특성을 설명하여라.

```
『수식 1』 if( (x != 0.0) && ((z-x)/x*x<2.0) )
『수식 2』 if( ((z-x)/x*x<2.0) && (x != 0.0) )
```

6. 다음의 switch문의 결과를 생각하고, 이유를 설명하라.

```
int x,y; x=y=2; char z;
switch(x+y){
   csae 2 : z= 'a';
   csae 4 : z= 'b';
   csae 6 : z= 'c';
   csae 8 : z= 'd';
   default : z='e';
}
```

7. 「문제 6」 의 프로그램을 다중 if문을 사용하여 나타내어라. 또한 두 프로그램간의 장단점을 기술하라.

8. 다음 프로그램의 결과를 생각해 보고, 결과에 대한 이유를 설명하라.

```
while(i= -100) {
   printf("i=%d",i) ;
   --i;
  }
```

9. s=100-99+98-97+96-95+ …을 구하는 프로그램을 for문을 이용하여 작성하되, s가 음수가 되는 경우에 for문을 끝내야 한다. 이때 최종적으로 s에 더해지는 값은 얼마인가? 또 이때의 값을 출력하는 프로그램을 작성하여라.

10. 다음의 프로그램을 해석하고, 프로그램의 결과를 설명하여라.

```
for( putchar('a'); putchar('b'); putchar('c'))
 {
   putchar('d');
   putchar('e');
 }
```

11. 다음의 자료로부터 최대값과 최소값을 구하는 프로그램을 while문을 이용하여 작성하시오.

10, 20, 15, 9, 26, 11

연 / 습 / 문 / 제 (B)

1. 다음 프로그램은 삼각형의 모양을 @로 출력하는 프로그램이다. 실행하고 그 결과를 나열하시오.

```
#include <stdio.h>
void main()
{     int i, j;
      for(i=1;i<7;i++)
        { for(j=1;j<=i;j++)
            {printf(" @ "); }
            printf("₩n");
              }
        }
```

[힌트 및 결과]

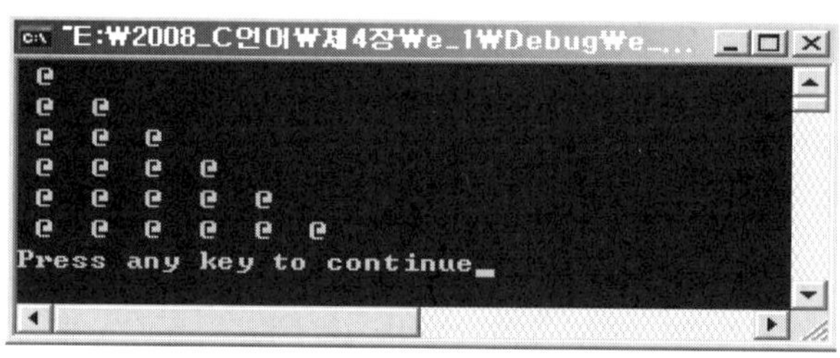

2. 다음 프로그램은 실행하고 그 결과를 나열하시오.

```
#include <stdio.h>
void main()
   {     int a =0;
         while(1)
          {

                a++;
```

```
                printf("%d  ", a);
                if(a==100)
                  break;
                }
        printf("₩n");
            }
```

[힌트 및 결과]

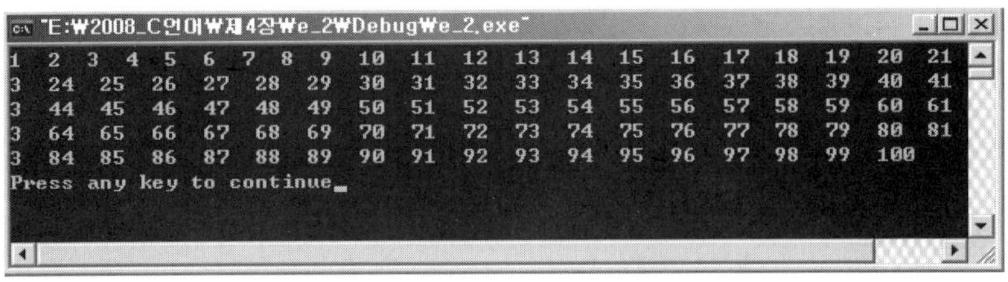

3. 입력된 suja가 1~100 사이이면 suja의 값과 ASCII코드를 출력하는 프로그램을 작성하시오.

[힌트 및 결과]

```
#include <stdio.h>
void main()
{  int suja;
     printf("숫자 ...?   " );
    scanf("%d", &suja);
  if (1 <= suja && suja <= 100)
 {  printf("₩n입력된 문자 : %d₩n", suja);
    printf("숫자의 Ascill 문자 : %c₩n", suja);
  }
    printf("₩n");
  }
```

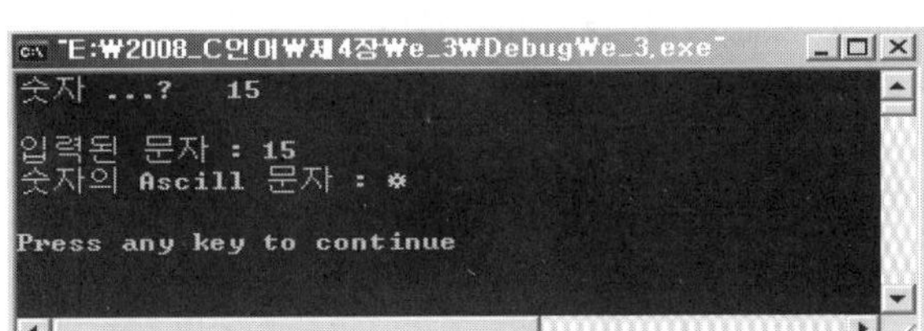

4. 다음에 while 루프에서 continue문을 사용하고 숫자를 입력받아 입력된 숫자의 제곱근을 표시하되, 음수가 입력되면 숫자를 다시 입력하게 하고, 0이 입력되면 while 루프의 실행을 종료하는 프로그램을 작성하시오.

[힌트 및 결과]

```
#include 〈stdio.h〉
#include 〈math.h〉
  void main()
 {  int suja = 1;
  while (suja != 0)
 { printf("₩n숫자 ...?  ");
    scanf("%d", &suja);
if (suja 〈0)
{ printf("0 이상의 정수를 입력₩n");
 continue;
}
 printf("%d의 제곱근 : %g₩n", suja, sqrt(suja));
}
printf("₩n");
}
```

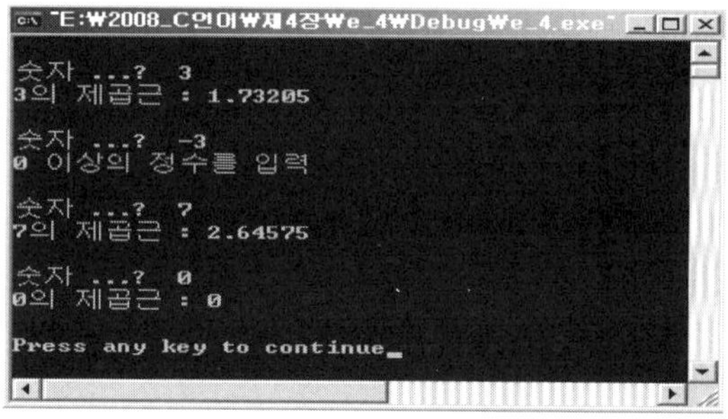

5. 아스키 번호와 알파벳 대문자를 출력하는 (대문자 A의 아스키 번호 65번) 프로그램을 작성하시오.

[힌트 및 결과]

```
#include 〈stdio.h〉
#include 〈conio.h〉
```

```
void main()
{
   int i= 65,j= 0;
   void clrscr(void);
   while( i <=90)
   {
       printf("%d : %c ",i , i);
     i++;
   }
    getch();
  }
```

6. 다음 프로그램을 실행하고 그 결과를 설명하시오.

[힌트 및 결과]

```
#include <stdio.h>
#include<conio.h>
#include<stdlib.h>
void main(void)
 {
   int a;
   printf("빠져나가는 수  : -1₩n");
   while(1){
       printf("₩n₩n입력수 (0~9):");
       scanf("%d",&a);
       switch(a)
       {
           case -1 : printf("₩n 그만 하시겠습니까 ? ");
               getch();
```

```
                exit(1);
            case 0 : printf("0은 영어로  Zero₩n");
                break;
            case 1 : printf("1은 영어로  One₩n");
                break;
            case 2 : printf("2은 영어로  Two₩n");
                break;
            case 3 : printf("3은 영어로  Three₩n");
                break;
            case 4 : printf("4은 영어로  Four₩n");
                break;
            case 5 : printf("5은 영어로  Five₩n");
                break;
            case 6 : printf("6은 영어로  Six₩n");
                break;
            case 7 : printf("7은 영어로  Seven₩n");
                break;
            case 8 : printf("8은 영어로  Eight₩n");
                break;
            case 9 : printf("9은 영어로  Nine₩n");
                break;
            default: printf("0에서 9까지 입력!!");
        }
    }
}
```

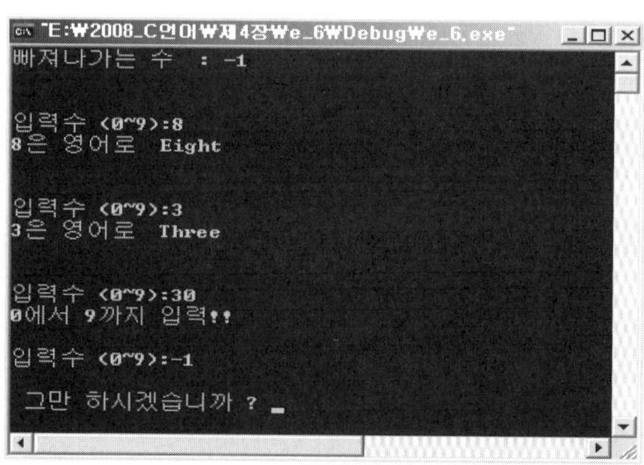

7. 3개의 숫자를 받아 들여 큰 순서대로 나열하는 프로그램을 작성하시오

[힌트 및 결과]

```
#include <stdio.h>
void main(void)
{
   int  x,y,z,imsi;
   void clrscr(void);
   printf("3 숫 자 입 력 :");
   scanf("%d %d %d",&x,&y,&z);
   if ( x < y ) {
       imsi = y;
       y = x;
       x = imsi;
    }
   if ( x < z) {
       imsi = z;
       z = x;
       x = imsi;
    }
   if(y <z) {
       imsi = z;
       z = y;
       y = imsi;
    }
   printf("%d > %d > %d ₩n",x,y,z);
}
```

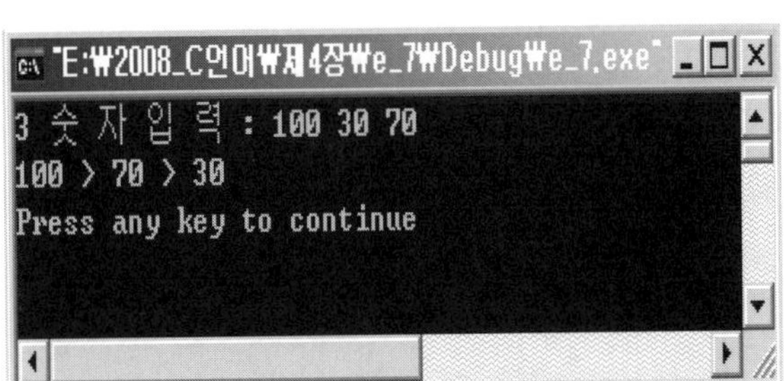

8. 0~300에서 2와 5과 7의 배수를 출력하는 프로그램을 작성하시오.

[힌트 및 결과]

```
#include <stdio.h>
void main(void)
{
    int i;
    for ( i = 0 ; i < 300; i ++)
        if ( i % 2 == 0 && i % 5 == 0 && i % 7 == 0)
            printf("%d ₩n",i);
}
```

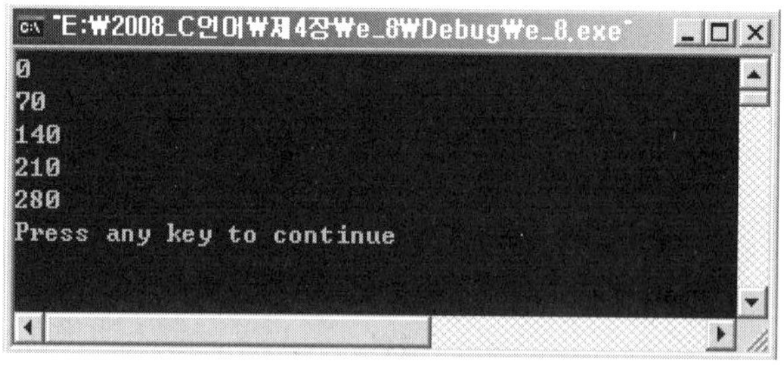

9. 1부터 1000까지의 수 중에서 2의 배수가 아닌 수의 합을 구하는 프로그램을 작성하시오.

[힌트 및 결과]

```
#include <stdio.h>
void main(void)
{
    int i, sum=0;
    for(i=1; i<=1000; i++)
    {
        if(i%2 == 0) continue;
        sum += i;
    }
    printf("₩nsum = %d₩n", sum);
}
```

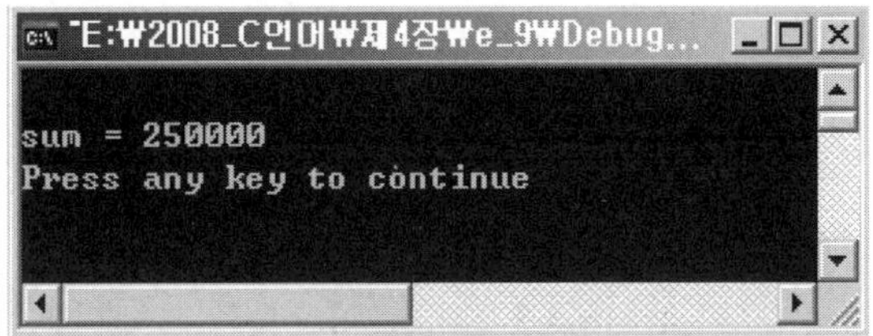

10. 1+2+3+...+n <=10000에서 합의 최대값과 n의 값 구하는 프로그램을 작성하시오 .

[힌트 및 결과]

```
#include <stdio.h>
main(){
   int a=0, n=1;  /*초기값을 주어야 함 */
   while(a<=10000){
           ++n;
         a+=n;}
   printf("1+2+3+...+%d=%d₩n",n-1,a-n);}
```

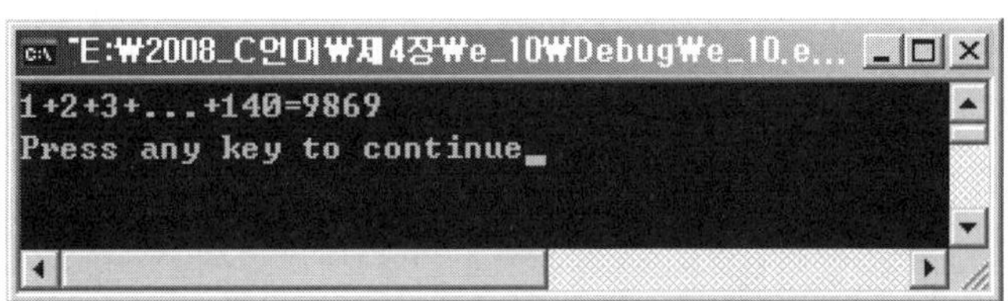

11. i가 가장 작은 수이고 i, j를 한자리 정수로 했을 때 ij+ji=121이 되는 i와 j를 찾아내는 프로그램을 작성하시오.

[힌트 및 결과]

```
#include <stdio.h>
void main(){
   int i,j;
         void clrscr(void);
   for(i=1;i<=9;++i)/* i가 가장 큰 수로 할 경우에는 for(i=9;i>=1;--i) */
        for(j=1;j<=9;++j){
          if(121==i*10+j+j*10+i)
```

```
            goto out;}
out: printf("121=%d%d+%d%d₩n",i,j,j,i);}
```

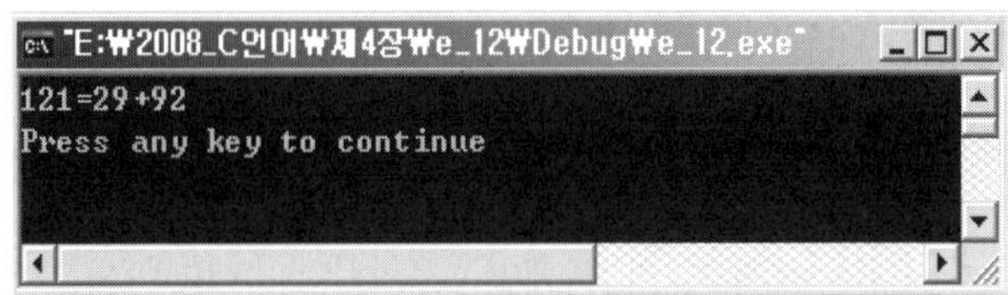

함수

Chapter 05

제5장에서는 C언어를 이해하는데 필요한 함수 문에 대하여 알아본다.

1. 수학함수
2. 함수선언과 형식
3. 매크로 함수
4. 재귀함수
5. 전역변수와 지역변수
6. 자동 변수
7. 정적 변수
8. 외부 변수
9. 레지스터 변수

지금까지 기본적인 문법사항은 충분히 알 수 있으리라 생각된다. 이제부터는 C 언어의 주요 골자라고 할 수 있는 함수에 대해 알아보도록 하자. 이와 더불어 C언어에서 중요한 것은 포인터(pointer)인데 이는 차후에 설명하도록 하자.

일반적으로 C에서의 함수라 함은 어떤 특정 작업을 독립적으로 시행할 수 있도록 하는 하나의 단위를 말한다. 이러한 함수는 일종의 규격화된 서브루틴(Subroutine)이라 할 수도 있을 것이다. 이러한 구조는 커다란 프로그램을 각각의 기능별로 구분하여 제작하는 것을 가능하게 한다. 또한 모듈화된 프로그램 설계를 가능하게 하며, 간결하고 체계적인 프로그램을 작성할 수 있다. 더불어 프로그램의 이해와 수정에 매우 편리하게 활용할 수 있다. 이러한 함수의 기능은 우리가 초등학교 때 학습한 적분기와 비슷한 형상을 하고 있다. 다음의 그림을 자세히 살펴보도록 하자.

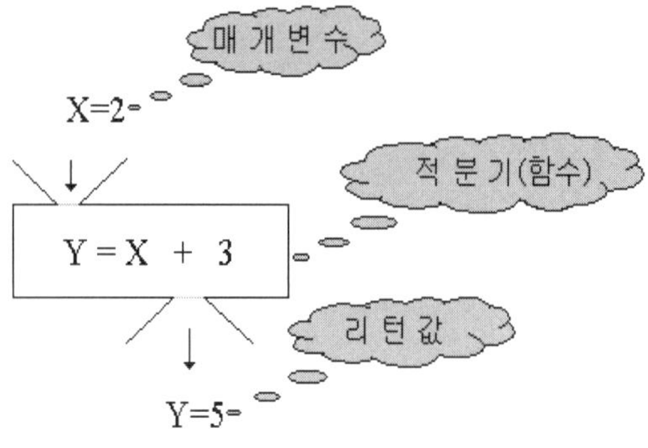

그림 5.1 함수의 구조

위의 그림은 전형적인 함수의 구조를 나타내고 있다. 함수에 어떤 값을 대입하면 그 결과값이 나타난다. 이때 함수에 전달하는 것을 매개변수(parameter)라 한다. 또한 함수의 연산에 의해 나타나는 결과값을 리턴값(return value)이라 한다.

함수를 이용할 때 함수의 내부구조를 명확히 알지 못해도 그 형태만을 정확히 지켜준다면 우리는 함수를 이용할 수 있다. C에서는 일반적으로 표준 라이브러리 함수들 외에 사용자에 따른 사용자 정의함수를 작성하여 사용할 수 있다. 이러한 함수의 사용은 프로그램을 보다 효율적이고, 간결하게 작성할 수 있도록 하고 그 유지·보수에 커다란 도움을 줄 수 있을 것이다. 이러한 함수들의 일반적인 성격을 알아보자.

C에서 제공하는 함수는 다른 프로그램의 계층적인 함수구조에 비해 병렬 적인 함수 구조를 갖는다. 즉 C에서는 함수 내에서 다른 함수를 다시 정의할 수 없다. 따라서 모든 함수들은 서로 종속되거나 모두 동등한 형태를 갖는다.

또한 함수는 단독으로 존재할 수 있다. 다른 프로그램의 경우 함수는 대입식이나 수식 등에서만 사용할 수 있다. 그러나 C에서는 이러한 대입식이나 수식이 아니라도 함수를 사용할 수 있다. 예로 printf(), getch() 등의 사용이다. 이러한 함수들은 단독으로 사용되었음을 주의하기 바란다.

함수가 단독으로 존재한다는 말은 함수에서 되돌아오는 리턴값을 무시해도 된다는 말이다. 이런 경우를 "void형 함수"라고 말한다. 실제로 함수명 앞에 void라는 말이 있으면 이는 함수로부터 리턴값이 없다는 말이다. 이러한 말은 다시 함수를 구성할 때 함수의 리턴값은 사용자의 선택사항이라는 말과도 동일한 의미를 가지고 있다. 실제로 ANSI C에서는 리턴값을 무시하는 함수 앞에서는 void라는 말을 붙이도록 되

어 있다. 즉,

(void) getch();

그러나 실제의 사용자들이 불편하다는 이유로 (void)를 생략하여 사용하는 것이다. 앞으로도 설명이 되겠지만 리턴값을 필요로 하는 함수에서는 return()문을 사용하여 리턴값을 되돌린다. 주의 할 것은 return()문을 사용하여 값을 되돌릴 때는 한 개의 값만을 되돌린다는 것이다. 만일 두 개 이상의 값을 되돌리려면 어떻게 해야 할 것인가? 이 문제에 대해서 return()문은 아무런 해법을 제시하지 못한다. 이런 경우는 포인터를 이용해야 한다. 후에 다시 언급할 기회가 있을 것이다.

1. 수학함수

C 언어 프로그램은, 일반적으로, 하나 이상의 함수로 구성되어 있으며, 이 함수들 중에는 반드시 하나 이상의 main함수가 존재해야 한다. 그러나 경우에 따라서는 프로그램에서 정의하지 않은 함수, 예를 들면 제곱근 함수 sqrt(), 절대값 함수 abs()처럼, 미리 정의된 Library(math.h)에 들어 있다는 것이다. 이러한 내용은 계속 중복되는 것이므로 더 이상의 언급은 피하기로 하겠다.

실제로 많은 경우에 수학함수들이 사용된다. 그것은 모든 사회현상을 "수"로 나타내려는 학문이 발전했기 때문이다. 이러한 일련의 현상들에 대해 체계적인 표현이 가능하기 때문에 프로그램이 발전할 수 있었다.

그러나 통계 및 수학의 계산에서 사용되는 수학함수는 그리 많지는 않다. 이제 몇 가지 수학함수와 함수선언형태 그리고 그 함수가 선언된 헤더파일들을 알아보도록 하자.

수학함수를 사용하여 2^2과 π의 값을 나타내는 프로그램을 [P/G 5.1]에서 보인다. 단, 제곱함수가 정의되어 있지 않으므로 #define을 사용하여 정의한다.

여기서 잠깐 "define"이라는 전처리기()를 살펴보자. 전처리기란 원시 파일을 컴파일하기 이전에 그 원시 파일에 대해 사전의 일괄작업을 하는 것을 말하는 것으로 C언어의 고유한 특징 중의 하나이다.

표 5.1 수학 함수의 종류와 헤더 파일

C의 함수명	함수 선언 형식	헤더 파일	의 미
pow()	double pow(double x, double y)	math.h	x의 y 거듭제곱
abs()	int abs(int x)	stdlib.h	x의 절대값
fabs()	double fabs(double x)	math.h	x의 절대값
sqrt()	double sqrt(double x)	math.h	x의 제곱근
hypot()	double hypot(double x, double y)	math.h	$+\sqrt{x^2+y^2}$
log()	double log(double x)	math.h	ln(x)
log10()	double log10(double x)	math.h	$\log_{10} x$
exp()	double exp(double x)	math.h	e^x
sin()	double sin(double x)	math.h	sin(x)
cos()	double cos(double x)	math.h	cos(x)
tan()	double tan(double x)	math.h	tan(x)
pow()	double sin(double x,double y)	math.h	x^y

일반적으로 "define"으로 정의된 변수는 상수 취급된다. 그것도 자동으로 자신이 선언한 상수형으로 선택된다. 이미 언급한 것처럼 상수는 그 값이 변하지 않는다. 따라서 아래에 정의된 PI(P/G 5.1에서)값을 변형시킨 후 사용할 수 없다. 또한 "define"은 그 정의되는 문자는 일반적으로 대문자를 사용한다. 이러한 관례는 그대로 따르는 것이 프로그램을 상호 이해하는데 용이할 것이다.

이러한 "define"문은 그 사용범위가 매우 다양하다. 매크로 함수와 매크로 상수가 그 좋은 예이다. 만일 프로그램 중에서 다음과 같은 형식을 본적이 있다면 이것은 매크로 함수를 말하는 것이다.

```
#define dou(x)  (x*x)
```

앞에서 정의된 매크로 함수 dou()는 x의 거듭제곱을 구하는 함수처럼 사용된다. 즉,

```
y=dou(x);
```

위와 같이 사용될 경우 y값에는 x의 거듭제곱 값이 대입되게 된다. 이러한 "define"문은 실제의 프로그램에서 자주 사용되는 것을 보았을 것이다.

다시 수학함수의 사용에 대한 예제 프로그램을 살펴보도록 하자.

P/G 5.1 수학함수의 예

```
/*(1)*/  #define PI  3.141592
/*(2)*/  #include <stdio.h>
/*(3)*/  #include <math.h>
/*(4)*/  void main()
/*(5)*/  {
/*(6)*/      printf("2^2=%d\n", pow(2,2)) ;
/*(7)*/      printf("PI=%f\n", PI);
/*(8)*/      printf("Press <Return>\n");
/*(9)*/      getchar();
/*(10)*/  }
```

| 해석 |

[P/G 5.1]예의 프로그램을 설명하도록 하자.

(6) pow(2,2)는 2의 제곱을 구하고 있다.

(7) 은 PI에서 원주율 3.141592를 구하고 있다. 이 프로그램을 실행하면 [P/G 4.1] 실행 결과와 같이 된다.

[P/G 5.1] 실행 결과

수학 함수 외에도 많은 함수들이 소위 헤더파일이란 파일에 정의되어 있다. 이러한 함수들을 사용하기 위해서는 #include란 문장을 사용해야 함은 이미 언급하였다. 따라서 독자들은 어떤 헤더파일에 어떤 함수들이 정의되어 있는가를 면밀히 살펴야 할 것이다.

2. 함수선언과 형식

커다란 문제를 부분적으로 나누어 해결하는 것이 편리한 것처럼, 문제의 효율적 해결을 위하여 함수를 이용할 수 있다. 이렇게 프로그램을 작은 함수들로 나누는 이유는 작은 크기의 함수는 작성하기가 비교적 쉬울 뿐만 아니라, error검출과 유지 보수가 용이하다는 점이다. 일반적으로 프로그램은 하나 이상의 함수들로 구성되어 있으며 함수는 헤더(header)와 몸체(body)로 구성되어 있다.

이 경우 [표 5.2]같은 형태를 가진다.

표 5.2 함수의 형식

```
[자료형] 함수이름(인수)
        인수의 자료형;
        {
           변수선언 ;
           문 1 ;
             …
           문 n ;
           return(수식);
        }
```

[자료형]은 보통 생략하는 경우 int형으로 간주되며, 필요한 선언은 블럭의 실행 가능한 문장 앞에 나타나야 한다. 여기서 특별한 하나의 자료값을 되돌리기 위하여 return을 사용함을 기억하기 바란다.

예를 들어 어떤 수의 3승을 구하는 함수를 만들면 [P/G 5.2]와 같이 된다.

P/G 5.2 3승을 구하는 함수

```
float cube (a)
float a;
  {
     float c;
     c = a*a*a ;
     return(c)
  }
```

프로그램 가운데에 함수의 호출환경은 [표 5.3]의 형식을 가진다.

표 5.3 함수의 호출환경

```
[형]함수명( )
  {
    호출함수(실인수);
      문 ;
  }

 [형]호출함수(가인수);
    가인수형 정의 ;
    {
        문 ;
      ( return [(수식)]);
    }
```

호출 환경에서 보듯이 C 언어에서는 다른 프로그램과 달리 피호출함수가 main() 또는 호출 함수 안에 기술되지 않고, 분리된 하나의 함수로 나타난다.

[P/G 5.2]의 함수를 [P/G 5.3]의 프로그램의 가운데서 사용하여 작성하여 보자. 실제로 함수를 사용하는 프로그램들이 주로 사용되는데 위에서 언급했던 함수의 장점 때문이다.

P/G 5.3 함수 사용의 예

```
/* (1) */  #include <stdio.h>
           #include <conio.h>
/* (2) */  double cube (float a)
/* (3) */    {  double s;
/* (4) */       s = a*a*a ;
/* (5) */       return (s);
/* (6) */    }
/* (7) */          void main()
/* (8) */    {
/* (9) */         float c;
/* (10)*/         printf("Enter data :");
/* (11)*/         scanf("%f",&c);
/* (12)*/         printf("%10.3 f ^ 3 = %10.3f\n", cube(c));
/* (13)*/         printf("Press<Return>\n" );
/* (14) */        getch();
/* (15)*/      }
```

| 해석 |

[P/G 5.3] 함수 사용의 예의 프로그램에서 (2)에서 (6)까지 3승을 구하는 함수이다. (12)에서 호출된 cube(c)함수는 인수 c를 (2)의 a로 넘겨주어 3승을 계산한 후 (5)의 return문을 통하여 되돌아간다.

함수 사용의 예 프로그램의 결과를 [P/G 5.3] 실행 결과에서 나타낸다.

[P/G 5.3] (12)의 cube()의 c와 같이 실제 값을 가지고 있는 인수(argument)를 실인수라 하고 (2)의 cube(float a)의 a와 같이 호출된 함수의 인수를 가인수라 한다. 사용자는 [P/G 5.2]의 함수를 가지고 일반적인 누승을 구하는 함수를 만들 수도 있고, 수학함수 library의 pow(x,y)를 이용하여 직접 구할 수도 있으므로 실험해 보기 바란다. 이를 도식화하면 다음과 같다.

[P/G 5.3] 실행 결과

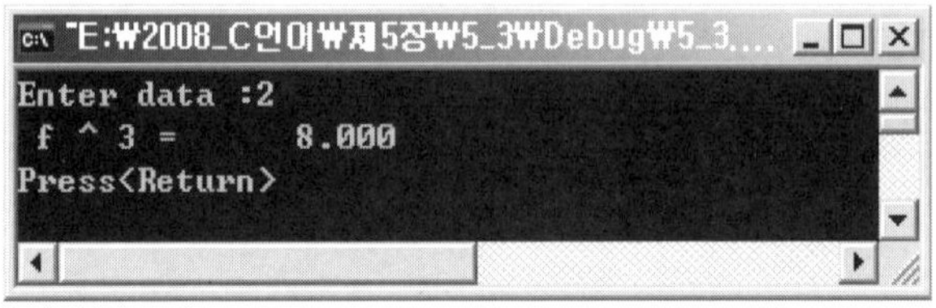

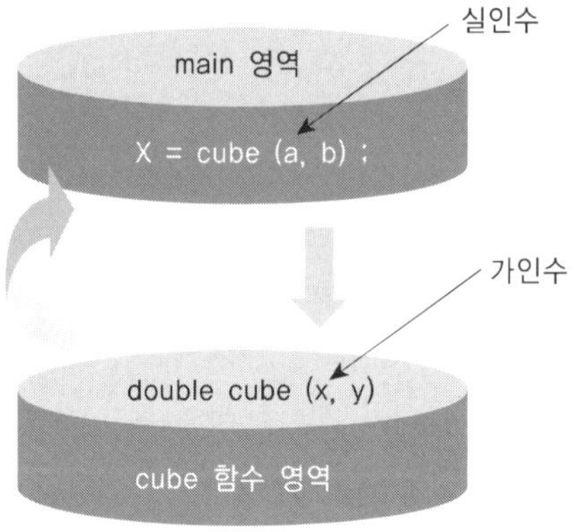

그림 5.2 인수와 가인수

실인수와 가인수간의 관계는 위의 그림과 같다. 단, main()영역의 실인수 영역은 반드시 문자일 필요는 없다. 즉 상수 또는 실수형도 가능하다는 말이다. 또한 실인수와 가인수의 인자들이 반드시 동일한 변수명일 필요는 없다. 다만 형지정이 동일해야 한다. 위의 그림에서 a는 x에 대응되고 b는 c값에 각각 대응된다. 또한 위에서 설명한 바와 같이 함수영역에서 main()함수로의 전달값은 프로그래머의 선택에 달려있다.

이것은 실인수 a,b의 값이 가인수 x,y의 값에 각각 복사되어 사용됨을 뜻한다. 따라서 x,y의 값이 아무리 변한다 하더라도 실제의 a,b값은 변화하지 않는다. 이것은 메모리 상에 동일한 값이 복사되어 사용됨을 뜻한다.

또 다른 예를 살펴보자. 만일 실인수를 x,y로 선언하고 가인수도 역시 x,y로 선언했다고 하자. 이때의 두 인수들은 서로 번지가 다른 변수들이다. 다만 동일한 값을 가인수가 실인수의 값을 복사한 것에 불과하다. 이러한 개념은 앞으로 설명한 변수들의 종류와도 관련이 깊은 이야기이다.

3. 매크로 함수

앞에서 매크로 상수에 대한 간략한 예를 [P/G 5.1]에서 언급하였다. 다시 한번 매크로 상수를 정리하면 매크로 상수는 가급적 대문자로 작성해야 한다. 또한 매크로 상수정의 뒤에는 세미콜론(;)을 사용하지 않는다. 그리고 #define문의 연산이 수식인 경우는 반드시 수식전체를 괄호로 묶어 주어야 한다. 이러한 기초적인 매크로 상수를 기억하길 바라며 매크로 함수에 대해 알아보도록 하자.

먼저 다음과 같은 수식을 프로그램 하는 경우를 살펴보도록 하자.

$$x^2+2x+1$$

이런 경우, 매크로 함수를 사용하면 편리하게 사용할 수 있다. 즉, 다음과 같이 프로그램 하면 된다.

```
#define   VALUEX   (x*x+2*x+1)
```

위에서와 같이 매크로 상수를 정의하였다면 앞으로 VALUEX는 위의 수식을 계산한 값으로 사용할 수 있다. 그런데 이러한 수식을 y에 대하여 적용하려면 어떻게 해야할 것인가? 또 다른 매크로 상수를 정의해야 할 것인가? 만일 다른 매크로 상수를 정의해야 한다면 너무도 비효율 적이라고 생각되지 않는가? 물론 너무도 비효율 적이다. 그리고 또 다른 변수에 대한 위의 동일한 계산에 있어서는 말할 나위도 없을 것이다.

이러한 경우 해결할 수 있는 방법은 이러한 식을 함수로 정의하여 사용하는 방법과 매크로 함수를 작성하는 방법 두 가지가 있다. 그런데 매크로 함수는 서로 상이한 두 가지 특징이 있다.

첫째 매크로 함수는 일반 함수보다 실행속도가 빠르다. 매크로 함수는 실제 함수가 아니므로 일반 함수에서 실인수의 값이 가인수로 복사되는 시간을 절약할 수 있기 때문이다. 둘째 정의되는 수식이 긴 경우는 실제의 함수를 사용하는 경우보다 시간이 길어진다. 이는 매크로 함수의 경우 식을 전개하여 사용하는데 긴 식의 경우나 복잡한 식의 경우는 식을 전개하기 위하여 프로그램의 크기가 커지게 된다. 따라서 자연히 프로그램이 차지하는 메모리 용량도 증가하게 된다. 반면 실제의 함수는 아무리 많은 횟수를 호출하여도 동일한 메모리 공간에서 작용하게 됨으로 매크로 함수보다 프로그램의 메모리와 크기가 줄어들게 되는 특징이 있다. 따라서 매크로 함수를 사용할 것인지 실제의 함수를 사용할 것인지 결정하는 것은 프로그래머의 경험에 달렸다고 할 수 있겠다. 하지만 단순, 반복 계산의 경우는 매크로 함수를 사용하는 것이 효과적이다.

여기서 매크로 함수를 사용하는 일반적인 경우 세 가지를 소개하고자 한다. 각 독자들은 프로그램에 참고하기 바란다.

1 중복되는 간결한 수식을 사용하는 경우
2 매개변수를 특정 데이터형에 제한하고 싶지 않는 경우
3 표준 라이브러리 함수의 특정 매개변수를 고정된 값으로 지정하고자 하는 경우

두 번째와 세 번째는 다소 설명이 필요한 듯 싶다. 두 번째의 경우를 먼저 설명하자. 만일 위에서 예로든 수식을 인수분해 하면 $(x+1)^2$ 과 같이 된다. 이러한 수식을 함수로 사용했다면, 함수가 리턴하는 값은 미리 선언한 함수값의 자료형만이 유효 할 것이다. 즉 함수의 리턴값을 정수형으로 지정했다면 실수형 계산은 어려워지게 된다. 그러나 매크로 함수는 이러한 자료형에 국한되지 않는다. 실수형의 계산이나 정수형의 계산 모두가 가능하다는 말이다.

셋째의 경우 만일 반지름이 1인 원을 반복해서 그려야 한다면 원을 그릴 때마다 다음과 같이 프로그램 해야 한다.

```
circle (x,y,1);
```

여기서 x와 y는 좌표축의 좌표값을 나타내고 1은 반지름의 길이를 나타낸다. 만약 원을 100개 1000개를 그려야 한다면 그때마다 위의 내용으로 코딩할 것인가? 이것을 매크로 함수로 정의해 보자.

```
#define  ucir(x,y) circle (x,y,1)
```

위와 같이 정의한 매크로 함수는 x와 y의 좌표 값만을 지정해 주면 길이가 1인 단위원을 그리게 된다.

이제 위에서 제시한 세 가지의 예를 통해 실제 함수와 매크로 함수를 사용할 때를 구분하여 생각하여 보자.

이제 매크로 함수를 사용할 때 주의해야할 몇 가지 사항에 대해 생각해 보자. 이러한 사용상의 주의 점은 매크로 함수는 실제의 수식을 전개하여 사용하는 데서 발생하게 된다. 첫째 연산의 우선순위에 주의하라. 내용인 즉, 만일 매크로 함수를 다음과 같이 정의했다고 하자.

```
#define f(x) (x*x+2*x+1)
```

그리고 다음과 같이 매크로 함수 f(x)를 호출했다고 하자.

```
y=f(a+1);
```

이때 매크로 함수는 (a+1*a+1+2*a+1+1)과 같이 전개되어 사용된다. 얼마나 충실한 전개식인가? 이는 실제 사용자가 원하는 값이 아니다. 우리는 $(x+1)^2$ 의 값을 원했지만 그 결과는 너무도 엉뚱한 결과가 발생된다. 매크로 함수는 이러한 연산순위에 대해 주의해야만 한다. 이러한 실수를 미연에 방지하기 위해 괄호를 적절히 이용할 필요가 있다. 즉 함수 f(x)를 다음과 같이 선언하는 것이다.

```
#define f(x) ( (x)*(x)+2*(x)+1 )
```

그러면 위의 예에서 함수 f(x)는 ((a+1)*(a+1)+2*(a+1)+1)과 같이 전개된다. 우리가 원하는 $(x+1)^2$ 의 값이 계산되어지는 것이다. 또 하나 주의할 것은 매크로 함수에서의 증감 연산자의 사용이다. 다음과 같이 호출한 함수 f(x)에 대해 생각해 보자.

```
y=f(a+1);
```

이러한 연산은 어떻게 전개될 것인가? 각자 생각해 보기 바란다. 연산식의 정의대로 충실히 풀어서 생각해 보자. 분명 주의해야 할 곳이 생길 것이다.

이상에서와 같이 매크로 함수는 매우 편리한 프로그램 형식을 제공하지만 반면 주의해야 할 사항도 몇 가지 가지고 있다. 매크로 함수를 사용할 때는 이러한 상황을 항상 염두해 두어야 한다. 그렇다면 매크로 함수에서의 주의사항은 매크로 상수에서는 어떤 현상이 일어나게 되는 것일까? 또한 대부분의 독자들은 매크로 상수와 일반 변수와의 차이점에 대해 혼동하고 있을 것이다. 이러한 사항들은 다음의 프로그램에서 확인하기 바란다.

P/G 5.4 매크로 상수와 매크로 함수

```
#include<stdio.h>
#include<conio.h>
#include<math.h>
#define  VALUEX    (x*x+2*x+1)
#define  VALUE_X  ((x)*(x)+2*(x)+1)
#define  f(x)       (x*x+2*x+1)
#define  g(x)       ((x)*(x)+2*(x)+1)
int k(int x) /* 함수의 정의 및 선언 */
{
    return(x*x+2*x+1);
}
void main()
{
  int x=3;
  printf("******* Comparision  real-function  and  macro-function  *******\n");
  printf("x=%d\n g(x)=%d, k(x)=%d\n", x, g(x), k(x));
  printf("\n"); x=1;
  printf("********** Cases of macro-value **********\n");
  printf("x=%d\n VALUEX=%d, VALUE_X=%d\n", x, VALUEX, VALUE_X );
  printf("\n");  x=1;
  printf("********** Cases of macro-function  **********\n");
  printf("x=%d\n f(x+1)=%d, g(x+1)=%d\n", x, f(x+1),g(x+1));
  printf("x=%d\n f(x++)=%d, g(x++)=%d\n",x, f(x++),g(x++));
  getch();
}
```

위 프로그램의 결과는 다음과 같다.

[P/G 5.4] 실행 결과

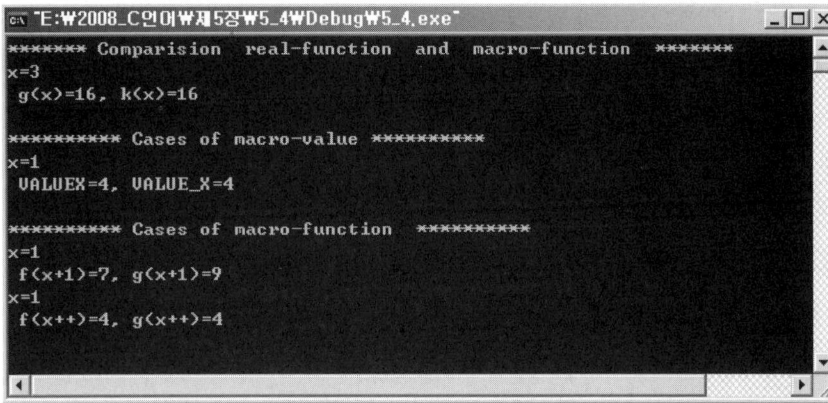

여기서 잠깐 위의 결과를 확인해 보자. 실제 함수와 매크로 함수의 차이점에 대한 설명이다. 프로그램상의 k(x)와 g(x)는 각각 실제 함수와 매크로 함수를 나타내며 또한 위의 모든 함수와 변수들은 $(x+1)^2$ 을 계산하는 식을 가지고 있다. 결과에서 나타나듯이 정수형 계산에서는 실 함수와 매크로 함수의 계산 값에는 차이가 없다. 매크로 함수는 계산값을 가지고 있으나 실제 함수는 계산값을 가지고 있지 않다. 다시 한번 설명하거니와 만일 실수형 계산을 실제 함수를 이용하여 하고자 한다면 또 다른 실수형 함수를 이용해야 한다. 이에 반해 매크로 함수는 그러한 불편함이 없다.

주목할 것은 매크로 상수는 상수이기 때문에 그 값을 변형할 수 없다. 이러한 점을 혼동하지 않기 바란다.

4. 재귀함수

재귀(recurion)라는 말은 함수가 자기 자신을 다시 호출하는 형태의 함수를 말한다. 함수가 자기 자신을 호출할 때는 실인수가 가인수로 전달될 때 스텍 상에서 계속해서 가인수를 생성하게 된다. 즉, 어떤 함수에서 실인수(또는 가인수)의 개수가 2이고 9회의 자기호출이 이루어 졌다면 스텍 상에 존재하는 가인수의 개수는 20개가된다는 것이다.

이렇듯 재귀함수는 반복적인 연산 속에서 많은 양의 스텍이 요구된다. 또한 처리속도 또한 매우 느리다. 반복 계산이 많은 경우 프로그램이 실행될 때 에러를 발생시키거나 심한 경우 시스템이 다운되는 경우도 발생할 수 있다. 이런 이유로 가급적 재귀함수의 사용은 자제하는 것이 좋을 것이다.

그러나 특정한 알고리즘에서의 재귀함수의 사용은 프로그램의 간결성을 유지하는데 큰 도움을 준다. 다만 실행속도에 있어서는 커다란 둔화를 가져오게 된다. 또한 이러한 재귀함수의 형식은 따로 존재하는 것이 아니라 함수 내에서 자기 자신을 다시 호출하기만 하면 된다.

이러한 재귀함수의 사용에서 다른 주의사항은 프로그램이 무한루프로 빠지지 않게 하는 것이다. 재귀함수에는 "초기화 루틴"이라는 것이 필요하다. 이 초기화 루틴은 재귀함수가 실행해오던 알고리즘을 되실행하는 하는 것과 비슷한 개념이다. 초기화 루틴이 없다면 프로그램이 무한루프로 빠질 수도 있다. 이렇게 프로그램이 무한 루프로 빠지는 것을 방지하기 위한 방법으로는 반복 횟수가 일정회 이상이 되면 멈추게 한다든지 아니면 다른 조건을 첨가해서 프로그램이 무한루프에 빠지는 것을 방지하는 방법 등이 있다.

재귀 함수 중 가장 대표적인 것은 퀵쏘트 알고리즘과 정수의 계승 연산이다. 이곳에서는 계승 연산을 예로 들어보자.

P/G 5.5 정수형 자료의 계승 연산

```
#include<stdio.h>
#include<conio.h>
long factorial (int value)
{
  long total=value;
  if(value ==0) return (1);
  total= total*factorial(value-1);
  return (total);
}
void main(void)
{
  int number;
  printf("Input number of integer:");
  scanf("%d",&number);
  printf("%d!=%ld",number,factorial(number));
  getch();
}
```

| 해석 |

아주 간결한 형태로 프로그램이 되었다. 프로그램을 실행할 때 너무 큰 수를 입력하지 않기를 바란다. 이러한 계승의 계산은 숫자가 매우 커지기 때문이다. 위의 결과가 다음에 나타나 있다.

[P/G 5.5] 실행 결과

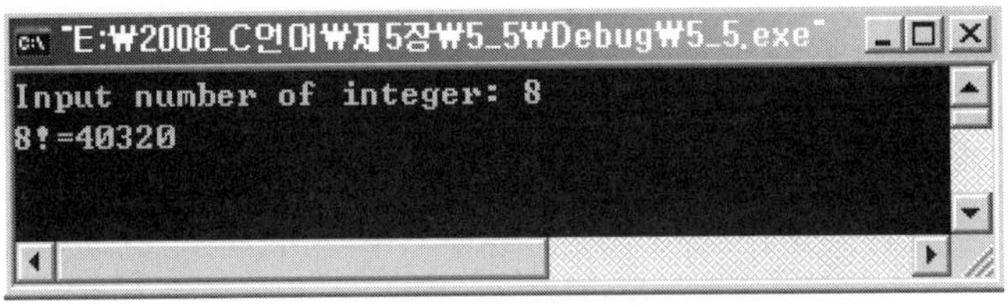

5. 전역변수와 지역변수

앞으로 설명하게 될 포인터를 위해서도 변수의 선언 위치에 따른 변수의 종류를 알아야 할 것 같다. 변수는 선언 위치에 따라 전역변수(Global Variable)와 지역변수(Local Variable)가 있다. 우리가 지금까지 사용한 변수들은 지역변수에 속한다. 이러한 개념은 위에서 설명한 실인수와 가인수를 이해하는데 도움을 줄 것이라 믿는다.

전역변수란 프로그램 전체에서 사용할 수 있는 변수를 가리킨다. 반면 지역변수는 선언된 함수내부에서만 사용할 수 있다. 이제 [표 5.4]에서 그 비교를 하도록 하자.

표 5.4 전역 변수와 지역 변수의 비교

구 분	전역변수	지역변수
변수 정의 위치	함수 외부의 임의의 장소	함수 내부의 선언부
변수의 사용범위	모든 영역	함수 내부
변수의 생성기간	프로그램이 실행됨과 동시에 생성되며 프로그램이 종료될 때까지 유지된다.	프로그램이 실행됨과 동시에 생성되며 프로그램이 종료될 때 소멸된다.
저장 장소	정적 자료영역에서 생성.보관	스텍(동적 자료영역)상에서 생성.소멸

이러한 차이 이외에도 변수의 초기치에 대한 차이도 있다. 전역변수는 프로그램이 처음 실행될 때 자동으로 "0"으로 초기화한다. 또한 이러한 과정은 단 1회에 한하여 이루어진다. 반면 전역 변수는 함수가 실행될 때 초기화한다. 그러나 초기값을 정해주지 않으면 임의의 어떤 값을 가지게 된다. 그리고 함수의 실행이 종료되면 모두 소멸된다. 따라서 만일 함수가 다시 호출된다면 일련의 작업이 다시 시행된다. 따라서 지역변수의 사용은 메모리절약 측면에서 매우 큰 효과를 얻을 수 있다.

최근의 프로그램은 주로 지역변수를 사용하는 경우가 많아졌다. 이는 모듈별 컴파일 방식에 번거롭지 않고 경우에 따라 작성한 함수를 다른 프로그램에서도 비교적 용이하게 사용할 수 있기 때문인 것 같다.

전역변수를 정의 할 때 원칙적으로는 함수외부의 임의의 장소에서 가능하지만 파일의 선두에서 정의하는 것이 관례이다. 이것은 C언어의 컴파일 방식과도 밀접한 관계를 갖는다. C에서의 컴파일은 한행 한행 차례로 이루어진다. 만일 어떤 전역변수를 프로그램의 제일 마지막에 선언했다고 하면, 그 중간에서 사용된 전역변수를 C는 전혀 인식하지 못한다.

이제 아주 간단한 프로그램을 통해서 전역변수와 지역변수의 차이를 이해해 보자.

P/G 5.6 전역변수와 지역변수의 예

```
#include<stdio.h>
#include<conio.h>
 int global=10;
 void user_fun(void)
  {
     int local=100;
     printf("******This is a userfunction ******\n");
     printf("\tglobal=%d, local=%d\n",global,local);
  }
 void main(void)
 {
    int local=500;
    user_fun();
    printf("******This is a main function******\n");
    printf("\tglobal=%d, local=%d\n",global,local);
    getch();
 }
```

| 해석 |

위 프로그램의 결과가 다음에 나타나있다.

[P/G 5.6] 실행 결과

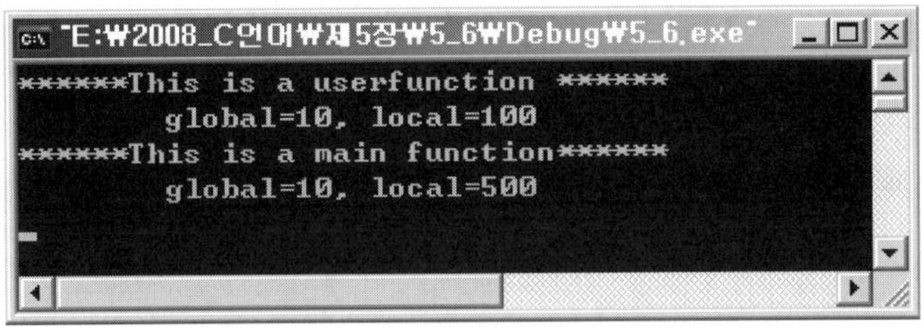

추가적으로 변수의 존속기간에 따라 정적 변수와 동적 변수(자동변수)등으로 구분한다. 정적 변수는 프로그램이 실행되는 동안 존재하고 동적 변수는 함수가 실행될 때에만 존재한다. C에서는 동적 변수를 정적 변수처럼 사용하고 싶은 경우를 대비해서 특정한 변환 형태를 제공한다. 이러한 형태의 변수를 가리켜 "내부 정적변수"라 한다. 다시 말해 임의의 함수에서 사용하는 변수를 계속해서 존재시키고 싶을 때에 내부 정적변수를 사용하면 된다. 내부 정적변수의 선언형식은 [표 5.5]와 같다.

표 5.5 내부 정적변수의 정의

```
static 변수의 자료형 변수명,변수명, …;

『예』 static int i,data,num;
```

프로그램의 예를 살펴보면 다음과 같다.

P/G 5.7 정적, 동적변수 프로그램 예

```
#include<stdio.h>
void fnc(j)
int j ;
{
  static int a=100;
  auto int k=1;
  ++k;
  printf("%d+%d+%d=%d\n",a,k,j,a+k+j) ;
  a +=10 ;
}
void main()
{
  auto int i ;
  for(i=1; i<5; i++)
  fnc(i) ;
}
```

[P/G 5.7] 실행 결과

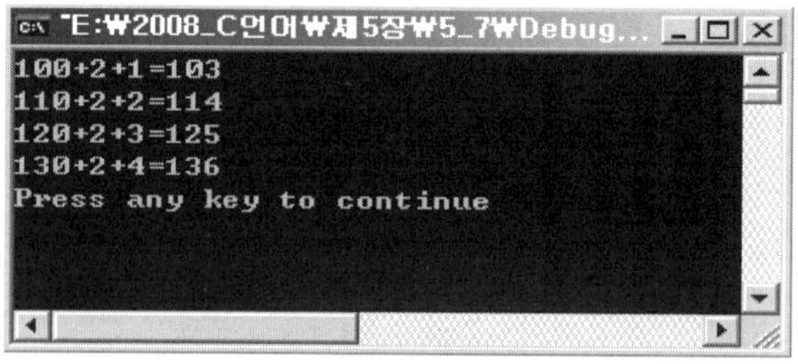

| 해석 |

a는 static이므로 한번 선언되면 그 값이 초기값 이후로는 유효하다. 그러나 k는 auto이므로 그 복문 안에서만 유효하게 된다. 따라서 그 값이 계속 10씩 증가하는 반면 k값은 계속 1로 초기화된 후 ++k가 되므로 그 값은 항상 2이다.

다음의 프로그램인 [P/G 5.8]의 함수는 a의 n승을 구하는 함수이다. 이 함수의 값을 구하기 위해 함수 안에 m과 x를 아래의 누승 함수의 예를 사용하고 있다. 따라서 (3), (4)에서 m과 x의 변수정의를 하고 있다. m과 x와 같이 어떤 함수 안에서 정의된 변수는 그 함수를 벗어나면 사용할 수 없다. 이러한 변수를 지역변수(local variable)라고 한다.

이 함수를 이용하여 누승을 구하는 프로그램을 작성한다.

```
float multi(float a,int n)
{
   float x=1;
   int m;
   for(m=1; m<=n : m++)
      x=x*a ;
   return(x);
}
```

| 해석 |

위에서 정의한 변수들은 모두 지역변수이다. 주목할 것은 가인수인 a와 n은 마치 상수처럼 그 값을 변형하여 대입시킬 수 없다. 이것은 가인수는 실제의 변수가 아니라 형식적인 매개 변수일 뿐이기 때문이다.

이제 이 함수를 이용하여 거듭제곱을 구하는 프로그램을 작성하도록 하자.

P/G 5.8 누승 함수의 예

```
/*(1)*/  #include<stdio.h>
/*(2)*/  #include<math.h >
/*(3)*/  float a;  /* 전역변수의 선언 */
/*(4)*/  int n ;
/*(5)*/  float multi(float b,int p)
/*(6)*/  {
/*(7)*/     int m=0 ;
/*(8)*/     float x=1 ;
/*(9)*/     for(m=1 ; m<= p ; m++)  x=x*b ;
/*(10)*/    return(x);
/*(11)*/ }
/*(12)*/ void main()
/*(13)*/  {
/*(14)*/     printf("Enter a and n for a^n\n");
/*(15)*/     scanf("%f %d",&a,&n);
/*(16)*/     printf("%5.3f ^ %3d is",a,n);
/*(17)*/     printf("%10.3f\n",multi(a,n) );
/*(18)*/     printf("%5.3f ^ %3d is ",a,n);
/*(19)*/     printf("%10.3f\n",exp(n*log(a)) );
/*(20)*/     printf("Press<Return>\n") ;
/*(21)*/     }
```

| 해석 |

[P/G 5.8]은 함수를 이용하여 누승을 계산하는 프로그램이다.

(5)에서 (11)까지에서 함수를 정의하고 있고
(16)과 (17)에서 이 함수를 이용하여 계산한 누승을 화면에 출력하고 있다.
(18)과 (19)는 다른 방법으로 누승을 계산 한 것이다.
가령 a^n 은 $e^{n \log a}$ 와 같으므로 $\exp(n*\ln(a))$로 구하는 것이 가능하므로 특별히 함수를 만들지 않아도 된다.

[P/G 5.8] 실행 결과

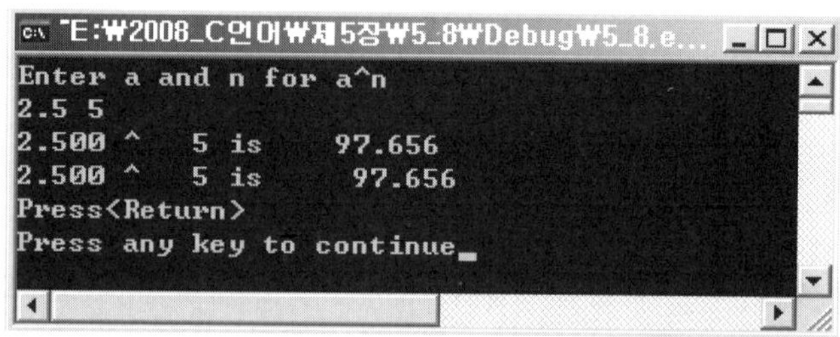

6. 자동 변수

자동 변수는 함수 안에서, 즉 어떤 블록 안에서 선언된 변수는 자동변수로 내정되어 있다. 그리고 선언된 블록 안에서만 효력을 발휘하며, 블록 안에서 생성되고 블록이 끝나는 동시에 자동으로 소멸된다. 생성될 때 쓰레기 값을 가지게 되므로, 반드시 초기화시킨 후 사용해야 한다. 자동변수에서는 정의와 선언이 동일하다. 따라서 변수 선언시 auto 라는 지정자를 붙이면 자동변수로 지정되게 되지만 기억부류를 지정하지 않은 변수는 컴파일러가 auto 형으로 가정한다.

표 5.6 자동변수의 정의

auto 변수의 자료형 변수명,변수명, … ;
『예』 auto int a, b;
auto double f;

7. 정적 변수

정적 변수는 프로그램의 실행이 끝날 때까지 메모리에 계속 존재하는 변수로써 내부 정적 변수와 외부 정적 변수가 있다. 내부 정적 변수(internal static variable)는 함수나 블록의 내부에서 선언되고, 함수나 블록 내에서만 통용되는 변수를 말하고, 외부 정적 변수는 함수의 외부에서 선언되고, 통용 범위는 변수가 선언된 이후부터 그 프로그램의 끝까지 영향을 미친다. 정적변수의 사용은 프로그램이 끝나야 종료가 되고 변수의 유효 범위는 자동변수 처럼 블록 내에서만 사용된다. 반드시 변수 앞에 static을 지정되고 static으로 지정된 변수는 초기값이 자동적으로 지정된다.(int = 0, char = ' ', float = 0.0)

static 변수는 컴파일시 기억영역이 확보되므로 프로그램 실행과는 관계없으며, 함수나 블록의 실행이 종료되어도 정적변수의 값은 소멸되지 않는다.

표 5.7 정적변수의 정의

```
static 데이터형 변수1, 변수2, ...;

「예」 static int a, b;
```

P/G 5.9 정적 및 자동 변수 사용의 예

```
#include <stdio.h>
void testing(void)
 {                    static int static_count=0;
                      int auto_count=0;
                      static_count++;
                      auto_count++;
printf("정적 count=%d\t 자동 count=%d\n", static_count++;, auto_count); }
  void main(void)
  {                   int i;
                      for(i=0; i<5; i++) testing();
                     }
```

[P/G 5.9] 실행 결과

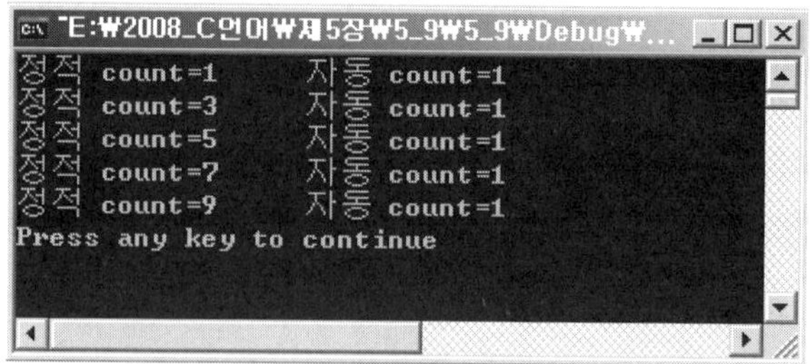

| 해석 |

[P/G 5.9]에서 정적변수는 단 한번만 초기화되고 함수가 종료되어도 값이 보존되지만, 자동변수는 함수 호출 때마다 초기화되고 함수 종료시 변수가 소멸되므로 값이 보존되지 않는다. 그러므로 자동변수의 값이 계속 1로 나오는 것이다.

8. 외부 변수

외부 변수는 함수 밖에서 정의한다. 외부 변수는 하나의 소스 파일(source file)을 넘어서 여러 개의 프로그램 단위로부터도 참조 가능하다. 그러므로 기억 클래스 중에서 가장 넓은 범위에 걸쳐 통용되는 변수이다. 외부 변수도 정적인 메모리 영역에 보존되기 때문에 변수 값은 프로그램 종료시까지 유지된다. 외부 변수는 함수밖에 선언되고 사용범위가 다른 변수에 비해 가장 넓다. 그리고 외부 변수의 초기치를 생략하면 정적 변수처럼 초기값이 지정된다.

표 5.8 외부변수의 정의

```
extern 데이터형 변수1, 변수2, ...;

『예』 extern int a, b;
```

다음 프로그램은 변수 x는 함수 main()과 print_value에서 외부 변수로 선언된 경우의 프로그램이다.

P/G 5.10 외부함수 사용의 예

```
#include <stdio.h>
 int x = 2008;
 void print_value(void);
 main()
 {    extern int x;
   printf("%d\n", x);

   print_value();
    return 0;
    }
 void print_value(void)
 {
   extern int x;
   printf("%d\n", x);
 }
```

[P/G 5.10] 실행 결과

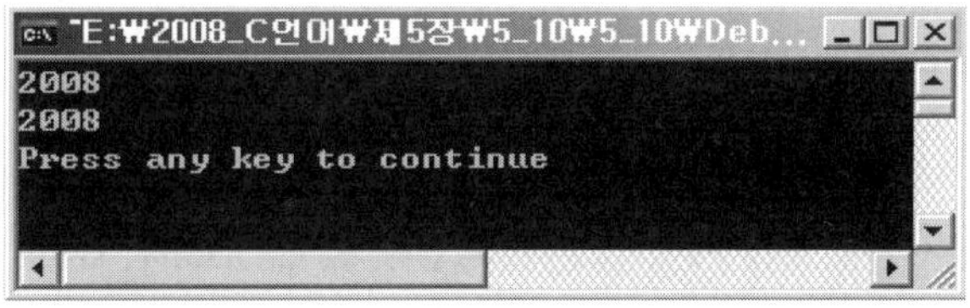

9. 레지스터 변수

레지스터 변수란 기억 장소를 CPU 내에 있는 일반 레지스터를 사용하여 연산의 고속을 추구하는 것으로 레지스터의 수가 CPU에 따라서 다르다. 레지스터 변수는 기억 장소를 CPU 내에 레지스터를 배당하는 것 이외에는 자동 변수와 동일한 성격을 가지므로 레지스터 변수 대신에 가능한 자동 변수를 사용하는 것이 바람직하다.

레지스터 기억류로 지정된 변수는 CPU의 특수한 메모리에 저장되고 레지스터의 메모리 한계 때문에 많은 변수를 지정할 수 없다. 그러나 레지스터 변수는 수행 시간이 빠르고 자동변수로 취급된다. 주소연산자(&)를 사용할 수 없고 문자형, 정수형, 포인터형 변수에만 가능하며, 기억공간의 크기는 2byte를 차지한다.

표 5.9 레지스터 변수의 정의

register 데이터형 변수1, 변수2, ...;
「예」 register int a, b;

P/G 5.11 레지스터 변수사용의 예

```
 #include <stdio.h>
#define LIMIT 20000

int main()
 {
        register int count =1;
        auto int sum=0;

        for(;count <= LIMIT; count++){
                sum+=count;
        }
        printf("1에서 %d까지의 합은 %d 입니다. \n", LIMIT, sum);
}
```

[P/G 5.11] 실행 결과

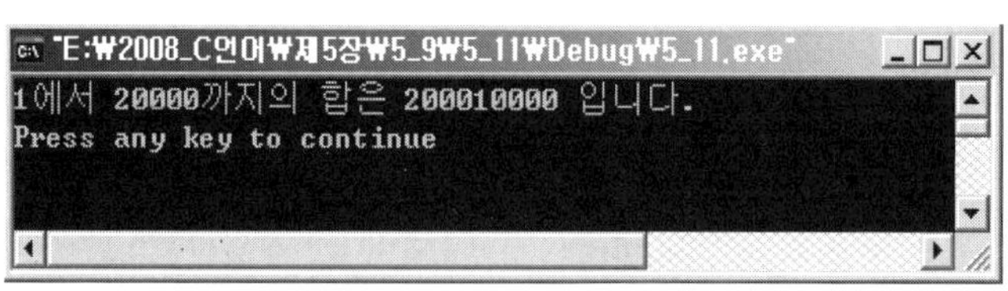

레지스터 변수를 이용하는 이유는 레지스터 변수가 컴퓨터 CPU 내부의 임시 기억장소인 레지스터에 할당되어 변수 값을 저장하므로 입출력 속도가 빠르기 때문이다.

컴퓨터 CPU 내부의 임시기억장소인 레지스터는 CPU마다 그 수가 한정되므로 레지스터 변수로 선언하더라도 레지스터가 모자라면 일반 지역함수로 할당된다.

주로 입출력 속도를 증가시키려는 변수에 이용하는데, 반복문의 횟수를 검사하는 첨자 등에 이용하면 효과적이다. 위 프로그램 [P/G 5.11]은 1부터 n까지의 합을 구하는 프로그램에서 첨자로 이용되는 변수를 레지스터 변수로 이용한 프로그램이다.

보통 auto, extern, register, static 의 4가지를 기억부류(storage class)라고 부른다.

따라서 효율적인 변수 이용 기준 은 다음과 같이 요약 할 수 있다.

실행속도를 개선하고자 하는 경우에 제한적으로 특수한 지역변수인 레지스터변수를 이용하고 함수나 블록내부에서 계속적으로 값을 저장하고자 하는 경우에는 정적 변수를 이용 하며 해당파일내부에서만 변수를 공유하고자 하는 경우에는 정적외부(전역)변수를 이용 하는 것이 효율적이다. 그리고 프로그램의 모든 영역에서 값을 공유하고자 하는 경우는 전역변수로 이용 그러나, 전역변수의 사용을 줄이는 것이 프로그램이 이해를 높일 수 있으며, 프로그램문제를 줄일 수 있다.

표 5.10 기억부류 규정자의 종류 및 기능

분류 \ 기억류 규정자	auto	register	static		extern
			내부 static	외부 static	
선언된 block에서 실행후 값	×	×	○	○	○
같은 File의 다른 함수에서 참조	×	×	×	○	○
다른 File에서 참조	×	×	×	×	○
초기화하지 않을 경우	쓰레기값	쓰레기값	0, \ n	0, \ n	0, \ n
초기화 횟수	실행시 수시로	실행시 수시로	1회	1회	1회
기억장소	Stack	Register	Memory	Memory	Memory

연 / 습 / 문 / 제 (A)

1. 함수를 사용하는 프로그램의 장·단점을 설명하시오.

2. 일반 사용자 함수와 매크로 함수의 차이점을 기술하시오.

3. 프로그램을 모듈화 할 때의 장점을 설명하시오.

4. 화면으로부터 두 개의 정수를 입력받아 사칙연산을 수행하는 프로그램을 함수를 이용하여 작성하시오.

5. 다음의 자료로부터 최대값과 최소값을 구하는 프로그램을 함수를 이용하여 작성하시오.

10, 12, 16, 50, 10

6. 『문제 5』의 자료를 이용하여, 자료들의 총합을 구하는 프로그램을 함수를 이용하여 작성하시오.

7. C의 함수에서는 "call by value"와 "call by referance"란 말이 있다. 이러한 말의 뜻을 설명하라.

8. 이차 방정식으로부터 각 계수 a, b, c를 화면으로부터 입력받아 근을 구하는 프로그램을 함수를 이용하여 작성하시오. 또한 판별식을 이용하는 다른 함수를 작성하여 근의 종류(중근, 허근, 실근)에 대해 출력하는 프로그램을 작성하시오.

9. C의 변수에는 전역변수와 지역 변수가 있다. 이러한 변수들의 차이점을 설명하라. 또한 변수의 분류 중 기억 부류에 따른 변수의 종류를 설명하라.

연 / 습 / 문 / 제 (B)

1. 실수형의 함수 fun()을 호출하여 원둘레를 구하는 프로그램을 작성하라.

(단, fun()의 인수로는 실수 pi=3.141592, r(반경)=5.0)

▶ [힌트 및 결과]

```
#include<stdio.h>
double fun(pi2,r2)
double pi2,r2; {
    return 2.0*pi2*r2;
  }

  main(){
    double fun();                  /*가인수로 함수 선언*/
    double pi=3.141592,r=5.0,circle;
    circle= fun(pi,r);
    printf("반지름 =%5.3f   원둘레 =%5.3f₩n",r,circle);
         printf("₩n");
  }
```

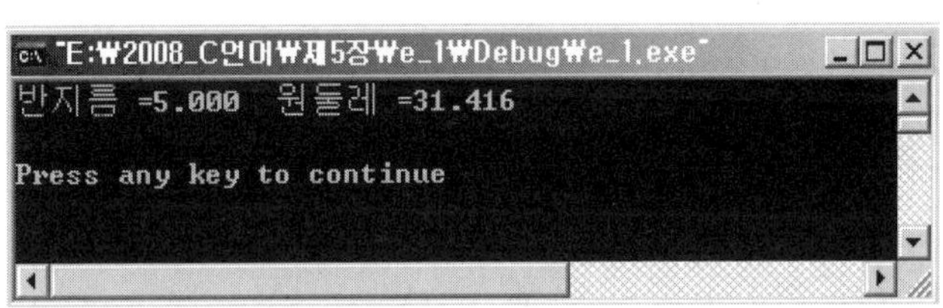

2. 3의 0제곱부터 10제곱까지 화면에 출력하는 프로그램을 작성하라.

▶ [힌트 및 결과]

```
#include <stdio.h>
int fun_pow( int n, int m)
```

```
{   int i, result = 1;
    for ( i = 1; i <= m; i++)
    result *= n;
    return result;
    }

void main()
{   int i;
    for ( i = 0; i <= 5; i++ )
    printf("%5d₩n",fun_pow(3,i));
}
```

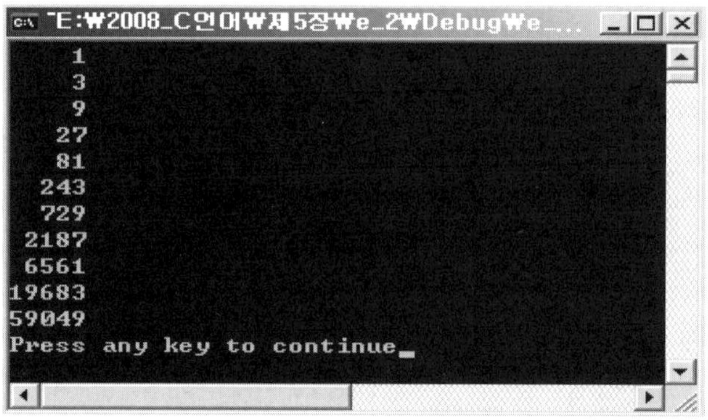

3. 최대공약수를 구하는 프로그램을 작성하라.

[힌트 및 결과]

```
#include <stdio.h>
int Gcd(int x, int y)
{ int great;
  great = x % y; /* x = 24, y= 12 이므로 great = 0 */
if (great == 0) /*참이므로 return 12 넘겨주고*/
return y;
else
return Gcd(y, great);
}
```

```
main()
{  int x, y;
   int gre;
 printf("두 정수를 입력하세요 : ");
 scanf("%d%d", &x, &y);
 gre = Gcd(x, y);
 printf("최대공약수 : %d ₩n", gre);
 printf("₩n");
 }
```

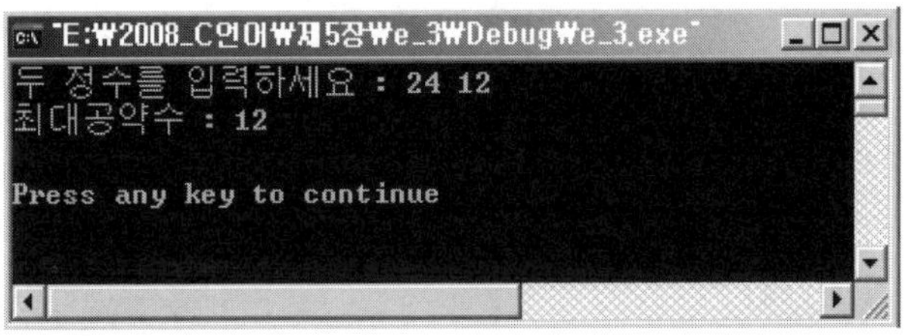

4. 두수를 입력하여 곱하고 그 결과를 출력하는 프로그램을 작성하라.

[힌트 및 결과]

```
#include <stdio.h>
 int product (int x, int y)  /* 두 인수의 곱을 돌려주는 함수 */
 {   return (x * y);
  }


  int a,b,c;
  int product(int x, int y);
  main()
  {
     printf("첫 번째 값 입력(1<a<100):₩n");
     scanf("%d", &a);
     printf("두 번째 값 입력(1<b<100):₩n");
     scanf("%d", &b);
     c = product(a, b);  /* 곱을 계산하고 출력 */
     printf ("₩n%d * %d = %d₩n", a, b, c);
```

```
    printf("₩n");
    return 0;
  }
```

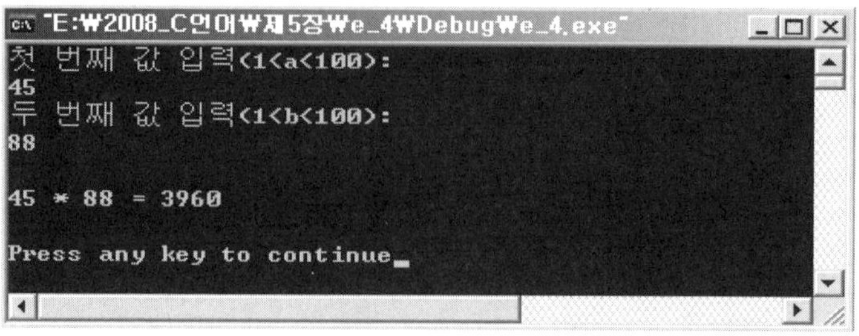

5. 음수를 입력하여 절대값을 계산하여 제곱근을 출력하는 프로그램을 작성하라.

[힌트 및 결과]

```
#include<stdio.h>
#include<math.h>
int abs(int x) /* x에 대한 절대값을 계산하는 수학함수 */
{  int y;
   if(x<0)  y=-(x);  /*음수를 양수로 전환 */
   else  y=x;        /*양수는 그대로 */
   return y;         /*절대값 반환 */
}

main()
{  int i, j;
   double k;
   printf("음수값 입력(1<a<100):");
   scanf("%d", &i);
   j=abs(i);    //함수 호출문
   printf("절대값 = %d₩n", j);
         k=sqrt(j);
    printf("제곱근 = %f₩n", k);
  }
```

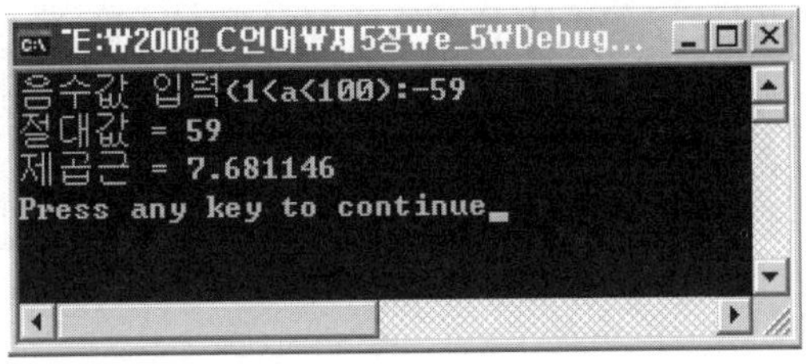

6. 소수를 판단하고 출력하는 프로그램을 작성하라.

[힌트 및 결과]

```
#include<stdio.h>
int prim(int n)  /*임의의 수 n이 소수인지 판단하는 함수 */
{  int i;
   for (i=2; i<n; i++)
   {  if (n%i == 0)  /* n이 i로 나누어지면 빠져나감 */
         break;
   }
   return i;
 }
main()
{  int i, n;
   printf(" 수 입력 ");
   scanf("%d", &n);
   if (n==2)
      printf("%d 은 소수이다₩n", n);
   else
   {  i=prim(n);       /* 함수 호출 */
      if (i==n)        /* n이 i로 한번도 나누어진 적이 없으면 */
         printf("%d 은(는) 소수이다.₩n", n);
      else              /*n이 i로 나누어진 적이 있으면   */
         printf("%d 은(는) 소수가 아니다.₩n", n);
   }
}
```

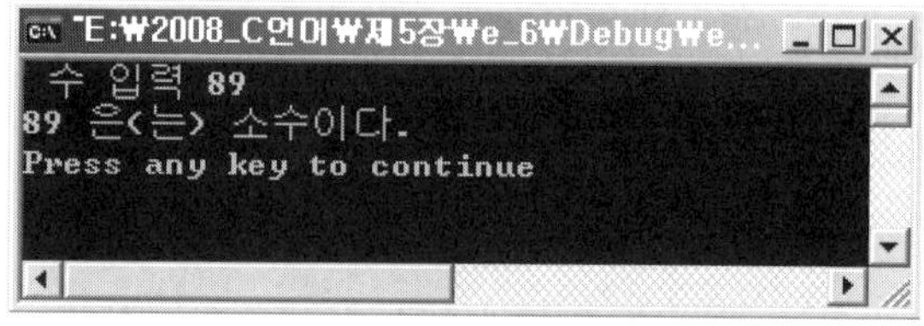

7. 삼각형의 면적을 계산하고 출력하는 프로그램을 작성하라.

[힌트 및 결과]

```
#include <stdio.h>
main() {
int height, base; /* height : 높이,  base : 밑변의 길이  */
float extent;      /* extent : 면적 */

printf(" 밑면과 높이를 입력  : ");
scanf("%d  %d",&base,&height);
extent = 0.5 * base * height;    /* 면적을 계산 */
printf(" 삼각형의 면적은 = %f₩n",extent);
}
```

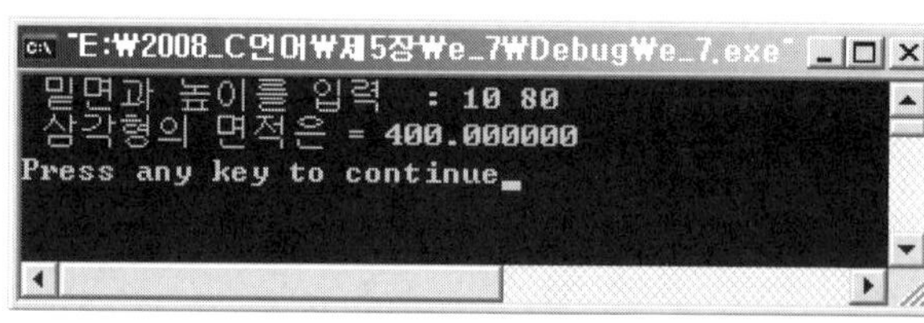

8. 10개의 실수를 입력받아 평균을 반환하는 함수를 작성하고 그 함수를 사용하여 프로그램을 작성하라.

[힌트 및 결과]

```
#include <stdio.h>

double avg();
void main()
```

```
{ printf("평균= %lf₩n", avg());
 }
double avg()
{ int i;
  double sum, num;
  sum=0.0;
  for(i=0; i〈10; i++){
       printf( " %d 수 입력 하세요? ", i+1 );
       scanf("%lf", &num);
       sum=sum+num;
   } return sum/10.0;
   printf("₩n");
  }
```

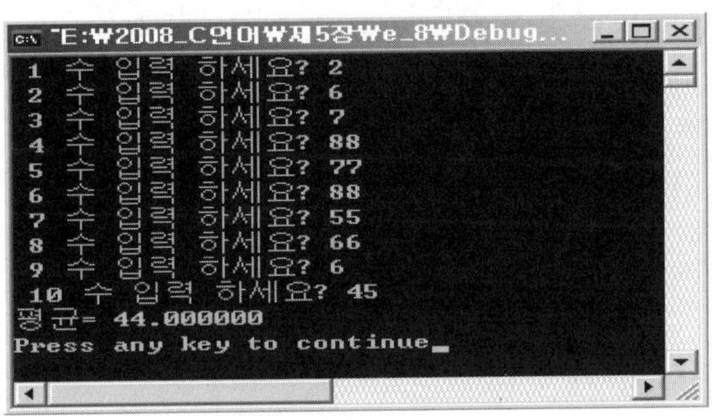

9. 다음 프로그램를 실행하여보고 그 결과를 나열하고 설명 하시오.

```
#include 〈stdio.h〉
 void KK()
{  auto int a=5;
   printf("%d₩n", a);
   a += 2;
 }
void MM()
{  static int a=5;
   printf("%d₩n", a);
   a += 2;
```

```
 }
int main()
{
  KK();
  KK();

  MM();
  MM();
 }
```

[힌트 및 결과]

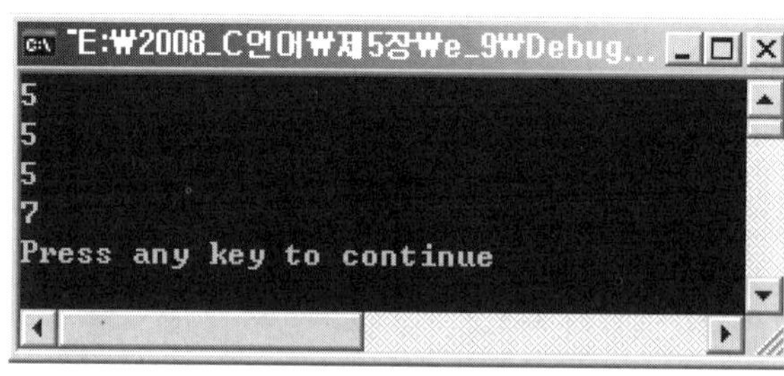

배열과 문자

Chapter 06

제6장에서는 C언어를 이해하는데 필요한 배열과 문자에 대하여 간단히 살펴본다.

1. 배열
2. 배열의 선언
3. 배열의 초기화와 연산
4. 배열의 복사
5. 문자형 배열

프로그래밍을 하는 데 있어서는 단순 적인 구조만을 사용해도 무방함으로 이곳에서는 간단히 배열의 의미와 배열구조에 관해 설명하도록 한다. 자세한 사항은 매뉴얼을 참조하기 바란다.

1. 배열

배열이란 동일한 데이터형을 가지는 변수 또는 데이터들의 모임체라고 할 수 있다. 배열을 배열변수라고도 한다. C에서의 배열은 포인터와 연계되어 그 응용 폭이 매우 넓다.

같은 종류의 변수 여러 개가 있는 경우에 동일한 유형의 자료를 손쉽게 관리해 주는 배열을 사용한다. 만약 우리가 10개의 정수가 필요한데 이들에 대해 서로 다른 변수명을 지정한다고 가정하자.

int James, Merry, Jane, Tom, ······ , Diana

James	Merry	Jane	Tom	······	Diana

이렇게 하면 변수명을 지정하는 것이 무척 지겨워질 것이고 일일이 그 명칭을 기억하기 힘들 것이다. 변수가 100개, 1000개 필요하다면 더욱 그렇다.

이때 만약 변수명 설정을 다음과 같이 동일하게 주고 각 요소마다 고유 번호를 부여한다면 이 복잡한 문제가 풀릴 것이다.

int num[10];

num[0]	num[1]	num[2]	num[3]	……	num[9]

이러한 용도로 배열을 사용하게 되는데 배열은 동일한 변수 타입의 저장 공간을 배열요소의 숫자만큼 선언하게 되고, 메모리 측면에서는 연속된 공간에 차례대로 자료공간이 생기게 된다. 위와 같이 배열의 첨자가 한 개인 배열을 일차원배열(One-dimensional Array)이라 한다.

위의 경우에 배열들이 모두 'int'형이므로 2바이트씩 ×10개=20바이트의 배열 공간이 메모리 내에 할당된다. 물론 기타 char, float, double, long 등의 변수 타입에 따라 저장 공간의 크기는 달라질 것이다. 즉, char names[50]으로 선언된 경우에는 1바이트×50=50 즉, 50바이트가 할당될 것이다.

배열 요소는 반드시 0번부터 시작한다. 위에서도 num[1]부터가 아니라 num[0]부터 시작했음을 볼 수 있을 것이다. 언어에 따라 1로 시작하는 것도 있으므로 혼동의 여지가 있다.

또 다른 예를 들면, 30명의 학생의 성적을 기록하는 경우에 평소의 변수를 사용하면, b0, b1, b2, b3으로 부터 b29까지 정의하지 않으면 안된다. 또, 이 값의 합계를 구하는 경우

y = b0 + b1 + b2 + b3 + … + b29;

처럼 쓰지 않으면 안된다. 이와 같이 일일이 유일한 식별자명을 사용하여 자료를 표현하고 조작한다는 것은 매우 번거로운 일이다. C 언어에서는 이런 경우에 다른 프로그램 언어와 마찬가지로 배열(array)을 사용하는 것이 가능하다.

예를 들면,

int b[30] ;

인 것처럼 정의된다. 그러면 정수가 들어 있는 장소가 b[0], b[1], b[2], b[3], … , b[29]로 확보된다. 여기에서 알아두어야 할 것은 C언어에서는 배열 원소의 첨자가 0부터 시작한다는 것이다. 따라서 배열 첨자는 그 범위를 0에서 N-1까지로 삼는다.

앞의 30명의 성적의 합계를 구하는 경우도 배열을 사용하여 표현하면

```
for(a=0; a <= 29 ; a++)
    y = y + b[a];
```

처럼 두 행으로 표현 가능하다. for문의 의미에 관하여서는 이미 설명한바 있다.

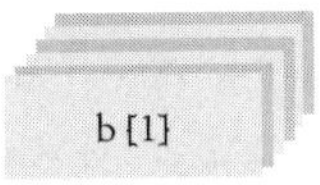

그림 6.1 1차원 배열

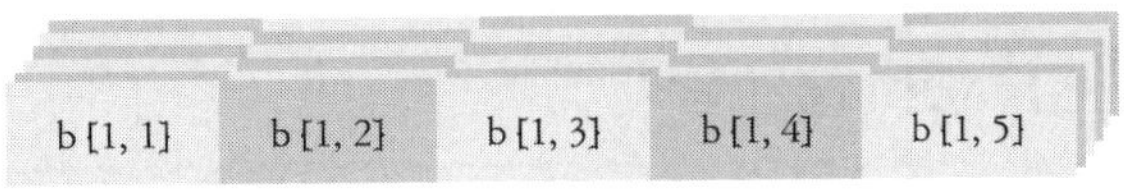

그림 6.2 2차원 배열

배열은 다차원에서도 사용 가능하다. 예를 들면 float b[5][4]; 처럼 2차원의 배열을 정의할 수 있다. 이 경우는 다음과 같다.

b[0][0],b[0][1],b[0][2],b[0][3],b[1][0],b[1][1],…,b[4][2],b[4][3]

즉 20 주소의 장소가 확보된다. 2차원 배열의 형태는 [그림 6.2]에 나타나 있다.

2. 배열의 선언

변수의 종류에 대해서는 이미 2장에서 공부하였다. 그러나 이외에도 변수의 분류는 기억부류에 의해 분류되는데 이는 차후에 설명하기로 하자. 우선 다음의 그림을 살펴보도록 하자.

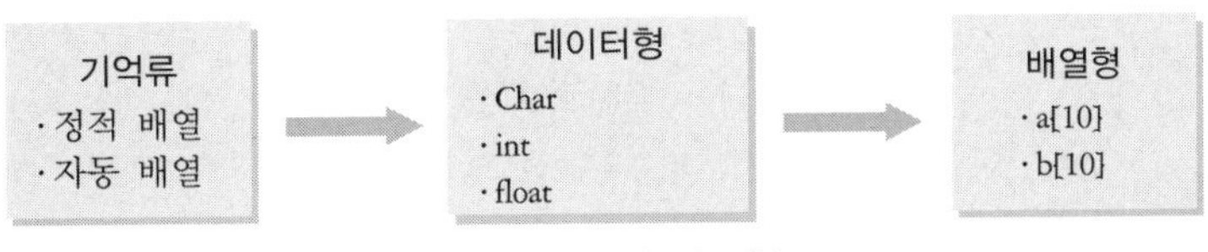

그림 6.3 C의 자료형

자료 수가 많아지면 각각의 자료를 하나 하나의 식별자로 처리하기 곤란할 것이다. 이와 같이 어려움이 있기 때문에 배열을 사용한다. 가장 간단한 형태의 배열은 1차원 배열이다. 우선 1차원 배열에 대해 알아보자.

『형식』 1차원 배열원소의 배열명[크기]; 0 <= 크기 <= 선언된 개수-1

프로그램 예를 살펴보면 다음과 같다. 아래의 프로그램은 "k"라는 배열이름에 따라 배열 크기가 3인 배열을 선언한 후에 각각 10, 20, 30의 정수형 숫자를 대입한 후 각 배열의 방에 할당된 숫자를 출력하라는 프로그램이다.

P/G 6.1 1차원 배열의 예

```
#include<stdio.h>
 void main()
      {
          int i,k[3];
          k[0] = 10 ;
          k[1] = 20 ;
          k[2] = 30 ;
          for( i = 0 ; i < 3 ; i++)
               printf("k[%d] = %d\n", i, k[i]);
 }
```

| 해석 |

위의 프로그램에서 k라는 배열이름에 따른 메모상의 저장방식은 다음과 같이 구성된다.

배열 이름 k	10	20	30
배열 요소	k[0]	k[1]	k[2]

그림 6.4 일차원 배열의 구조

위의 프로그램의 결과는 아래와 같다.

▶ [P/G 6.1] 실행 결과

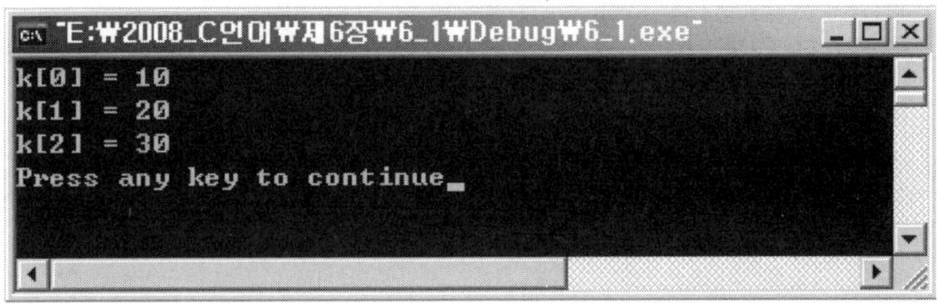

다음으로 2차원 배열에 대해 알아보자. C언어에서는 배열에 배열(array of array)을 포함하는 어떤 형의 배열도 허용하며 2차원 배열을 행렬(matrix)이라고도 부른다. 이러한 다차원 형식의 배열은 동일한 자료형에 대해 대용량의 자료를 처리할 때 편하게 사용할 수 있다.

『형식』 2차원 배열원소 배열명[크기1][크기2]; 0<=크기1<=선행된 행의 수-1, 0<=크기2<=선행된 열의 수-1

예를 들면, int a[2][3]; 라고 선언한 배열에 대해 다음과 같은 배열 구조를 갖는다.

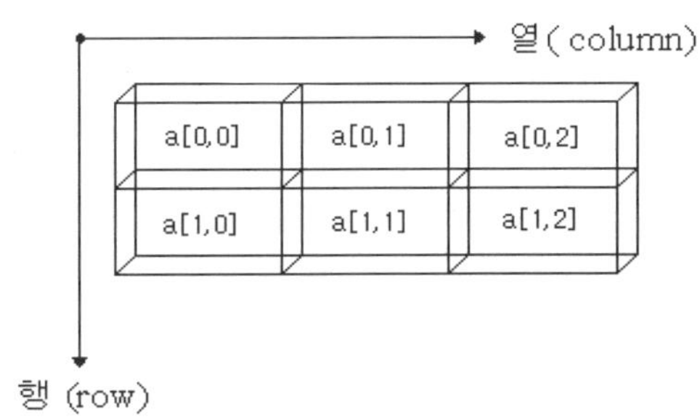

그림 6.5 이차원 배열의 구조

오른쪽의 []안에 있는 크기가 가장 먼저 돌고 그 다음에 있는 크기가 돌아가게 되므로 크기 3을 0부터 2까지 반복하여 돌린 다음 크기 2를 0부터 2까지 반복하여 돌린다. 여기서 메모리 저장순서는 다음과 같다.

a[0][0], a[0][1], a[0][2], a[1][0], a[1][1], a[1][2]

이 같은 순서는 일반적인 행렬을 다룰 때 중요성이 나타난다. 따라서 독자들은 주의하여 숙지하기 바란다.

다음으로 3차원 배열의 기법은 2차원 배열과 같이 대괄호를 세 개 덧붙여 기술한다. 이와 같이 C 언어에서는 차원의 제한이 없다.

『형식』 데이터형 배열명[크기1][크기2][크기3]

지금까지 설명한 것을 정리하면, 2차원, 3차원 배열은 1차원의 확장 개념으로 생각하면 된다. 어떤 값들의 배열이 가로 × 세로의 형태로, 즉 2차원으로 되어 있다면 첫 번째 라인(Row)의 첫 번째 행(Column)의 값을 읽고 마지막 행까지 다 읽은 후 다음 줄로 가게 될 것이다. 2차원 배열은 이처럼 1차원 배열을 여러 개 가진 배열로 생각할 수 있다. 메모리 적인 측면에서 2차원 배열은 한 라인이 계속 연결된 1차원 배열로 저장된다. 단지 논리적인 측면에서 구분이 있을 뿐이다. 다음은 2차원 배열의 선언과 연산을 적어 본 예제이다.

P/G 6.2 2차원 배열의 선언과 연산

```
  #include <stdio.h>
  main()
{
  static int tab[3][5]={
                {1,2,3,4,5},
                {2,3,4,5,6},
                {3,4,5,6,7}  };
    int i, j, mean=0;
    for(i=0; i<3; i++)
        for(j=0; j<5; j++)
            mean+=tab[i][j];
    printf("Mean of Tab: %d\n", mean/(3*5));
}
```

여기서 한가지 주의할 것은 배열의 선언시 대개 static을 변수 타입 앞에 붙여 준다는 점이다. 이러한 설명은 앞장에서 이루어 졌으나 다시한번 요약해 보자.

배열은 연속적인 메모리 공간에 동적으로 할당되는데 처음에 할당될 때 메모리 상에 기존에 존재하는 값들(이것을 Garbage라고 한다.)을 그대로 가지게 된다. static은 "정적 할당"이라는 뜻으로 미리 메모리 공간을 고정시켜 할당하고 초기치를 모두 '0'이나 "Null"값으로 세팅하게 된다.

위 연산의 결과가 다음에 나타나 있다. 이 결과는 배열 tab의 모든 내용에 대한 평균을 나타낸다.

[P/G 6.2] 실행 결과

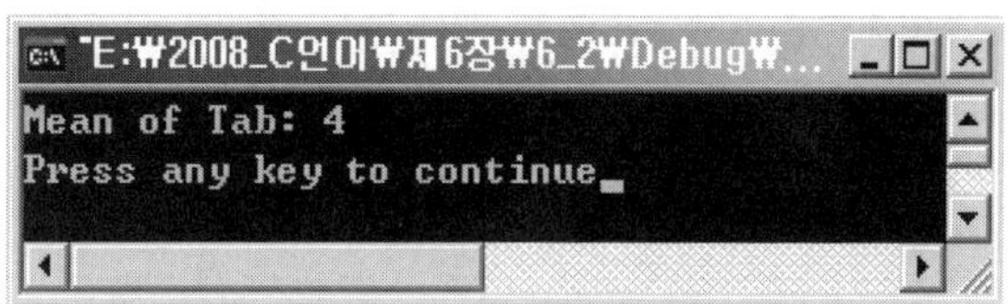

3. 배열의 초기화와 연산

이제 배열 안에 어떤 값을 초기화시키는 것에 대해 알아보자. 이미 변수를 설명할 때 초기화의 필요성을 언급했듯이 초기화를 하지 않는다면, 메모리에 배열이 선언될 때 메모리에 남아 있는 값들이 해당 배열의 값이 된다. 이러한 배열의 초기화는 변수를 초기화시키는 방법과 비슷한데 다음 예를 통해 비교해 보자.

P/G 6.3 배열의 초기화

```
#include <stdio.h>
   main()
{
      int a=5, b=5, c=10, sum=0, k;
      int abc[10]={1, 1, 1, 1, 1, 2, 2, 2, 2, 2,};
      for(k=0; k<10; k++) sum+=abc[k];
      printf("Sum: %d\n", sum);
}
```

변수를 초기화할 때에는 각 변수에다 1개씩 값을 대입시켜 주어야 하나 배열의 경우에는 위와 같이 중괄호({}) 안에 값들을 나열해 주면 된다. 연산의 경우에도 배열 요소의 수가 큰 경우에는 위와 같이 "loop문"을 이용하면 계산을 쉽게 할 수 있다. 만약 파일 안에 일련의 값들이 저장되어 있고 이 값들의 총합이나 평균 등을 구하려 한다면 먼저 파일의 내용을 배열에 읽어 들이고 이 배열을 가지고 "loop문"이나 조건문을 사용하여 쉽게 연산을 수행할 수 있을 것이다.

[P/G 6.3] 실행 결과

3.1 1차원 배열의 초기화

예) a. int array[3] = {1, 2, 3}

b. int days[12] = {31, 28, 31, 30, 31, 30, 31, 31, 30, 31}

→ 12개의 원소를 가질 수 있다.

여기서 초기화가 안된 것은 0으로 초기화한다. 즉, days[10]이나 days[11]은 모두 '0'의 값을 갖는다. 만일 배열이 a[5]={3,4}라고 선언되었다면, a[0]=3, a[1]=4가 되고 나머지 a[2]=a[3]=a[4]=0 이 된다. 배열의 모든 요소를 '0'으로 초기화하려 한다고 해서, a[5]={ }와 같은 선언은 안 될 일이다. 이러한 형태는 배열의 자료값이 없는 이유로, 시스템의 메모리에 남아 있는 값(쓰레기값)을 갖게 된다. 이처럼 모든 요소를 '0'으로 초기화하려 한다면, a[5]= {0, }으로 선언하면 된다.

3.2 2차원 배열의 초기화

예) int array[3][3] = { {0,1,2}, {3,4,5}, {6,7,8} }

or

int array[3][3] = { {1}, {0,1}, {0,0,1} }

이와 같이 배열을 초기화하는데 있어서, 초기의 배열 크기 선언은 생략해도 무방하다. 즉, num[5]={1,2,3,4};와 같은 형태의 선언과 num[] ={1,2,3,4};의 배열선언은 서로 동등한 것이다.

4. 배열의 복사

이미 존재하는 배열에 대해 다른 배열로 그 값을 복사하고 싶을 땐, "loop문"을 사용하면 된다. 포인터를 사용하면 될 것이나, 포인터에 대한 자세한 언급은 다음 장으로 미루기로 하자.

다음은 배열을 복사하는 간단한 예제 프로그램이다.

P/G 6.4 배열의 복사

```
# include<stdio.h>
void main()
{
  int i ;
  int a[]={2,3,4}; int b[3]={0,};
  for( i=0 ; i<3 ; i++ )  b[i]=a[i];
  for( i=0 ; i<3 ; i++ )  printf( "b[%d]=%d\n" ,i,b[i] ) ;
}
```

위의 결과는 다음과 같다.

[P/G 6.4] 실행 결과

5. 문자형 배열

문자형 배열의 각 원소는 하나의 문자상수이다. 문자형 배열은 1문자만 격납할 수 있다. 문자형 배열이 문자열의 배열로 이식되기 위해서는 마지막 원소가 null문자('\0')이어야 한다.

5.1 문자열의 배열

문자열은 이중 인용부호(" ")로 둘러 싸여진 ASCII 코드 문자로 구성되어 있고 null 문자로 끝나는 배열이다. 먼저 문자형 1차원 배열에 대해 알아보도록 하자.

```
『예』
    char str[5] ;
    str[0]='h' ;
```

위의 선언은 str[0], str[1], str[2], str[3], str[4]가 선언되고 메모리 영역이 확보된다. 그리고 str[0]에 h가 대입된다. 또 다른 예를 살펴보자.

『예』 static char str[ ] = {'t','u','r','b','o',' ','c'} ;

위의 예와 같은 선언은 배열의 크기를 신경 쓰지 않아도 될 만큼 편리한 형태를 가지고 있다.

A) 문자열의 1차원 배열과 초기화

```
『형식』 기억류 문자형 선언 배열명[문자수+1]= "문자열" ;
                              └→ 문자의 수 보다 최소한 1개 더크게
                                    선언해야 한다.

『예』   static char a[6]= "human" ;        혹은
        static char a[6]= {'h','u','m','a','n','₩0'} ;
```

이는 다음과 같은 배열구조를 갖는다.

h	u	m	a	n	\0

B) 문자열의 2차원 배열과 초기화

『예』 static char a[ ][ ] = {"c", "human" ,"address"} ;

- 두 번째 [ ] → 문자열 중의 최대문자수 + 1
- 첫 번째 [ ] → 다음 데이터에서 알 수 있으므로 생략

예를 들어, 각 행과 각 열의 합과 평균을 구하는 프로그램을 살펴보자.

P/G 6.5 각 행과 열의 합과 평균 프로그램

```
          #include<stdio.h>
/*(1) */    static int matx[3][3]={ {1,2,3},  {4,5,6},  {10,11,12} } ;
/*(4) */   void main()
/*(5) */   {
/*(6) */     int i,j,ctot,rtot[3],total;
/*(7) */     double ave,mean[3];
/*(8) */     total=0;
/*(9) */     ave=0.0;
/*(10)*/     for(j=0; j<3; j++) {
/*(11)*/         rtot[j] = 0;
/*(12)*/         mean[j] = 0.0;
/*(13)*/     }
/*(14)*/     for(i=0; i<3; i++) {
/*(15)*/         ctot = 0;
/*(16)*/         for(j=0; j<3; j++) {
/*(17)*/             ctot += matx[i][j] ;
/*(18)*/             rtot[j] += matx[i][j] ;
/*(19)*/             printf("%5d",matx[i][j]);
/*(20)*/         }
/*(21)*/     ave = ctot / j ;
/*(22)*/     printf("%5d",ctot);
/*(23)*/     printf("%5.0f\n",ave) ;
/*(24)*/     }
/*(25)*/     printf("    -------------------\n") ;
/*(26)*/     for(j=0; j<3; j++) {
/*(27)*/       mean[j] = rtot[j] / 3.0 ;
/*(28)*/       printf("%5d",rtot[j]) ;
/*(29)*/     }
/*(30)*/     printf("%5d\n",total) ;
/*(31)*/     printf("    -------------------\n") ;
/*(32)*/     for(j=0; j<3; j++)
/*(33)*/       printf("%5.0f",mean[j]) ;
/*(34)*/              printf("\n") ;
/*(35)*/   }
```

위의 결과는 아래와 같다.

[P/G 6.5] 실행 결과

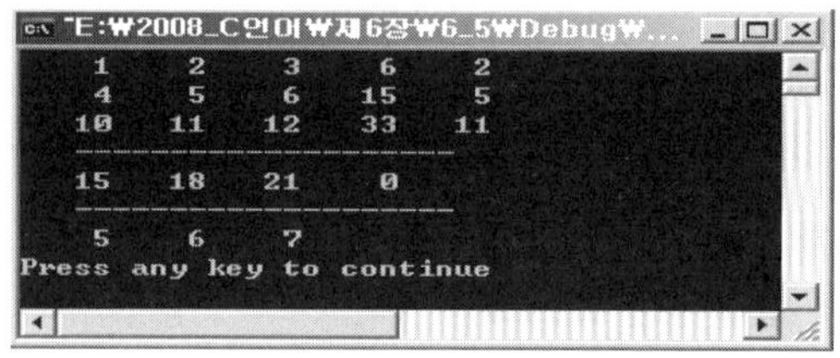

| 해석 |

위 프로그램을 설명하면 다음과 같다.

(1) 이차원 배열의 초기화
(17) : ctot는 행의 합이다.
(18) : rtot[0]는 1열의 합, rtot[1]은 2열의 합, rtot[2]는 3열의 합이 된다.
(21) : for문이 끝났으므로 여기서 j=3가 되고 i가 바뀔 때마다 나온 ctot를 j=3로 나누어 준 것이 ave이다.
(22) : ctot는 i가 바뀔 때마다, 즉 행이 바뀔 때마다 한번씩 생기고 그때마다 print한다.
(27) : mean[j]는 실수인데 rtot[j]는 정수이고 4도 정수이므로 3.0 대신 3 를 쓰게 되면 mean[j]값은 정수값이 되며, 소수점 이하 값들이 무시되게 된다.
(30) : 여기서 total은 결국 행렬의 모든 합의 결과가 된다.

5.2 문자형 배열의 출력

위의 절에서 예를 든 문자형 배열을 출력하려는 경우를 살펴보자. 위에서도 말했듯이, 배열은 포인터와 밀접한 관계를 가지고 있다. 이 절에서 간단히 살펴보기로 하자.

P/G 6.6 문자열의 출력

```
#include < stdio.h >
  void main(void)
  {
  char a[6]= "human" ;
  char *b[6];
  printf( " please 타이핑 (adress)" ) ;
  scanf( "%s" , b ) ;
  printf( "%s\n" , a ) ;
  printf( "%s\n" , b ) ;
  }
```

이 프로그램은 “human”이란 단어와 “adress”라는 단어를 출력시키는 프로그램이다. 배열의 크기를 “6”으로 설정한 것은 “human”이란 글자수보다 하나 더 크게 설정한 것이다.

우선, scanf()함수의 형식은 키보드제어 함수로, 키보드로부터 사용자에게 자료를 입력받는 함수이다. scanf()의 형태는 다음과 같다.

scanf(“자료의 입출력형” , 변수의 adress)

scanf(“%s” , b)의 %s는 문자열처리 형식지정자이다. 즉, 문자열로 키보드로부터 자료를 입력받는다. ‘b’는 char형으로 선언된 배열의 최초시작주소를 가리킨다. 이 프로그램을 실행하기 위해 키보드에 “adress”를 입력하면 된다.

prinf()함수는 이미 설명대로 프로그래머가 원하는 내용을 모니터 화면상에 출력하는 기능을 가진 함수이다. printf("%s" , b)에서 %s는 문자열처리 형식지정자이고, b는 출력변수의 주소이다. 원래의 형식은 변수명을 위치시켜야 함에도 불구하고, 여기서는 %s의 사용 때문에 주소가 왔다.

즉 prinf()에서 %s를 사용한다면, 변수명대신 adress가 위치해야 한다. 이처럼 주소를 이용한 프로그램은 비교적 간단한 프로그램을 제공한다. 또한 프로그램의 실행시간과 효율적인 프로그램이 가능하다.

[P/G 6.6]의 결과는 아래와 같다.

[P/G 6.6] 실행 결과

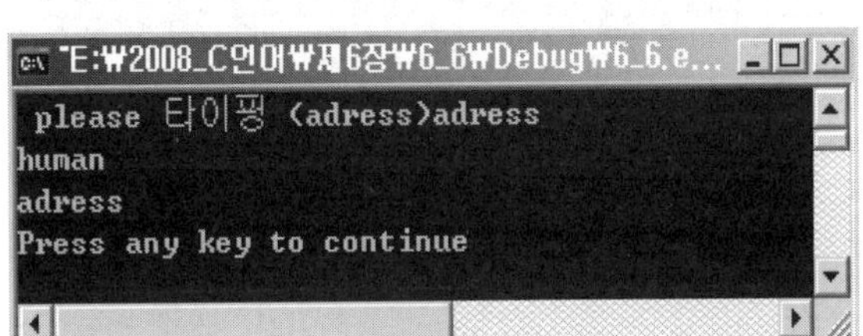

다음은 pointer를 이용하지 않은 위와 동일한 프로그램이다. 독자들은 위의 프로그램과 비교해 보기 바란다. pointer 및 배열 pointer의 관계는 다음 장에서 상세히 기술하기로 하자.

P/G 6.7 pointer를 이용하지 않은 [P/G 6.6] 과 동일한 프로그램

```
#include<stdio.h>
#include<conio.h>
void main(void)
{
  char a[6]="human" ;
  char b[7];
  int i ;

  printf("please,타이핑 : adress\n");
  scanf("%s",b ) ;
  for(i=0;i<6;i++) printf("%c",a[i]) ;
  printf("\n");
  for(i=0;i<6;i++) printf("%c",b[i]) ;
}
```

[P/G 6.7]의 결과는 아래와 같다. 단 adress를 치고, 마지막 문자열에 널 문자를 삽입하기 위하여 배열 b를 b[7]로 선언하였다.

[P/G 6.7] 실행 결과

연 / 습 / 문 / 제 (A)

1. 일차원 배열과 이차원 배열의 초기화 방법에 대해 설명하시오.

2. "I am a student"라는 문자열 상수를 저장할 수 있는 배열을 선언하고, 이렇게 저장된 배열로부터 홀수에 위치한 문자만을 출력하는 프로그램을 함수를 이용하여 작성하시오.

3. 임의의 두 행렬(3×3)의 덧셈과 뺄셈을 하는 프로그램을 작성하시오.

4. 아래와 같은 행렬을 변환하는 프로그램을 작성하시오.

1	2	3
4	5	6
7	8	9

⇒

7	4	1
8	5	2
9	6	3

5. 1~100까지의 양의 정수형 데이터 20개를 키보드로부터 입력받아 배열에 저장하고, 이러한 데이터의 평균을 구하는 프로그램을 함수로 작성하여라.

6. x+y=50을 만족하는 양의 정수 x, y에 대해서, 가장 큰 값을 갖는 x, y를 구하는 프로그램을 작성하되 함수를 이용하여 작성하여라.

연 / 습 / 문 / 제 (B)

1. 국어 점수를 입력받아 총합, 최고, 최저, 평균을 구하는 프로그램 작성하라.

[힌트 및 결과]

```
#include <stdio.h>
void main()
 {  float ave, max, min, sum=0, score[100];
 int i, n;
  printf("Enter number of students : ₩n ");
  scanf("%d", &n);
  for(i=0; i<n; i++)
  {
   printf("Enter score #%d ", i);
   scanf("%f", &score[i]);
  }
   max = min = score[0];
   for(i=0; i<n; i++)
   {
   sum += score[i];
   if(max <score[i]) max = score[i];
   if(min >score[i]) min = score[i];
   }
   ave = sum /n;
  printf("국어 점수 총합=%5.1f 최대=%5.1f 최소=%5.1f 평균=%5.1f₩n", sum, max, min, ave);
  }
```

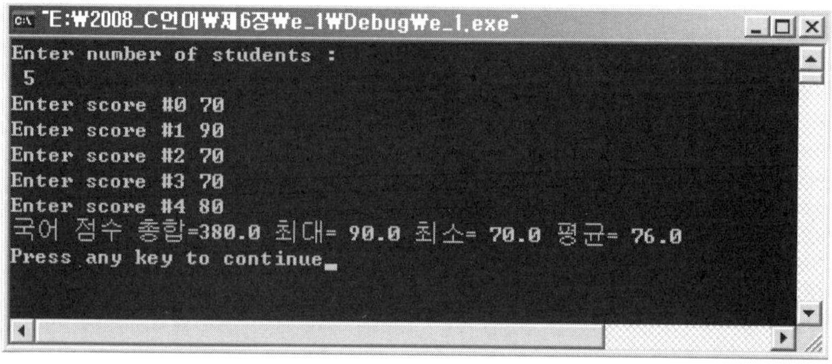

2. 문자열을 입력받아 문자열의 앞부분부터 한 글자씩 지워지면서 다음 줄에 출력하는 프로그램을 작성하라.

[힌트 및 결과]

```
 #include 〈stdio.h〉
void main()
{
char a[100];
int size, i, j;
printf("문자열 입력 : ");
gets(a);
for(i = 0; i 〈 sizeof(a); i++)
    if(a[i] == '₩0'){
        size = i;
        break;
    }
for(i = 0; i 〈 size; i++){
    for(j = i; j 〈 size; j++)
        putchar(a[j]);
printf("₩n");
}
}
```

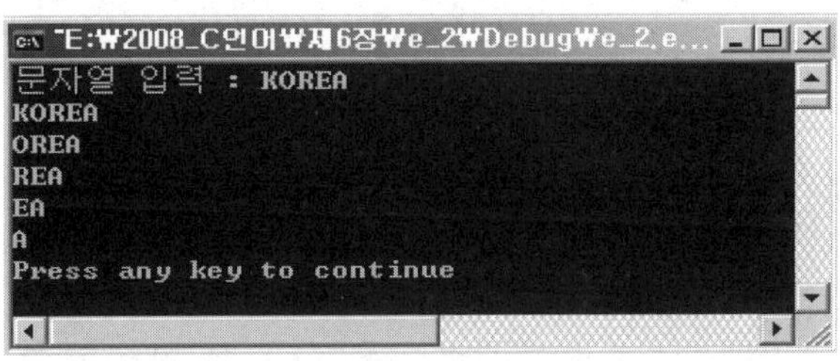

3. 5개의 실수형 수를 입력받고 각각의 자료에 대해 1에서부터 입력받은 수까지의 합과 전체의 합을 계산하여 출력하는 프로그램을 작성하라.

[힌트 및 결과]

```
 #include 〈stdio.h〉
void main()
{
```

```
    int data[5], i, j, fin, sum = 0;
    printf("[ 입력수 ]₩n");
    for(i = 0; i < 5; i++){
        printf("입력 data[%d] : ", i);
        scanf("%d",&data[i]);
    }
    printf("₩n[ 출력수 ]₩n");
    for(i = 0; i < 5; i++){
        fin = data[i];
        data[i] = 0;
        for(j = 1; j <= fin; j++)
            data[i] += j;
        printf("입력된 data[%d]까지의 합 : %d₩n", i, data[i]);
        sum += data[i];
    }
    printf("₩n전체의 합  : %d₩n",sum);
}
```

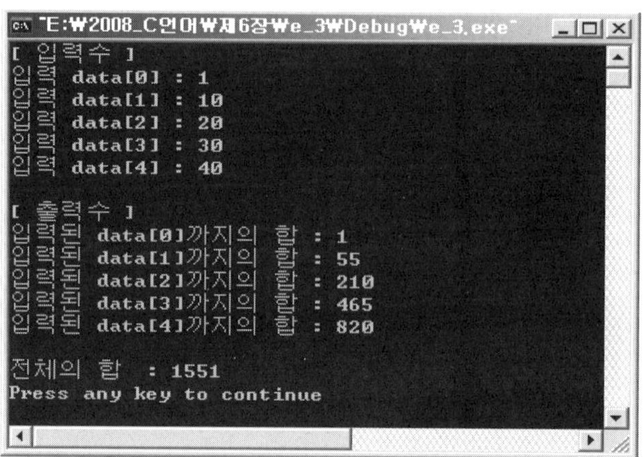

4. 5개의 숫자를 입력받고 각각의 자료에 대해 10을 더 한 값과 5개의 총합을 출력하는 프로그램을 작성하라.

[힌트 및 결과]

```
#include <stdio.h>
```

```
void main()
{
int data[5], i, sum = 0;
printf("[ 입력값 ]₩n");
for(i = 0; i < 5; i++){
    printf("입력 data[%d] : ", i);
    scanf("%d",&data[i]);
}
printf("₩n[ 출력값 ]₩n");
for(i = 0; i < 5; i++){
     data[i] += 10;



    printf("입력된 data[%d]+10= : %d₩n", i, data[i]);
    sum += data[i];
    }
   printf("₩n전체의 합  : %d₩n",sum);
   }
```

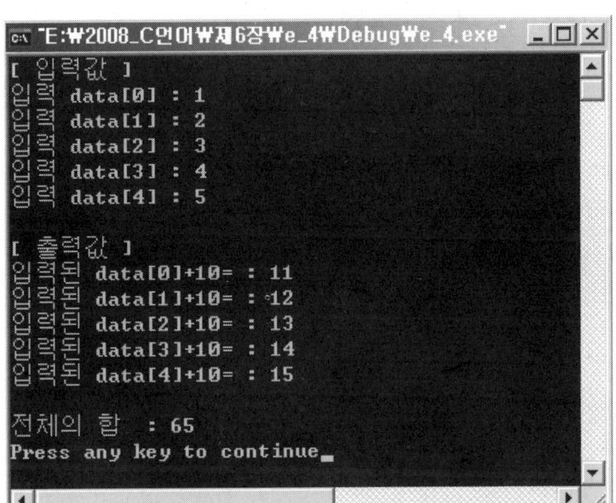

5. 배열의 내용에서 10미만의 수와 10이상의 수의 합을 각각 구해서 출력하는 프로그램을 작성하라.

▶ [힌트 및 결과]

```
#include 〈stdio.h〉
void main()
{
 int data[] = { 30, 19, 5, 6, 8, 90, 3, 8};
 int sum_1 = 0, sum_2 = 0, i;
 printf("배열안에 있는 자료 ₩n ");
 for(i = 0; i 〈 sizeof(data) / sizeof(int); i++){
     printf("₩n%3d", data[i]);

     if(data[i] 〈 10)
         sum_1 += data[i];
     else
         sum_2 += data[i];
 }
 printf("₩n배열안에 10미만인 수들의 합  = %d₩n",sum_1);
 printf("₩n배열안에 10이상인 수들의 합 = %d₩n",sum_2);
}
```

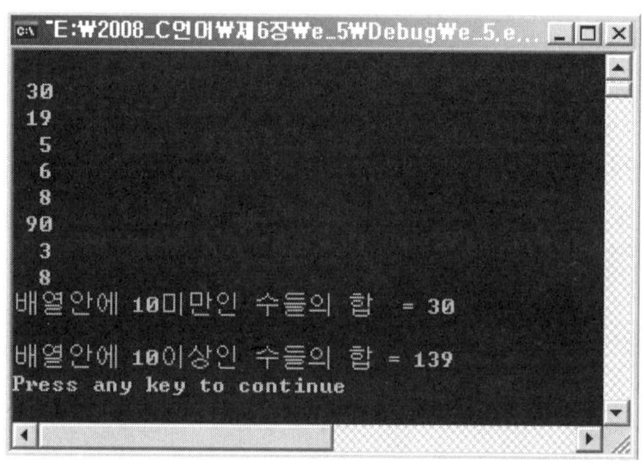

6. 입력된 배열의 내용을 확인하고 출력하는 프로그램을 작성하라.

▶ [힌트 및 결과]

```
#include 〈stdio.h〉
#include〈conio.h〉
 main(){
```

```
int i; float results[5];
       printf("5개의 실수를 입력.₩n");
for (i=0; i< 5; i++){
     printf("입력수 %d : ", i+1);/*배열이 [0]에서 시작*/
     scanf("%f", &results[i]);
    }
 printf("실수 5개가 입력확인 .₩n");
 printf("입력된 배열 요소 을 보기 위해 1~5의 수를 입력하시오.₩n");
 printf("배열요소 번호 : ");
      scanf("%d",&i);
      if(i>0 || i<6) /*요소의 범위 1~5 */
      printf("실수 번호 %d 은(는) %f ₩n", i, results[i-1]);
      /*원래배열은 0부터이므로 i에서 1을 빼어 배열과 일치*/
      /* 작업종료 하려면 [Enter} 키를 누르세요 */
                          getch();
     }
```

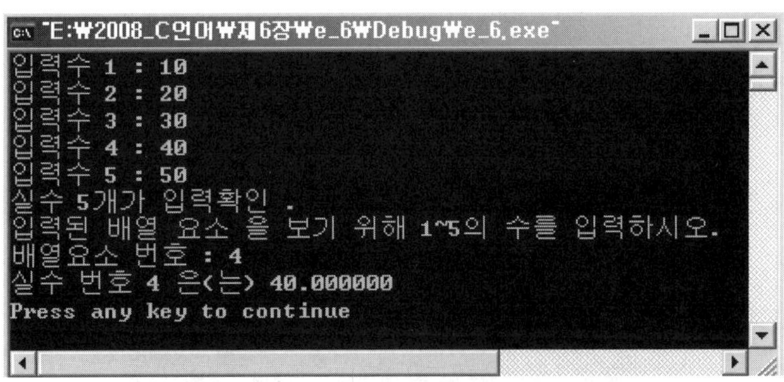

7. 다음 표와 같은 정보를 배열에 입력하여 출력하는 프로그램을 작성하라.

상품	연도	지역			
		A	B	C	D
A상품	2000	10	9	11	6
	2001	10	9	11	6
	2002	10	9	11	6
B상품	2000	20	8	7	12
	2001	20	8	7	12
	2002	20	8	7	12

[힌트 및 결과]

```
#include <stdio.h>
main(){
int a[3][4][5];
int i,j,k;
 a[1][1][1]=10,a[1][1][2]=9,a[1][1][3]=11,a[1][1][4]=6;
 a[1][2][1]=10,a[1][2][2]=9,a[1][2][3]=11,a[1][2][4]=6;
 a[1][3][1]=10,a[1][3][2]=9,a[1][3][3]=11,a[1][3][4]=6;
 a[2][1][1]=20,a[2][1][2]=8,a[2][1][3]=7,a[2][1][4]=12;
 a[2][2][1]=20,a[2][2][2]=8,a[2][2][3]=7,a[2][2][4]=12;
 a[2][3][1]=20,a[2][3][2]=8,a[2][3][3]=7,a[2][3][4]=12;
  for(i=1;i<=2;++i){
    for(j=1;j<=3;++j){
    for(k=1;k<=4;++k){
    printf("%d ",a[i][j][k]);}
            printf("₩n");
    }
     }
  }
```

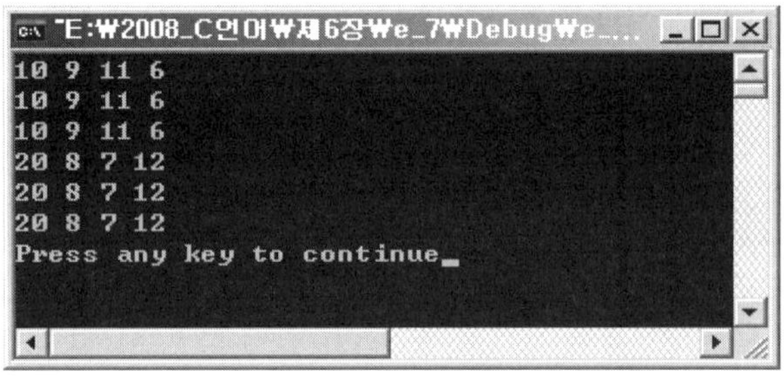

8. 10개의 숫자를 입력하여 정렬하는 프로그램을 작성하시오.(배열을 이용한 선택(selection) 정렬))

[힌트 및 결과]

```
#include <stdio.h>
main(){
        int i,j,temp,k[10];
```

```
        printf("정수를 10개 입력.₩n");
    for(i=0;i<10;i++){
        printf("정수 %d : ",i+1);
        scanf("%d",&k[i]);
      }
    printf("₩n입력 자료  : ₩n");
    for(i=0;i<10;i++)
        printf("%d     ",k[i]);
    for(i=0;i<9;i++)                    /* 정렬할 첫번째 수*/
          for(j=i+1;j<10;j++)       /*정렬할 두번째 수*/
                if(k[i]>k[j]){
                      temp=k[i];
                      k[i]=k[j];
                      k[j]=temp;
                 }
    printf("₩n소트된(sorted) 자료 ₩n");
    for(i=0;i<10;i++)
        printf("%d₩n",k[i]);

}
```

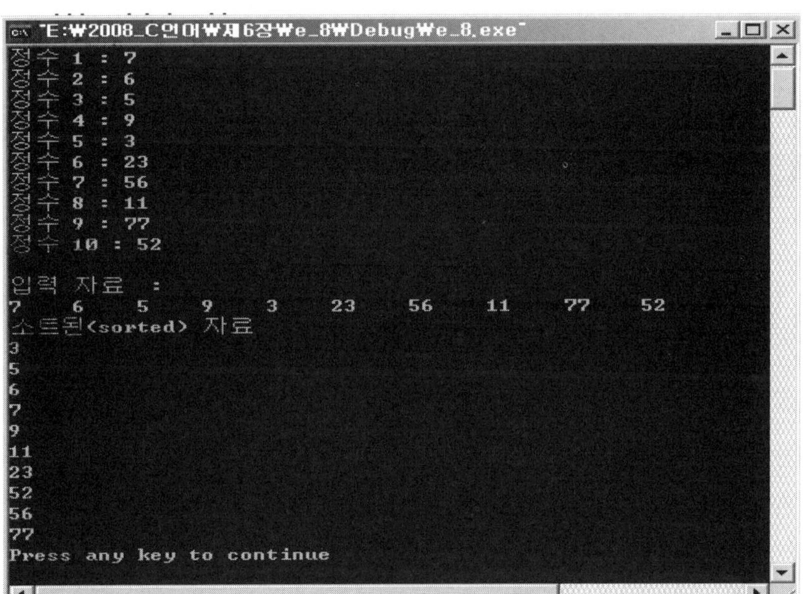

9. 10개의 숫자를 입력하여 정렬하는 프로그램을 작성하시오.(배열을 이용한 버블(bubble) 정렬)

[힌트 및 결과]

```
#include <stdio.h>
main(){
    int i,j,temp,k[10];
        printf("정수를 10개 입력.₩n");
    for(i=0;i<10;i++){
        printf("정수 %d : ",i+1);
        scanf("%d",&k[i]);
      }
    printf("₩n입력 자료  : ₩n");
    for(i=0;i<10;i++)
        printf("%d      ",k[i]);
    for(i=0;i<9;i++)                    /* 정렬할 첫번째 수*/
            for(j=0;j<9-i;j++)          /*정렬할 두번째 수*/
                    if(k[j]>k[j+1]){
                        temp=k[j+1];
                        k[j+1]=k[j];
                        k[j]=temp;
                     }

    printf("₩n소트된(sorted) 자료 ₩n");
    for(i=0;i<10;i++)
        printf("%d₩n",k[i]);

  }
```

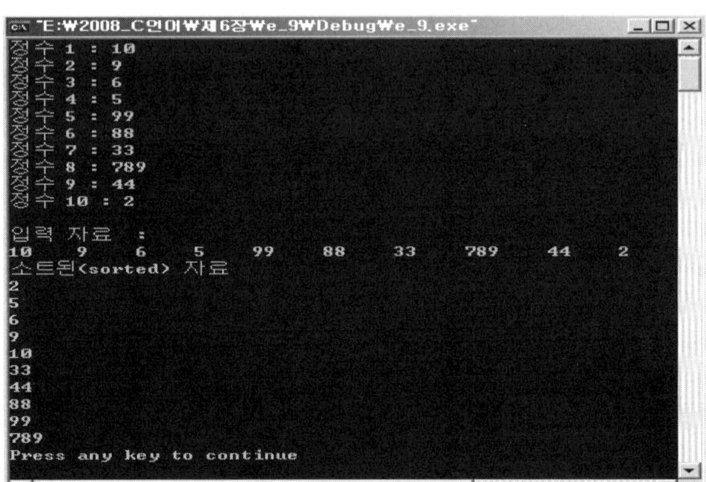

10. 문자열 "thericharenotalwayshappy"(25문자)에서 같은 종류의 문자가 몇가지 있는지 찾아 내는 프로그램을 작성하시오.(버블 소트(sort) 이용)

[힌트 및 결과]

```
#include <stdio.h>
 main(){
        int i,j,count;
        char munza[]="thericharenotalwayshappy", imsi;
        int n=25;
        for(i=0;i<n ;i++)/*버블 소트의 시작*/
           for(j=i+1;j<=n;j++)
                if(munza[i]>munza[j]){
                      imsi=munza[i];
                      munza[i]=munza[j];
                      munza[j]= imsi;
                }          /*버블 소트의 끝*/
      for(i=0;i<=n;i++)
          printf("%c",munza[i]); /*소트한 결과*/
      count=0;
        for(i=0;i<=n;i++)
           if(munza[i]!=munza[i+1])
                count++;
                          printf("\n\n문자의 종류는 %d 가지이다\n", count);
                          printf("\n");
      }
```

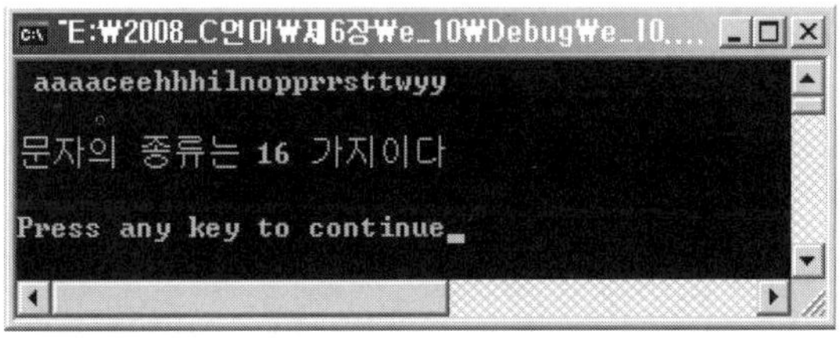

포인터

Chapter 07

제7장에서는 C언어를 이해하는데 필요한 포인터에 대하여 간단히 살펴 본다.

1. 문자열과 포인터
2. 배열과 포인터
3. 포인터와 함수
4. 그 밖의 포인터

변수들은 메모리 상에 변수 타입의 크기만큼의 공간을 차지하고 그 안에 값을 저장하게 된다. 포인터(pointer)란 그 메모리 공간의 주소(adress)를 가리킨다. 다른 말로는 포인터은 번지에 대한 기호화된 표현인 것이다. 또한 이러한 번지라는 것은 메모리상의 일정 위치를 숫자(일반적으로 16진수)로 표현한 것이다. 그리고 "포인터 변수"라는 것이 있는데, 이는 번지값(포인터값)을 저장할 수 있는 변수를 가리키는 말이다. 앞으로 번지, 포인터 그리고 포인터 변수 등을 혼용해서 사용하기로 한다. 정확한 구분은 독자들에게 일임하도록 하겠다.

C에서 포인터의 이해는 "포인터를 모르면 C를 모른다."라는 말이 있을 정도로 포인터는 중요한 개념이다. 포인터의 응용폭은 매우 넓다. 문자열, 배열, 변수, 함수 그리고 앞으로 설명하게될 구조체나 공용체와 연계되어 생각해야 할 것이다.

포인터의 선언은 변수를 선언하는 것과 비슷하나 변수명 앞에 '*'(asterisk)를 첨가하여야 한다. 어떤 변수의 주소를 알고 싶을 때는 번지 연산자 '&'를 변수명 앞에 붙이고, 포인터 변수의 주소를 사용해서 지정 위치의 값을 알고 싶으면 포인터 앞에 '*'를 붙여 준다. 여기서 번지 연산자인(Adress operator) '&'에 좀더 자세한 설명을 해보자.

'&'이 뜻하는 바는 어떤 변수가 저장되어 있는 곳의 선두 번지값이다. 포인터는 번지값이라고 했다. 따라서 번지 연산자의 결과는 번지값이고 곧 포인터를 가리킨다. 따라서 변수 앞에 번지 연산자가 있는 변수는 적절한 포인터 변수에 대입할 수 있다는 것이다.

포인터를 선언하는 형식은 다음과 같다.

자료형 *포인터명,*포인터명, …; 『예』 int *pt, *adress;

포인터에 대한 이해를 돕기 위해 간단한 예제를 살펴보자. [P/G 7.1]은 포인터를 선언하고 임의의 변수의 주소를 그 포인터 안에 넣고 다시 주소를 참조하여 포인터가 지시하는 변수의 값을 출력하는 예제이다.

P/G 7.1 포인터의 선언과 연산자

```
    #include<stdio.h>
    #include<conio.h>
     void main(void)
     {
/*(1) */     int *ptr;  /* 포인터의 선언 */
/*(2) */    int a=10, b;
/*(3) */    ptr=&a;  /* 변수의 주소를 포인터에 대입 */
/*(4) */       b=*ptr;  /* 포인터 지정 변수값을 다른 변수에 대입 */
/*(5) */      printf("\na=%d, b=%d, *ptr=%d\n",a,b,*ptr);
/*(6) */      printf("Adress of a=%x\n",&a);
/*(7) */      printf("Adress of b=%x\n",&b);
/*(8) */      printf("Adress of *ptr=%x\n",ptr);
/*(9) */      a=100;
/*(10)*/    printf("a=%d, *ptr=%d",a,*ptr);
/*(11)*/    getch();
/*(12)*/}
```

위의 프로그램에 대한 결과는 다음과 같다.

[P/G 7.1] 실행 결과

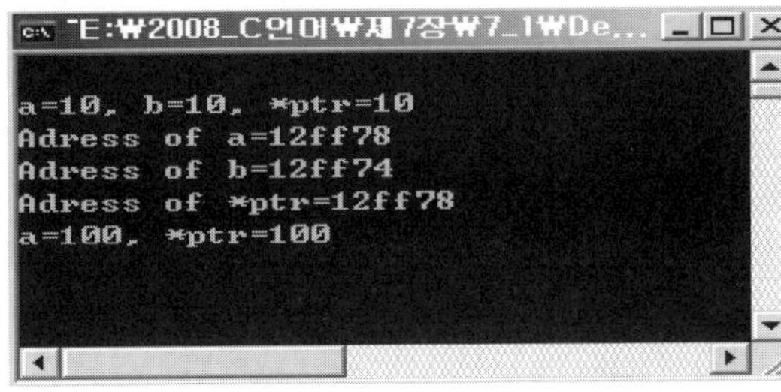

| 해석 |

위의 내용을 충실히 이해했다면 위의 결과는 당연하리라 생각된다. 여기서 프로그램을 설명하도록 하자.

(1)은 포인터를 선언하고 있다. 여기서 *ptr은 int형 변수이다. 또한 이 변수의 선두 번지는 ptr이 되는 셈이다. 여기서 일반 변수와는 다른 사항이 나타난다.

(2)는 int형 변수를 선언하고 있고, (3)은 변수 a의 주소를 *ptr의 주소에 대입하고 있다. 따라서 이제부터 *ptr의 주소인 ptr과 a의 주소인 &a는 서로 동일한 주소값을 공유하는 것이다(이 말을 반드시 기억하기 바란다). 다른 말로는 *ptr과 a는 이름만 다를 뿐 서로 동일한 변수이다. 마치 한 사람이 두 가지의 이름을 쓰는 것과 동일한 것이다.

(4)는 b에 주소 ptr의 내용을 복사하라는 명령이다. 따라서 엄연히 변수b와 *prt은 서로 다른 변수이다. 다만 10이라는 동일한 값만을 가지고 있을 따름이다.(우리 사람들도 동일한 옷을 입을 수 있지만, 똑같은 옷을 입었다고 해서 동일한 사람이라고는 할 수 없다.)

(5)은 각 변수의 내용을 출력하라는 명령어. 그런데 모든 변수가 동일한 값을 가지고 있다. 처음부터 자세히 살펴보자. 우선 a에 10을 대입한다. 그리고 *ptr의 주소인 ptr은 변수 a가 가지고 있는 주소를 대입함으로써 실제로 *ptr과 a는 서로 동일한 변수가 된 것이다. 따라서 ptr이 가리키는 주소의 값은 10이다. 이런 후에 b에 주소 ptr의 값을 대입하였다. 따라서 b의 값도 10인 것이다.

(6),(7),(8) 각각은 각 변수의 주소값을 16진수로 출력하라는 명령이다. (9)를 살펴보자. 반복되는 말이겠지만 ptr은 *ptr의 주소를 나타낸다. 따라서 주소값을 표시할 때에는 일반 변수처럼 주소 연산자를 필요로 하지 않는다.

(9)은 a에 또 다른 값인 100을 대입하는 식이다. 우리는 분명히 a의 값만을 변형 시켰다. 그런데 어찌 된 일인가? *ptr의 내용도 동일하게 변하지 않았는가? 여기서 우리는 진정, 변수 a와 *ptr은 서로 동일한 변수라는 것을 확인할 수 있다.

지금까지 포인터를 설명하기 위해 많은 노력을 했다. 위의 예제를 확실히 이해한다면 분명 포인터의 개념을 놓치지 않았을 것이다. 부디 잘 모르시는 분은 다시한번 이해하시길 바란다. 포인터의 개념은 정말 중요한 것이다.

이제 포인터와 문자열의 관계를 알아보자. 이미 포인터는 문자열이나 배열 그리고 함수 등과 연관되어 사용된다고 기술하였다.

1. 문자열과 포인터

문자열(String)이란 연속되는 "char" 문자 변수들의 집합이라고 볼 수 있다. 즉, 2개 이상의 문자 집합체이며 "char" 타입의 배열로 일정한 공간을 할당한 뒤 다음과 같이 대입하여 사용할 수 있다. 간단한 예제로 포인터와 문자열의 관계를 설명하도록 하자.

P/G 7.2 문자열과 포인터

```
#include <string.h> /* strcpy() */
#include<stdio.h>
 void main(void)
{
  char ename[10];                /* 배열의 선언 */
  char *name="kim DJ";       /* 배열에 문자열을 할당 */
  char *temp;
  strcpy(ename,name);            /* 문자열을 Copy */
  temp=&ename[0];
  printf("\n--->%s : %s : %s\n",name, ename,temp);
}
```

위에서 보듯이 문자열은 이중 따옴표(")를 사용한다(주지하듯이 문자는 단일 따옴표(')를 사용한다.). C에서는 "문자열형"이란 데이터 형식은 존재하지 않는다. 따라서 문자열을 복사할 때는 strcpy()와 같은 문자열 처리 함수를 사용해야 한다. 그러면 문자열이 배열에 저장되는 방법을 자세히 알아보자. 먼저 살펴야 할 것은 위의 name 배열에 관한 사항이다.

```
char *name = "kim DJ";
```

위의 대입식은 다음과 같이 문자열을 저장할 것이다.

name[0]	name[1]	name[2]	name[3]	name[4]	name[5]	name[6]
'k'	'i'	'm'	' '	'D'	'J'	\0

그림 7.1 배열에 저장된 문자열형의 구조

앞에서, C에는 "문자열형"이란 데이터 형식은 존재하지 않는다고 했다. 그런 이유로 이러한 문자열형은 배열 또는 포인터를 이용하여 저장한다. 그럼 위의 대입식이 의미하는 것은 무엇인 인가? 단순히 문자열을 대입하는 것일까?

대입식 name="kim DJ"은 "kim DJ"이라는 문자열 상수가 저장된 곳의 선두번지를 포인터 변수 name에 대입하라는 말이다. 이러한 과정이 진행되면 name은 "kim DJ"의 선두 번지값을 갖게 된다. 다시 말해서 그 문자열의 처음 문자인 "k"가 저장되어 있는 곳의 번지값이 name에 저장되는 것이다. 이와 같은 내용을 위의 프로그램에서 알 수 있다. 실제로 temp에 name[0]의 주소를 복사한 후의 temp의 내용도 동일한 결과를 나타내고 있다.

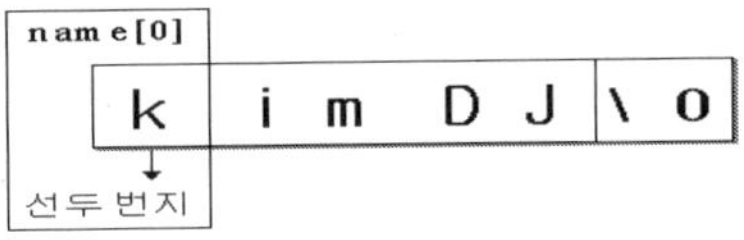

그림 7.2 대입식에 의한 문자열형 자료와 배열

여기서 마지막 부분에 Null 문자(아스키 코드=0, \0으로 표시함)가 있음을 주목해야 한다. 이 Null 문자는 문자열의 끝을 나타내는 것으로서 문자열 처리 함수들은 이 Null 문자로서 문자열의 길이를 체크할 수 있게 된다. 대부분의 문자열 처리 함수들(strcpy(), strcmp () 등)은 문자열에 대한 포인터를 인수로 사용한다.

위 프로그램의 결과는 다음과 같다.

[P/G 7.2] 실행 결과

위의 strcpy(ename,name)에 ename,name은 배열의 명칭인데 이 배열명은 그 자체로 포인터이며 배열의 첫 요소의 주소값을 갖는다. 즉, name은 name[0]의 주소값을 갖는 것이다. 따라서 strcpy의 두 인수들은 모두 문자열 포인터라 볼 수 있다. 한가지 예제를 더 들어보자. 다음 예제는 문자와 문자열을 비교하기 위한 것이다.

P/G 7.3 문자와 문자열 비교

```
# include <string.h>
# include <stdio.h>
main()
{
    char ch[5]={'a','b','c','d','e'};
    char ch2[6]="abcde";
    int k;
    for(k=0; k<5; k++)
        printf("%c",ch[k]);
        printf("\n-->%s\n",ch2);
}
```

문자를 처리할 때는 그 단위가 기본적으로 1바이트, 즉 문자 1개이며 문자열은 문자 집합체, 즉 Null 문자를 만날 때까지이다. 배열의 개수를 보더라도 문자열 'ch2'는 6개를 적었는데 이는 Null 문자를 넣을 공간이 필요하기 때문이다. 만약 문자로 처리되는 "ch"배열을 "printf("%s", ch);"와 같이 문자열처럼 취급한다면 메모리 상에 배열 이후에 연속되어지는 저장 장소들 중에 Null 문자를 만날 때까지 계속 출력하게 된다. 최악의 경우 시스템이 폭주할 수도 있는 것이다.

[P/G 7.3] 의 결과는 다음과 같다.

[P/G 7.3] 실행 결과

지금까지 포인터와 문자열에 대한 사항들을 알아보았다. 다소 어려움이 있더라도 잘 이해하기 바란다.

2. 배열과 포인터

앞 절을 충분히 이해한 독자라면 이미 배열과 연관된 포인터의 성질을 파악했을 것이다. 여기서는 또 다른 포인터 연산에 대해 알아보자.

배열은 주소값을 가지고 있으므로 산술 연산자를 사용해 주소값을 변경할 수 있다. 예를 들어보자. 만일 프로그램 중에서 다음과 같이 선언했다고 하자.

```
int array[6], *ptr ;
array[6]="point";
ptr=array;
ptr++;
```

이와 같이 ptr이 int형 포인터이고 array의 주소를 가지고 있다면 “ptr+i”라는 연산이 가능하다. 그 뜻은 ptr이 가리키는 배열요소 바로 다음의 내용이 들어있는 주소를 가리킨다. 만일 i가 "1"이라면 “o”가 들어있는 주소를 가리킨다.

일반적으로 포인터에 정수값을 더하는 것은 다음과 같은 의미를 가지고 있다. 여기서 i는 포인터에 더해지는 정수값이다. 또한 sizeof()함수는 해당 변수의 메모리 크기를 구하는 함수이다.

```
ptr + ( i * sizeof(*ptr) )
```

*ptr은 int형이므로 sizeof(*ptr)은 '2', 즉 2바이트를 구하게 된다. 결국 "ptr + i"는 ptr이 가리키는 배열요소를 기준으로 i번째 떨어진 배열의 요소를 지시하게 되는 것이다.

아래의 그림은 *ptr과 array[6]이 각각 int형인 경우와 long형인 형태로 구분해 보았다. 물론 *ptr과 array[6]이 double형인 경우는 8바이트씩 증가할 것이다. 위에서와 같이 *ptr과 array[6]이 int형인 경우 "ptr-i"는 상대적으로 ptr에서 i번째 앞에 위치하는 배열요소를 가리키게 된다.

다음의 그림에서 좀더 쉽게 이해하기 바란다.

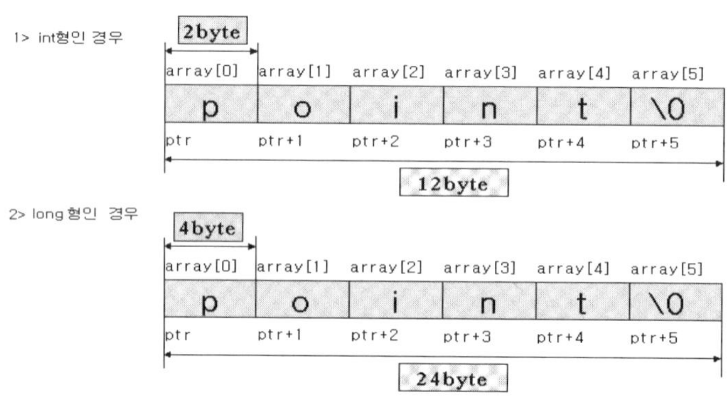

그림 7.3 "ptr + i" 의 의미

위의 그림은 포인터의 개념을 정확하게 파악하는데 매우 중요한 사항들이다. 다시 한번 강조하지만 명확하게 이해하기 바란다.

다음의 형태를 알아보자.

```
int array[6], *ptr;
ptr=array
```

위의 내용은 너무 자명한 일이다. 포인터 변수 *ptr은 그 주소값으로 array[6]이 가지는 주소를 가리킨다. 그럼 *(ptr + i)이 의미하는 것은 무엇인가? 그것은 ptr번지 이후 i번째 떨어진 곳의 배열요소의 내용을 의미한다. 앞에서 *ptr은 주소 ptr이 가지는 내용을 의미한다고 이미 언급하였다. 따라서 array[i]와 *(ptr+i)는 완전히 동일한 의미를 지니고 있다.

위의 선언 내용을 중심으로 지금까지의 의미들을 정리하여 보자.

► array+i, ptr+i, &array[i], &ptr[i]는 서로 동일한 주소를 가리키며 또한 완전히 동등한 수식이다.

► *(array+i), *(ptr+i), array[i], ptr[i]는 서로 동일한 배열요소를 가리키며 서로 동등한 수식이다.

여기서 다음의 수식을 비교해 보자. 아래의 두 수식은 연산순위에 의해 서로 다른 수식이 된다.

```
*ptr+1;
*(prt+1);
```

위의 두 수식이 다른 이유를 이제는 알 것이라 생각한다.

다음의 예제를 통해서 지금까지의 설명을 확인하기 바란다.

P/G 7.4 배열과 포인터와의 관계

```
#include<stdio.h>
#include<conio.h>
void main(void)
{
  int array[5]={10,20,30,40,50};
  int i,*ptr;   ptr=array;
    printf("\n***** Adress of array and pointer*****\n");
  printf("\n  ptr=%p, array=%p\n",ptr,array);
  ptr=&array[0];   printf("  ptr=%p, &array[0]=%p",ptr,&array[0]);
  printf("\n\n*****Table of adress*****\n\n");
  printf("array+i  ptr+i  &array[i]    &ptr[i]\n");
  for(i=0;i<5;i++)
                printf("\n%5p %8p %8p %8p",array+i,ptr+i,&array[i],&ptr[i]);
  printf("\n\n*****Table of value of array and pointer*****\n");
  printf("\n*(array+i) *(ptr+i) array[i] ptr[i]\n");
  for(i=1;i<5;i++)
                printf("\n%5d %9d %9d %9d\n",*(array+i),*(ptr+i),array[i],ptr[i]);
 }
```

[P/G 7.4]】의 프로그램은 충분히 이해했을 것이리라 믿는다. 단 출력형식을 지정할 때 "%p"라고 지정한 것은 포인터의 주소값을 출력할 때 사용한다.
[P/G 7.4]의 결과는 아래와 같다.

[P/G 7.4] 실행 결과

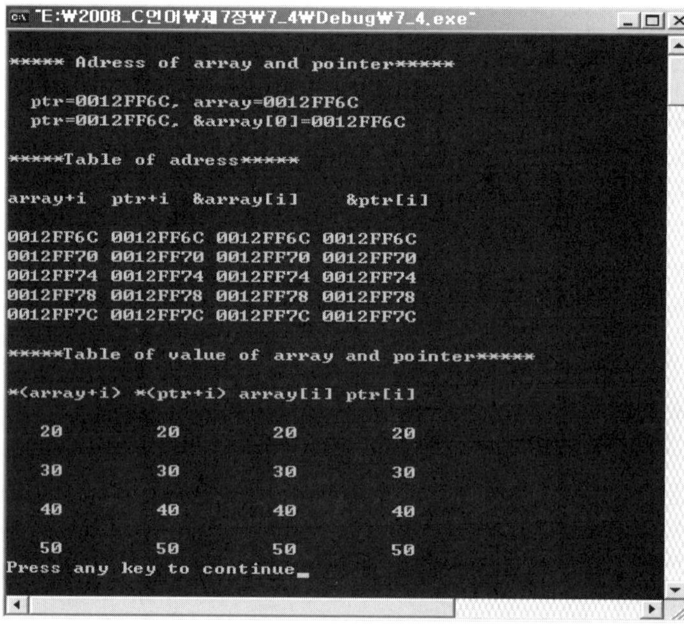

[P/G 7.4] 에서와 같이 앞 절에서 정리한 모든 것을 확인할 수 있다. 참고로 위에 나타난 번지값은 상황에 따라 달라진다. 즉, 내일은 다른 값을 할당할지도 모른다는 것이다. 지금 까지는 *,&,+ 등의 연산을 알아보았다.

이제 포인터의 개요에 대한 마지막으로 포인터와 증감연산자의 쓰임을 살펴보도록 하자. 예로 대표적인 형식으로 *ptr++,(*ptr)++,*++ptr,++*ptr 등을 살펴보기로 한다.

❶ *ptr++는 연산순위에 따라서 *(ptr++)와 동일하다. 결론적으로 *ptr의 값을 구하기 위하여 사용된다.

❷ (*ptr)++는 먼저 *ptr의 값을 구한 후 *ptr값을 1만큼 증가시킨다. 따라서 주소는 증가되지 않는다.

❸ *++ptr는 연산 순위에 의해 *(++ptr)와 동일하다. 즉, ptr의 값을 증가시킨 후 증가시킨 ptr의 값을 구한다.

❹ ++*ptr는 연산 순위에 의해 ++(*ptr)와 동일한 수식이자. *ptr의 값을 1씩 증가시킨다. 그래서 주소값은 증가되지 않는다.

포인터를 자유로이 이용하기 위해서는 위의 네 가지 형태를 확실히 알아야 한다. 이러한 형태 중에 가장 많이 사용되는 형태는 *ptr++이다. 부가적으로, 포인터에 포인터를 더할 수는 없다. 아래의 연산을 생각해 보자.

```
int *px, *py;
int *pxy;
pxy=px+py;
```

만일 위와 같은 연산을 시행하려 했다면 컴파일 에러가 발생한다. 그것은 포인터에 포인터를 더할 수 없기 때문이다. 이러한 것은 구간의 개념으로 생각하면 편할 것 같다. "1구간+1구간=2구간"과 같은 수식은 의미가 없지 않은가? 또한 "물방울 하나 + 물방울 하나 = 물방울 둘"이란 말은 정말 어불성설(語不成說)이지 않은가?

그러나 포인터에서 포인터를 뺄 수는 있다. 단 계산하고자 하는 포인터들이 동일한 자료형이어야 한다. 이는 포인터의 상대번지 개념에 기인한다. 좀더 자세한 사항은 매뉴얼을 참조하기 바란다.

포인터와 더불어 사용할 수 없는 연산자를 소개하고자 한다. 다음의 연산자를 직접 연산자에 사용한다면 컴파일 에러가 발생할 것이다.

```
단항 연산자 : - , ~
이항 연산자 : *, /, %, <<, >>, &, ^, |
전처리기 연산 : # ## define
```

반면 다음의 연산자는 포인터와 더불어 사용할 수 있다.

```
==  !=  <  <=  >  >=
```

3. 포인터와 함수

C에서 가장 중요한 것 두 가지를 꼽는다면 바로 이 함수와 포인터라고 했을 것이다. 이제 그 멀고도 험한 고지를 점령할 때가 되었다. 여기서 포인터와 관련된 함수의 성질에 대해 간략히 정리해보자.

❶ 함수는 또 다른 함수로부터 임의의 값을 전달할 수도, 전달받을 수도 있다. 이때의 모든 경우에 값의 교환이 이루어지지 않을 수도 있는데, 이런 경우 void라고 선언한다.

❷ 함수가 다른 함수에 값을 전달하는 경우 return()문에 의해 이루어지며, 단 하나의 값만을 전달할 수 있다.

❸ 함수에서 값의 교환이 이루어 질 때는 매개 변수에 의해서 이루어지는데, 전달하는 매개 변수를 실인수, 전달받는 매개 변수를 가인수라 한다. 특히 가인수는 함수 내에서 가인수 자체를 변형한 값을 가질 수 없다.

이러한 성질 중 단점은 함수는 단 하나의 값만을 전달할 수 있다는 것이다. 여러 개의 값을 전달할 때는 어떻게 할 것인가? 예로 성적처리 프로그램을 만들 때, 여러 학생의 성적을 함수로 전달할 경우는 어떻게 해야 할 것인가? 만일 특별한 방법이 없다면 많은 학생들의 성적을 일일이 실인수와 가인수로써 전달해야 할 것이다. 그러나 이런 경우는 포인터를 이용한다.

눈치가 빠른 독자들은 알았겠지만, 함수에 값을 전달할 때 포인터를 전달하면 된다. 그러면 손쉽게 대용량의 데이터를 전달할 수 있다. 바로 여기에서 C언어의 장점이 있는 것이다. 즉 C의 함수에 있어서 "call by value"라는 말을 실감할 수 있다. 이 말을 번역하자면 "값에 의한 호출"이라는 말로 대신할 수 있다. 이 뜻은 함수를 호출하여도 결국은 어떤 "값"으로써 다루어진다는 것이다. 함수는 값을 리턴할 수 있다는 말을 기억하면 이해하기 쉬울 것이다.

3.1 매개 변수가 일차원 배열인 함수

배열은 비교적 큰 용량의 데이터를 다룰 수 있었다. 또한 배열과 포인터에 대한 기초적인 사항도 이미 언급하였다. 또한 실제로 성적 처리 프로그램의 경우에서와 같이 포인터를 함수에 전달해야 하는 경우는 빈번히 발생된다.

이제부터 함수가 배열을 전달받는 경우를 생각해 보기로 하자. 그런데 실제 C는 배열 전체를 통제로 주고받을 수 없기 때문에 포인터를 통해 배열을 간접적으로 조작하게 된다.

물론 전역변수를 사용한다면 어떤 함수에서나 자유로이 배열을 직접 조작할 수 있다. 이런 경우 대용량의 프로그램에 있어서 버그가 발생할 가능성이 높기 때문에 권장할 것이 못된다. 그러나 전역 변수를 사용하지 않는다면 배열을 어느 곳에서나 직접 조작할 방법은 사실상 없다고 보아야 한다. 결국 포인터를 통하는 방법만이 유일한 길이다.

함수가 어떤 값을 전달받을 때, 그 값이 배열의 선두 번지값이라면 우리는 충분히 배열을 조작할 수 있다. 실제로 배열이 함수와 함수 사이에서 전달될 때 배열의 선두 번지값만 전달하면 된다.

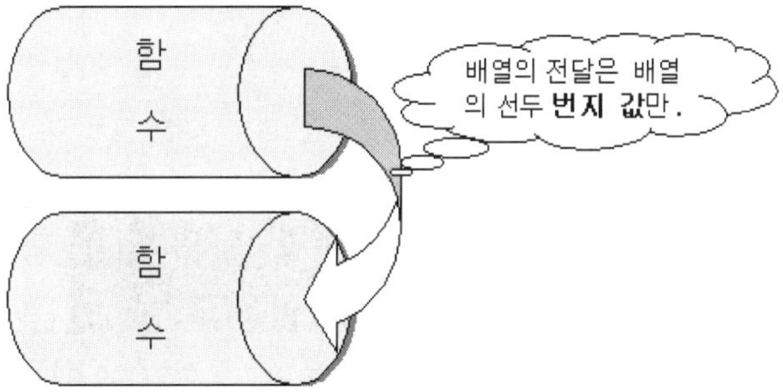

그림 7.4 함수에서의 배열의 전달

다음의 예제를 통해서 살펴보도록 하자. 이 프로그램은 간단히 함수를 이용한 합을 구하는 프로그램이다. 여기서 눈여겨볼 것은 배열의 크기를 알아내는 방법이다. C에서는 가인수가 배열이나 포인터인 경우, 시작 주소는 알 수 있어도 마지막 주소는 모른다는 것이다. 이것은 가인수이기 때문이다. 실제 배열상수(실인수)는 시작 주소와 마지막 주소를 알 수 있지만, 가인수에서는 전혀 알 수 있는 방법이 없다. 이러한 점은 C에서 배열 크기가 유동적인 프로그램을 작성하도록 하는 매우 편리한 형태가 된다.

P/G 7.5 일차원 배열과 함수

```
#include<stdio.h>
#include<conio.h>
long fsum(int data[],int n)
{
   int i,m;
   long sum=0;
   for(i=0;i<n;i++)  sum += data[i];
   m=sizeof(data)/sizeof(int);
   printf("m=%d\n",m);
   return(sum);
}
void main(void)
{
  int array[]={28,20,47,42,50,59,96,86,13,59};
  int n;
  n=sizeof(array)/sizeof(int);
  printf("sum=%ld\n",fsum(array,n));
}
```

[P/G 7.5] 실행 결과

| 해석 |

위 프로그램의 결과값은 "500"이 된다. 또한 m의 값은 "1"이 된다. 이처럼 C는, 가인수가 배열인 경우 그 끝을 알지 못한다. 또한 "1"이 나온 이유는, data라는 주소와 &data[0]은 서로 동등한 수식이라고 이미 언급한 적이 있다. 선두 번지의 크기가 정수형인 2바이트의 크기를 갖게 되고, 다시 2로 나누었으니 당연히 "1"이 나온다. 그러나 이러한 배열의 크기를 알아내는 방법으로는 두 가지가 있다.

첫째, 실인수의 시작과 끝을 조사하여 함수에 포인터와 더불어 같이 전달하는 방법이다. 이것은 위의 예제에 잘 나타나 있다. 또한 이러한 방법을 가장 널리 이용하고 있다. 다시 말해서 크기가 유동적인 배열을 다루는 가장 일반적인 방법인 것이다.

둘째, 프로그래머가 배열의 마지막에 특정한 값을 입력하여 그 끝을 표기하는 방법이다. 예로 문자열의 경우 문자열의 마지막에는 "\0"이 입력된다고 설명하였다.

다음으로 살펴볼 것은, 가인수의 선언에 있어서 다음의 두 가지 방법은 서로 동일한 방법이다.

```
int *data;
int data[]
```

위 두 선언은 모두 int형 배열을 가리키는 포인터 변수로서 가인수 data를 선언한 것이다. 이런 형태는 물론 실인수와는 매우 다른 점이 있다. 이미 위의 프로그램에서 확인하였다. m값이 그것이며, 이미 언급한바와 같이 가인수의 값은 그 값이 수정된 형태로 재 입력될 수 없다.

프로그램에서 확인하였듯이 함수에 배열을 전달할 때에는 배열 이름만 전달하면 된다. 엄밀하게 전달하고자 하는 배열의 선두 번지값을 전달하면 된다. 따라서 위 프로그램에 사용된 형태와 아래의 형태는 서로 동일한 표현이다.

```
printf("sum=%ld",fsum(&array[0],n));
```

3.2 다차원 배열과 포인터

이미 앞에서 다차원 배열에 대한 기본적인 언급이 있었다. 여기서는 이러한 다차원 배열과 포인터에 대한 설명을 하기로 하자. C에서 다차원 배열은 문법상 "배열의 배열"이라 한다. 그것은 C에서는 우선 일차원 배열만을 지원한다. 본래 의미의 다차원 배열은 존재하지 않는 것이다. 그리고 이러한 배열 요소의 데이터형에는 제한이 없다. 이 말은 다시 배열 속에 다시 배열이 존재할 수도 있다는 말도 풀이할 수도 있다. 즉, 배열 속에 다시 배열요소가 있는 것이라 할 수 있다.

우선 다차원 배열 포인터의 선언형태를 예를 들어보자.

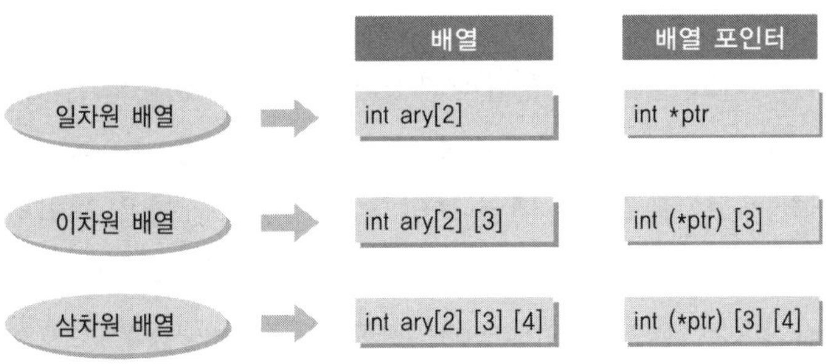

그림 7.5 다차원 배열 포인터의 선언 예

위에서와 같이 배열 포인터의 선언 형태는 다차원 배열의 형태와 유사하다고 할 수 있다. C에서 배열 요소로써의 배열을 부분배열(Subarray)이라고 한다. 예로 이차원 배열을 들어보자. 배열 요소 또는 부분배열이란 말의 의미를 파악할 수 있을 것이다.

[그림 7.6] 은 a[2][3]의 2차원 배열을 설명한 것이다. 이것은 배열 a[0]와 a[1]에 각각 3개의 배열을 갖는 배열로 생각할 수 있다. 그림을 통해 확인하기 바란다.

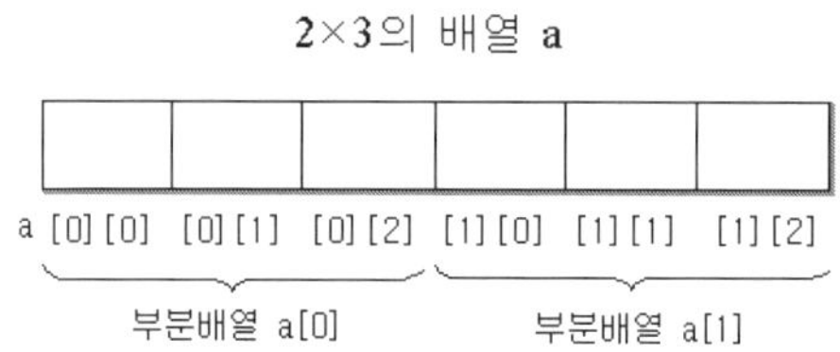

그림 7.6 부분 배열

여기서 한가지 언급할 것은 "배열 포인터"라는 말은 "배열을 가리키는 포인터"라는 말이다. 동일하게 "다차원 배열 포인터"라는 말은 "다차원 배열을 가리키는 포인터"라는 뜻이 된다.

우선 이차원 배열 포인터로부터 다차원 배열 포인터로의 확장을 생각해 보자. 이차원 배열 포인터는 위에서 알 수 있었지만, 다시 한번 그 형식을 살펴보자.

```
『형식』 배열 요소형 (*포인터명) [열의 개수]
『선언 예』 int *ptr[3];
           int x[2][3];
           ptr =x;
```

주의할 것은 배열형은 기억부류 지정자를 포함할 수 있으며, 열의 개수는 반드시 상수 수식으로 이루어져야 한다. 또한 배열 포인터를 정의 할 때 열의 개수는 반드시 지정해야 한다. 그리고 괄호()를 생략하면 []와 *의 우선 순위로 인해 전혀 다른 포인터 배열을 정의하게 되므로 주의해야 한다. 여기서『선언 예』를 살펴보도록 하자.

위에서 선언한 *ptr[3]은 2차원 배열 포인터이다. 덧붙일 것은 포인터 ptr은 배열 전체를 가리키는 것은 아니다. ptr이 가리키는 것은 배열 x의 0번째 요소의 주소인 &x[0][0]을 가리킨다. 더불어 x[0][0]와 ptr[0][0]는 완전히 동등한 수식이 된다. 즉, 선두 번지값을 나타내고 있는 것이다. 이러한 사항은 이미 일차원 배열 포인터를 다룰 때 설명한 것이다. 그런데 배열 x[]에 관하여 주의할 것이 있다. 이는 x, &x[0] 그리고 &x[0][0]의 차이이다.

세 가지의 결과값은 모두 x[0][0]의 선두 번지값이다. 그러나 각각이 가리키고있는 것은 다소 차이가 있다. 우선 배열명 x는 일차원 배열에서와 같이 x[0]를 가리키는 포인터이다. 그런데 x[0]는 위에서 설명하였듯이 배열 x[2][3]에 대한 부분배열이다. 따라서 x[0]의 메모리 크기를 확인하면 6byte가 된다. 하지만 &x[0][0]는 정확하게 선두 번지를 가리키고 있기 때문에 x[0][0]의 크기인 2byte를 가리킨다. 이러한 관계를 그림으로 표현해 보자.

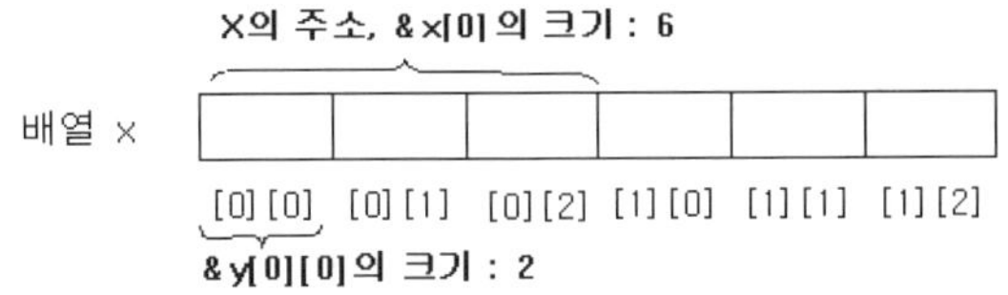

그림 7.7 x, &x[0] 그리고 &x[0][0]의 차이

이러한 차이 때문에 배열 포인터를 초기화 할 때 x, &x[0] 그리고 &x[0][0]중 어떤 것으로 초기화 할 것인지에 대해 생각할 필요가 있다. 그다지 어려운 내용은 아니지만 포인터를 학습한다는 생각에서 그냥 지나칠 일이 아닌 것 같다. 결론적으로 이러한 모든 표현은 번지값은 같으나 할당 메모리의 크기는 다른 것이다.

4. 그 밖의 포인터

지금까지 포인터에 대해 설명하였으나, 이것은 너무 빈약한 설명임을 독자들에게 미안하게 생각한다. 지금까지 설명한 포인터는 빈번히 사용되며, 초보적인 개념만을 소개하였다. 그러나 실제로 포인터는 너무나도 다양하고 , 매우 어려운(물론 초보자에게 어렵다.) 개념을 가진 것들도 많이 있다.

미처 소개하지 못한 부분 몇 가지만을 언급하면 "포인터의 포인터(pointer to pointer)", "포인터 배열" 그리고 이와 같은 개념에서의 "가인수가 포인터 배열인 함수" 또한 "void형 포인터와 null 포인트" 그리고 "함수 포인터" 등등이다. 이와 같은 자세한 사항은 매뉴얼이나 기타의 참고서적을 참조하기 바란다.

여기서는 "void형 포인터와 null 포인트" 그리고 "함수 포인터" 등에 대해 개략적인 수준에서 설명하기로 하자.

4.1 void형 포인터

void형 포인터를 설명하기 전에 먼저 포인터를 선언하는 형식부터 다시 한번 생각해보자.

자료형 *포인터명,*포인터명, …;
『예』 int *pt, *adress;

위에서 포인터 선언 예를 살펴보면, 포인터 pt는 그 데이터가 int형이라는 말이다. 다시 말해서 int형을 다루는 포인터라는 말이다. 그렇다면 이와 유사하게, "void형 포인터"란 void형 자료를 다루는 포인터라는 말이 된다. 실제로 함수에서 우리는 함수가 아무런 값도 리턴하지 않는 경우를 void형 함수라고 하였다. 그렇다고 해서 "void형 포인터"가 아무런 자료도 다루지 않는 포인터라고 해석하면 안된다. 그것은, void란 뜻이 "아무것도 없다." 또는 "아무런 자료형도 아니다."라는 식의 "없음"을 나타내는 말이 아니기 때문이다. void라는 말의 참뜻은 "정해져 있지 않음"을 가리킨다. 따라서 "void형 포인터"란 임의의 자료형을 다루는 포인터란 뜻이다. 유사하게 void형 함수란 리턴값이 임의의 값이라는 말이 된다. 임의의 값이므로 자료값이 없어도 된다. 이 말이 이해가 안된다면, 임의의 실수 R은 '0'을 포함하고 있다.

다시 본론으로 들어가자. void형 포인터가 임의의 자료를 다루는 포인터라는 말에 착안하면, 다음의 void형 포인터의 성질을 쉽게 이해할 수 있을 것이다.

표 7.1 void 형 포인터의 성질

❶ void 형 포인터 변수에는 캐스트(형변환) 연산자의 필요 없이 임의의 포인터 변수 또는 포인터 수식 등을 대입할 수 있고, 역으로 임의의 수식에 void형 포인터 변수를 대입할 수도 있다. 그러나 void형 포인터를 캐스트 연산자 없이 포인터 수식 내에서 사용하는 것은 불가하다.

❷ void 형 포인터는 자료형이 정해져 있지 않음으로 포인터 연산에 있어 증감 연산자, -, + 등의 연산자를 사용할 수 없다.

❸ void 형 포인터 변수에 배열과 같은 첨자를 나타내는 []를 직접 사용할 수 없다.

이러한 말들이 이해가 되지 않는다면, 포인터의 설명을 다시 정독하기 바란다. 그것은 지금까지의 포인터에 대한 설명만으로 위의 내용은 쉽게 이해할 수 있기 때문이다. 이러한 말들을 정리하면,

> void형 포인터는 피연산자로 사용될 때, 캐스트 연산자의 도움 없이 사용할 수 있다. 그러나 포인터 연산에 대해서는 반드시 캐스트 연산자가 필요하다.

이처럼 void형 포인터 변수와 캐스트 연산자는 매우 긴밀한 관계를 가지고 있다. 이러한 void형 포인터 변수가 무엇에 쓰는 물건이고 하니(?), 그 목적은 void형 포인터를 가인수로 취하는 함수를 만들기 위함이다. 다른 말로는 범용성을 갖는 프로그램을 만들기 위함이다. 너무 어려운 말인가? 좀더 쉽게 말하자면, 만일 자료들의 산점도를 그리는 프로그램을 작성한다고 가정하자. void형 포인터 변수를 통해서 수의 범위에 관계없이 모든 자료를 취급할 수 있기 때문이다.

한가지 이러한 void형 포인터 변수를 가인수로 취하는 함수를 만들 때 주의할 것이 있다. 그것은 "void *ptr"이라는 선언은 가능한 말이지만, "void ptr[]"이란 선언은 가능하지 않다. 이유는 앞서와 같이 []의 첨자 연산이 불가능하기 때문이다. 다음의 프로그램을 통해서 void형 포인터 변수를 확실히 이해하도록 하자.

P/G 7.6 void 형 포인터 변수의 예

```
#include<stdio.h>
#include<conio.h>
void main(void)
{
/*(1) */    void *pvoid;
/*(2) */    char *ch, str[]="Void type";
/*(3) */    int i,*ptx, x[]={100,200,300,400};
/*(4) */    ch=str;    ptx=x;
/*(5) */    pvoid =ch;
/*(6) */    printf("########## Case of \"pvoid =ch\" ##########\n");
/*(7) */    printf("********** print string **********\n");
/*(8) */    printf("ch=%s, str=%s\n",ch,str);
/*(9) */    printf("(char*)pvoid=%s\n",(char*)pvoid);
```

```
/*(10)*/    printf("********** print character********\n");
/*(11)*/    for(i=0;i<9;i++ )  printf("*((char *)pvoid+%d)=%c ,str[%d]=%c \n",
/*(12)*/                                                  i,*((char* )pvoid+i),i,str[i]);
/*(13)*/    printf("********** print integer********\n");
/*(14)*/    for(i=0;i<9;i++ )  printf("((char *)pvoid)[%d]=%4d ,ch[%d]=%4d \n",
/*(15)*/                                                  i,((char* )pvoid)[i],i,ch[i]);
/*(16)*/
/*(17)*/    pvoid=ptx;
/*(18)*/    printf("########## Case of \"pvoid =ptx \" ##########\n\n");
/*(19)*/    for(i=0;i<3;i++ )
/*(20)*/      printf("((int *)pvoid)[%d]=%4d, ptx[%d]=%4d, x[%d]=%4d \n",
/*(21)*/                                            i,((int*)pvoid)[i],i,ptx[i],i,x[i]);
/*(22)*/    for(i=0;i<3;i++)
/*(23)*/      printf("*((int *)pvoid)++=%d, ptx[%d]=%2d, x[%d]=%2d \n",
/*(24)*/                                            i,*((int*)pvoid)++,i,ptx[i],i,x[i]);
/*(25)*/
         }
```

void 형 포인터 변수에 대한 설명을 잘 읽었다면 [P/G 7.6]의 프로그램은 매우 쉬운 프로그램이다. 수식이 잘 이해되지 않는 독자라면 포인터에 대한 설명과 더불어 캐스트 연산자의 쓰임에 다시 한번 상기하기 바란다.

| 해석 |

위 프로그램을 설명하기로 하자.

(1)은 void형 포인터 변수를 선언한 부분이다. 별로 어렵지 않은 부분이다.

(5)의 pvoid=ch;은 포인터 ch를 포인터 pvoid에 대입하는 부분이다. 이러한 초기화에는 캐스트 연산자가 필요 없다. 물론 캐스트 연산자를 사용해도 무방하다.

(6)의 (char*)pvoid를 주의 깊게 살펴야 할 것이다. 우선 (char *)에 의해서 pvoid가 할당받고 있는 포인터를 char형으로 변환시킨다. 따라서 (char*)pvoid는 포인터이다. "%s"에 대해서는 이미 설명한바 있다. 즉 포인터ch 또는 str의 선두 번지부터 그 내용을 출력하고 있다. 결과적으로 문자열 "Void type"을 출력하는 것이다.

(11),(12)의 *((char*)pvoid+i)부분은 (6)의 (char*)pvoid부분의 내용을 출력하라는 부분이다. *((char*)pvoid+i)부분에서 (char*)가 연산 순위에 의해 먼저 계산된다. 이는 포인터 pvoid의 자료형을 char형으로 변환시킨다. 아직 포인터를 가리키고 있다. "+i"는 char로 변환된 pvoid의 선두 번지부터 for문에 의해 1씩 증가시킨다. 이와 같은 연산은 char형으로 변환되었기 때문에 가능하다. 만일 변환이 이루어지지 않았다면, C는 도대체 실제의 메모리를 얼마씩 증가 시켜야 할지 모른다. 아직 ((char*)pvoid+i)부분은 포인터이다. 최종적으로 '*'에 의해 연산

된 포인터의 결과를 출력하라는 명령을 받게 된다. 그리고 각각의 포인터에 할당된 문자들을 출력하게 되는 것이다.

(14),(15)의 "((char*)pvoid)[i]"부분은 *((char*)pvoid+i)과 동등한 표현이다. 이것은 배열 포인터에서와 동일하다. 만일 어떤 일차원 배열 포인터 "int *ptr"을 선언했다면 이러한 배열 포인터의 내용을 출력하라는 표현이다. 즉, 배열 포인터에 대해 ptr[i]와 같이 프로그램한 것과 동일하다.

(17)의 "pvoid=ptx;"은 포인터 pvoid에 포인터 ptx를 대입한다. 즉, int형으로 변환된다. 그럼에도 불구하고 역시 캐스트 연산자가 필요 없다. 나머지 프로그램은 위의 설명에 대해 동일한 구조를 취한다.

[P/G 7.6] 실행 결과

```
"E:₩2008_C언어₩제7장₩7_6₩Debug₩7_6.exe"
########## Case of "pvoid =ch" ##########
********** print string **********
ch=Void type, str=Void type
(char*)pvoid=Void type
********** print character********
*((char *)pvoid+0)=V ,str[0]=V
*((char *)pvoid+1)=o ,str[1]=o
*((char *)pvoid+2)=i ,str[2]=i
*((char *)pvoid+3)=d ,str[3]=d
*((char *)pvoid+4)=  ,str[4]=
*((char *)pvoid+5)=t ,str[5]=t
*((char *)pvoid+6)=y ,str[6]=y
*((char *)pvoid+7)=p ,str[7]=p
*((char *)pvoid+8)=e ,str[8]=e
********** print integer********
((char *)pvoid)[0]=  86 ,ch[0]=  86
((char *)pvoid)[1]= 111 ,ch[1]= 111
((char *)pvoid)[2]= 105 ,ch[2]= 105
((char *)pvoid)[3]= 100 ,ch[3]= 100
((char *)pvoid)[4]=  32 ,ch[4]=  32
((char *)pvoid)[5]= 116 ,ch[5]= 116
((char *)pvoid)[6]= 121 ,ch[6]= 121
((char *)pvoid)[7]= 112 ,ch[7]= 112
((char *)pvoid)[8]= 101 ,ch[8]= 101
########## Case of "pvoid =ptx " ##########

((int *)pvoid)[0]= 100, ptx[0]= 100, x[0]= 100
((int *)pvoid)[1]= 200, ptx[1]= 200, x[1]= 200
((int *)pvoid)[2]= 300, ptx[2]= 300, x[2]= 300
*((int *)pvoid)++=0, ptx[100]= 0, x[100]= 0
*((int *)pvoid)++=1, ptx[200]= 1, x[200]= 1
*((int *)pvoid)++=2, ptx[300]= 2, x[300]= 2
Press any key to continue
```

4.2 Null 포인터

앞절에서 void형 포인터는 “없음”이 아닌 “정해져 있지 않음”을 뜻한다고 하였다. 실제 아무것도 가리키지 않는 포인터가 있다. 그것이 바로 “NULL 포인터” 이다. 그렇다고 해서 특정 형태가 있는 것은 아니다. 다만 포인터가 정수값으로 ‘0’을 가지고 있으면 이러한 포인터를 “null 포인터”라 한다. 널 포인터의 주된 용도는 다음과 같다.

❶ 포인터를 리턴하는 함수(이는 다음절에서 설명할 것이다.)에서 입출력에러와 같은 에러가 발생했을 때 이를 알려주기 위하여 널 포인터를 리턴한다.
❷ 매개 변수의 개수가 가변인 함수에서 마지막 매개변수를 나타내려할 때 널 포인터가 쓰인다.

4.3 함수 포인터와 포인터 함수

지금까지의 포인터는, 그 포인터가 지시하고 있는 내용은 우리가 알고 있는 데이터의 형태를 지니고 있었다. 즉, “int *ptr; *ptr=5;”라고 선언한다면, 포인터 ptr에는 int형의 구체적인 값인 ‘5’가 대입되어 있었다. 그렇다면 포인터가 가리키고 있는 값이 포인터는 될 수 없을까? 물론 가능하다. 이러한 개념이 바로 “포인터의 포인터(pointer to pointer)”라는 말이다.

이제 함수 포인터에 대해 생각해 보자. 다음은 일반적인 형태의 함수 포인터의 선언이다. 아래에서 자료형이란 포인터가 가리키는 함수가 리턴하는 자료형을 나타낸다.

```
자료형 (*포인터명)(매개 변수);
```

여기서 주의할 것은 (*포인터명)은 실제 함수 포인터를 나타낸다. 그리고 여기서 괄호를 빠뜨리지 않도록 조심해야 한다. 만일 괄호를 생략하면 연산의 우선 순위에 의해서 포인터를 리턴하는 함수가 된다. 위의 형식은 일반적인 함수를 선언하는 형태와 유사하다. 단 괄호와 포인터 연산자를 더하는 것이다. 자료형은 함수가 리턴하는 값의 데이터형이다. 또한 매개 변수를 선언함에 있어서 정확한 변수명은 생략할 수 있고, 그러나 매개 변수의 데이터형은 반드시 지정해 주어야 한다. 이러한 함수 포인터에는 함수명을 대입할 수 있다. 그것은 실제로 모든 함수는 컴파일할 때 함수명이 포인터로 변환되기 때문이다. 다음의 예를 살펴보자.

```
『사용 예』 double (*ptrf)(double);
           ptrf=sin;
           x=ptrf(2.0);
```

ptrf는 실제 포인터로서, 이제 sine값을 구하는 함수가 된다. 따라서 일반적인 형태로는 "ptr=&sin"과 같이 대입해야 옳다고 생각할 수 있으나, 위에서 설명한 것과 같이 함수명은 실제로 컴파일할 때 포인터로 변환되기 때문에 "ptrf=sin"과 같이 사용할 수 있는 것이다.

위에서와 같이 선언되고 초기화된 함수 포인터를 호출하는 방법은 2가지의 형태가 있다. 즉, "ptrf(2.0)"과 "(*ptrf)(2.0)"이다. 전자의 형태는 TURBO-C의 ANSI-C 컴파일러가 지원하는 형태이고 후자의 형태는 pre-ANSI C의 지원형식이다. 따라서 앞으로는 ANCI-C의 지원형태를 따르기로 하자.

이외에도 함수포인터를 매개 변수로 취하는 함수도 작성할 수 있다. 여기서는 그와 같은 형식만을 소개하고자 한다.

```
자료형 함수명(매개 변수 리스트, 자료형(함수 포인터)(매개 변수리스트) )
『사용 예』 double sum( double, int, double (*ptrf)(int,double) )
```

여기서 sum()함수는 일반적인 함수이고, (*ptr)은 함수 포인터로 double형의 자료값을 리턴한다. 또한 함수 포인터 (*ptr)은 매개 변수로써 int와 double의 자료형을 취한다.

덧붙일 것은 "포인터 함수"라는 것이다. 지금까지의 함수는 아직 특정 값을 리턴하고 있다. 그러나 아래의 예제에서 특정 값이 아닌 포인터를 리턴 하는 경우를 같이 예로 들겠다. "Call by value"에 의해, 포인터가 가리키는 것은 어떤 값이든 상관없다. 즉, 포인터는 포인터를 가리킬 수도 있다는 말이다. 이러한 포인터 함수는 자료를 한 가지만 리턴 할 수 있다는 단점을 보완해 줄 수 있다. 포인터 함수에 의해 많은 자료도 리턴 하는 길이 생긴 것이다. 포인터 함수의 형식은 함수 포인터에서,(*ptr),괄호를 생략하면 된다.

```
자료형 *포인터 함수명(매개 변수);
```

한편 포인터 함수와 함수 포인터의 의미를 정확히 구분할 수 없는 독자들을 위하여 다시 한 번 두 가지의 차이를 명확히 하자.

『포인터 함수』 ~ 함수가 포인터를 리턴한다.
『함수 포인터』 ~ 포인터가 함수를 지칭한다. 따라서 리턴하는 값은 함수에서 리턴하는 구체적인 데이터형이다.

P/G 7.7 함수 포인터와 포인터 함수

```
          #include<stdio.h>
          #include<conio.h>
/*(1) */  #include<math.h>
          #define  PI   3.1415927
/*(2)*/   double *fcos(double x);
            void main(void)
/*(3)*/     {
/*(4)*/   double (*ptrf)(double);
/*(5)*/     ptrf=sin;
/*(6)*/       printf("sin(%lf)=%lf,*ptrf(%lf)=%lf\n",PI/2,sin(PI/2),PI/2,ptrf(PI/2));
/*(7)*/       printf("cos(%lf)=%lf,*fcos(%lf)=%lf\n",PI/2,cos(PI/2),PI/2,*fcos(PI/2));
/*(8)*/   }
/*(9)*/     double *fcos(double x)
/*(10)*/  {
/*(11)*/    double (*fp)(double x);
/*(12)*/    double *ppt;
/*(13)*/    fp= cos;
/*(14)*/    ppt=fp;
/*(15)*/    return(ppt);
/*(16)*/  }
```

다시 한번 함수 포인터와 포인터 함수의 이해를 위하여 위의 프로그램을 설명하도록 하자.

| 해석 |

(1)은 일반적인 수학 함수들의 원형이 담긴 헤더파일이다.

(2)는 포인터 함수를 정의한 부분이다. 이 함수는 리턴값이 포인터이다.

(3)는 함수 포인터 ptrf를 선언하는 부분이다. (2)의 엄격한 의미는 double의 포인터 ptrf는 앞으로 함수를 가리키게 된다는 뜻이다.

(4)은 포인터 ptrf에 sine함수의 포인터를 대입하라는 명령이다. 이미 설명한 바와 같이 함수명은 컴파일할 때 함수명이 포인터로 변환됨으로 이러한 수식이 가능하다.

(6)는 함수 포인터를 사용하는 방법에 해당한다. 추가할 것은 C의 삼각함수들은 각도를 입력받는 것이 아니고 라디안 값으로 입력을 받는다. 또한 실제의 sine 값과 ptrf가 지시하는 함수의 값과 동일한 지의 여부를 위하여 두 가지 모두 출력하라는 명령을 내린다.

(7)은 포인터 함수의 사용 예이다. 일반 포인터에서와 같이 포인터의 내용을 출력하라는 명령이다. 즉 *fcos는 함수 *fcos()로부터 리턴되는 포인터의 내용을 뜻한다. 그리고 이러한 포인터의 자료형은 double형임을 뜻한다.

(9)~(16)은 포인터 함수 *fcos()를 정의한 부분이다. 앞에서와 같이 함수 포인터(fp)를 이용하여 cos계산을 한 후, 이 결과를 double형의 포인터인 ppt에 저장하고 리턴하는 값으로 포인터 ppt를 리턴하라는 명령이다.

위에서 확인하였듯이 함수 포인터와 포인터 함수는 선언할 때 "괄호를 쓰느냐? 안 쓰느냐?"의 구분이다. 이러한 형식을 혼용한다면 컴파일할 때 에러가 발생된다. 따라서 두 가지 형태의 선언 형식을 혼용하지 않도록 주의해야 한다.

위 프로그램의 결과는 아래와 같다.

[P/G 7.7] 실행 결과(*)

```
"E:₩2008_C언어₩제7장₩7_7₩Debug₩7_7.exe"
sin(1.570796)=1.000000,*ptrf(1.570796)=1.000000
cos(1.570796)=-0.000000,*fcos(1.570796)=0.000000
Press any key to continue
```

지금 까지 포인터에 대해 설명하였다. 많은 부분을 상세하게 다루지 못한 점을 독자들에게 다시한번 미안하게 생각하며 포인터의 설명을 마칠까 한다. 비록 부족한 설명이지만 지금까지의 포인터의 개념을 이해했다면, 포인터를 모른다고 할 필요도 없다고 생각한다. 실제로 고급 프로그램에서는 매우 많은 포인터를 사용한다. 그도 그럴 것이 일단 실행속도가 대단히 빠르다는 장점이 있기 때문이다. 또한 메모리의 문제도 비교적 효율적으로 관리할 수 있다.

연 / 습 / 문 / 제 (A)

1. 포인터와 배열 포인터의 관계를 설명하라.

2. 함수의 전달 인수와 포인터의 관계를 설명하여라.

3. 다음의 이차 방정식을 구하는 프로그램을 조건을 이용하여 작성하여라.

$$f(x) = 4x^2 + 22x + 18$$

『조건 1』 함수 $f(x)$ 를, 사용자 함수를 이용하여 정의 하여라.

『조건 2』 해를 구하는 함수를 void형으로 작성하라.

『조건 3』 해의 출력은 main에서 이루어 지도록 하라.

4. 1~20까지의 데이터를 통하여 주어진 조건으로 프로그램 하여라.

『조건 1』 1~20까지의 데이터는 메인 프로그램에서 배열에 저장하라.

『조건 2』 최대값과 최소값을 구하는 프로그램을 함수를 이용하여 작성하되, 가인수는 배열 포인터를 이용한다.

『조건 3』 최대값과 최소값을 구하는 함수로부터 전달되는 최대값과 최소값은 포인터에 의해 메인에 전달되도록 한다. 이때 두 값을 배열 포인터에 복사하고, 두 값을 출력하라.

5. 『문제 4』 를 포인터 함수를 사용하여 프로그램 하여라.

6. 『문제 4』 를 함수 포인터와 포인터 함수를 사용하여 작성하라.

7. void형 포인터와 null 포인터에 대해 설명하여라.

연 / 습 / 문 / 제 (B)

1. 다음 프로그램은 리턴값이 없는 void 함수과 리턴값이 있는 void형 함수를 비교하기 위한 프로그램이다. 실행하고 그 결과를 나열 하시오.

```
#include 〈stdio.h〉
 void sub_1() {                    /*리턴값이 없는 void 형*/
       printf("C언어₩n");
    }
 char *sub_2(){                  /*리턴값이 str이라는 char 형. */
       char *munza;
       munza="munza";
       return munza;
     }
  void main(){
       char *ch;
             void clrscr(void);
       sub_1();
       ch=sub_2(); /* 리턴값 "munza"라는 char 형값을 변수 ch */
       printf("%s₩n",ch);
   }
```

[힌트 및 결과]

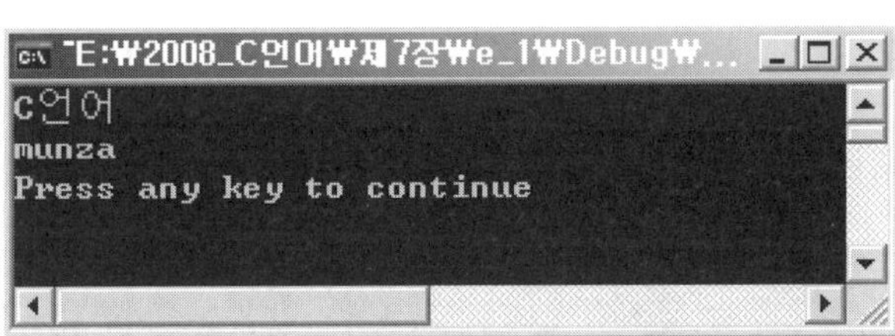

2. 다음 프로그램은 최대치, 최소치, 평균값을 계산한 후 그 계산 값을 되돌리는 경우에 대한 프로그램이다 실행하고 그 결과를 나열 하시오.

```
#include <stdio.h>
void statistic(float *x, int y)
    {
        float max, min, ave, sum=0;
        int i;
        max = min = *(x+0);
        for(i=0;i<y; i++)
            {
                sum +=*(x+i);
                if (max < *(x+i)) max = *(x+i);
                if (min > *(x+i)) min = *(x+i);
            }
        ave = sum /y;
        *(x+0) = max;
        *(x+1) = min;
        *(x+2) = ave;
       }
  void main()
       {
        int i;
        float x[] = {1,2,3,4,5,6,7,8,9,10};
        printf("배열 요소 값 ₩n");
        for(i=0; i<10; i++)
        printf("x[%d]=%.2f ", i, x[i]);
        statistic(x, 10);
        printf("₩n statistic 함수를 이용한 이후 통계량 ₩n");
        for(i=0; i<3; i++)
        printf("x[%d]=%.2f ", i, x[i]);
       printf("₩n");
    }
```

[힌트 및 결과]

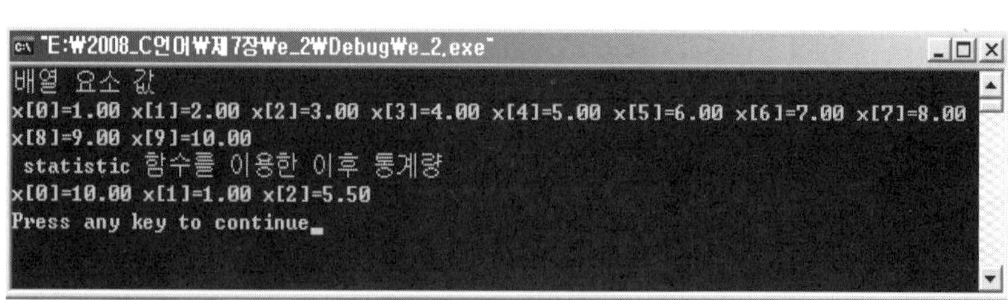

3. 다음 프로그램의 결과는 무엇인지 실행하고 그 결과를 설명하시오.

```
#include <stdio.h>
 void statistic(float *x, int y)
   {
       float max, min, ave, sum=0;
       int i;
       max = min = *(x+0);
       for(i=0;i<y; i++)
           {
               sum +=*(x+i);
               if (max < *(x+i)) max = *(x+i);
               if (min > *(x+i)) min = *(x+i);
           }
       ave = sum /y;
       *(x+0) = max;
       *(x+1) = min;
       *(x+2) = ave;
     }
  void main()
     {
       int i;
       float x[] = {1,2,3,4,5,6,7,8,9,10};
       printf("배열 요소 값 ₩n");
       for(i=0; i<10; i++)
       printf("x[%d]=%.2f ", i, x[i]);
       statistic(x, 10);
       printf("₩n statistic 함수를 이용한 이후 통계량 ₩n");
       for(i=0; i<3; i++)
       printf("x[%d]=%.2f ", i, x[i]);
      printf("₩n");
   }
```

[힌트 및 결과]

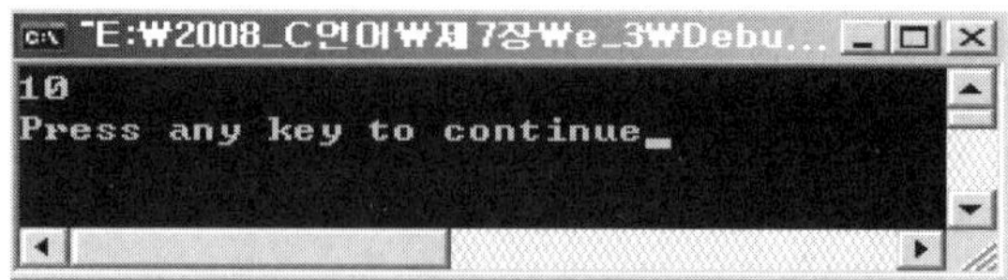

4. 두 숫자를 입력받아 사칙연산을 수행하는 프로그램을 작성하시오.

[힌트 및 결과]

```
#include <stdio.h>
int sum(int a, int b) {
  return a+b;
 }
int sub(int a, int b) {
  return a-b;
 }
int mul(int a, int b) {
   return a*b;
 }
int div(int a, int b) {
  if(b) return a/b;
  else return 0;
 }
 int (*p[4]) (int x, int y) = {sum, sub, mul, div};
 int main(void) {
   int out_result;
   int i, j, p_s;
  printf("계산하고자 하는 2숫자 입력 : ");
  scanf("%d%d", &i, &j);
  printf("선택(0-3) ? 0: +, 1: -, 2: *, 3: /₩n");
  do {
       scanf("%d", &p_s);
       printf("계산이후의 결과값 : ");
   } while(p_s<0 || p_s>3);
  out_result = (*p[p_s]) (i, j);
   printf("%d₩n", out_result);
   return 0;
 }
```

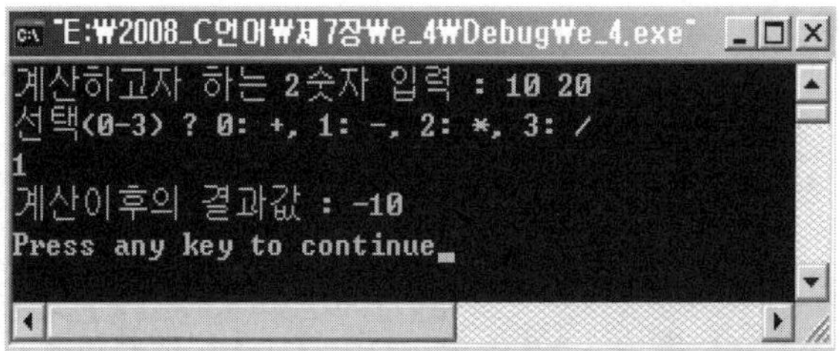

5. 다음 프로그램을 실행하고 그 결과값을 확인하시오.

```
#define MAXMENU 9
#include<stdio.h>
#include <string.h>
void main(void)
 {
char *ps[MAX + 1];/* 포인터 배열 ps의 정의*/
int i, sum;
ps[1] = " [1] 하나";
ps[2] = " [2] 둘";
ps[3] = " [3] 셋";
ps[4] = " [4] 넷";
ps[5] = " [5] 다섯";
ps[6] = " [6] 여섯";
ps[7] = " [7] 일곱";
ps[8] = " [8] 팔 ";
ps[9] = " [9] 나가자";
for (i = 1; i <= MAX; i++)
printf("%s₩n", ps[i]);
printf("₩n포인터배열의 크기 ps: %d bytes.₩n₩n", sizeof(ps));
for (sum = 0, i = 1; i <= MAX; i++)
    sum += strlen(ps[i]) + 1;
printf("총 문자열의 크기 : %d bytes.₩n₩n", sum);
printf("할당된 총 메모리 양 : %d + %d = %d bytes₩n",
        sizeof(ps), sum, sizeof(ps) + sum);
}
```

[힌트 및 결과]

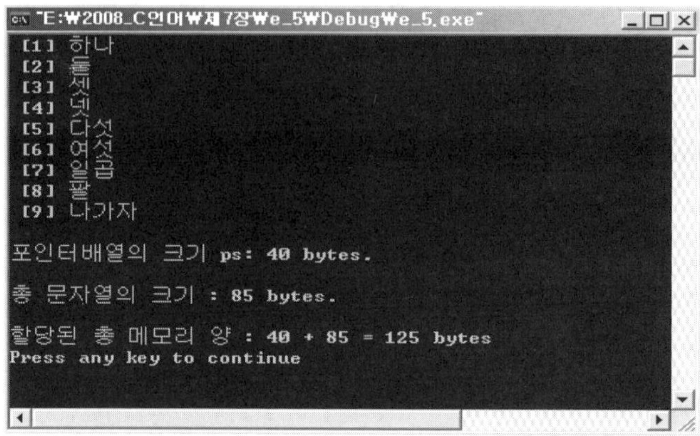

6. 다음 프로그램을 실행하고 그 결과를 나열 하시오.

```
#include〈string.h〉
#include〈stdio.h〉
main(){
 char *contain(), *p();
 char name1[10];
 int i;
 printf("(대한,필승,사랑,충청,나의) 중에서 선택 하세요 : ");
 scanf("%s",name1);
 for(i=0; i〈=10; i++)
      if(!strcmp(name1, contain(i))){
            printf("  %s = %s ₩n", contain(i),p(i));
            break;
      }
}
 char *contain(j) int j;{
   static char name[][10]={"대한","필승","사랑","충청","나의"};
   return(name[j]);
}
char *p(j)int j;{
   static char type[][10]={"민국 ","코리아","하자","북도","사랑"};
   return(type[j]);
}
```

[힌트 및 결과]

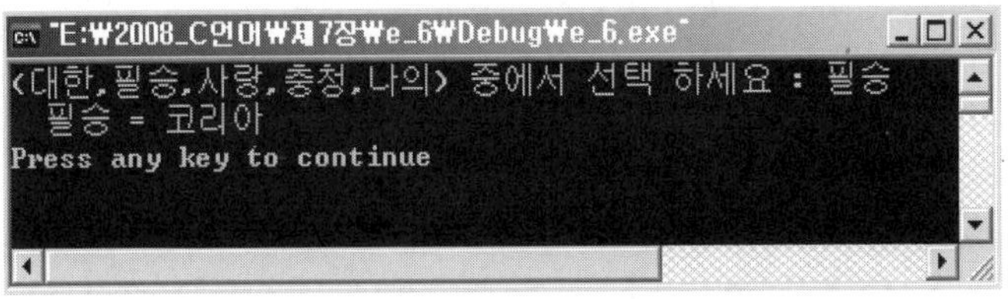

7. 다음 프로그램을 실행하고 그 결과를 나열 하시오.

```
#include <stdio.h>
void main(void)
{
    int i, sum1, sum2, sum3, sum4, *p, a[10]={1, 2, 3, 4, 5, 6, 7, 8, 9, 10};

    for(i=0, sum1=0; i<10; i++)
    sum1 += a[i];
    printf("결과 1: sum1 = %d₩n",sum1);
    for(i=0, sum2=0; i<10; i++)
    sum2 += *(a+i);
    printf("결과 2: sum2 = %d₩n",sum2);
    for(i=0, p=a, sum3=0; i<10; i++)
    sum3 += *(p+i);
    printf("결과 3: sum3 = %d₩n",sum3);
    for(p=a, sum4=0; p<(a+10); p++)
    sum4 += *p;
    printf("결과 4: sum4 = %d₩n",sum4);
}
```

[힌트 및 결과]

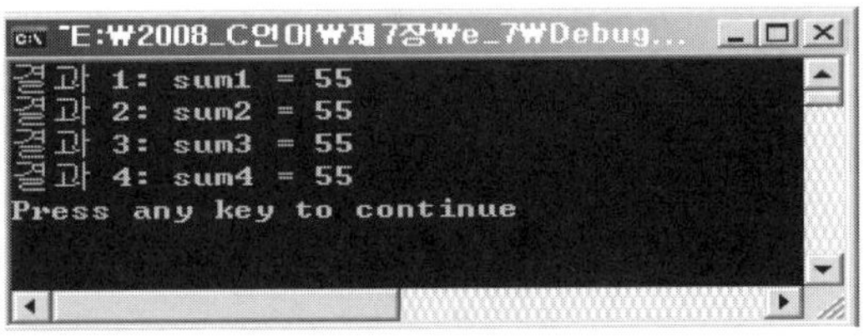

8. 다음 프로그램을 실행하면 다음과 같은 결과가 나타난다. 그 이유를 설명하라. 그 결과를 나열 하시오.

```
#include <stdio.h>
void main(void)
    {
        char munza[3][10] = {"love", "happ", "rich"};
        int i, j;
        for(i=0; i<3; i++)
        for(j=0; j<5; j++)
        printf(" %p --> ₩t%c == ₩t%d₩n" , &munza[i][j], munza[i][j], munza[i][j]);
        printf("₩n");
        for(i=0; i<3; i++)
        printf("munza[%d]= %p munza[%d]= %s ₩t*(munza+%d)= %p
        *(munza+%d)= %s₩n",i, munza[i], i, munza[i], i, *(munza+i), i, *(munza+i) );
    }
```

[결과]

```
"E:₩2008_C언어₩제7장₩e_8₩Debug₩e_8.exe"
 0012FF60 -->    l ==    108
 0012FF61 -->    o ==    111
 0012FF62 -->    v ==    118
 0012FF63 -->    e ==    101
 0012FF64 -->      ==    0
 0012FF6A -->    h ==    104
 0012FF6B -->    a ==    97
 0012FF6C -->    p ==    112
 0012FF6D -->    p ==    112
 0012FF6E -->      ==    0
 0012FF74 -->    r ==    114
 0012FF75 -->    i ==    105
 0012FF76 -->    c ==    99
 0012FF77 -->    h ==    104
 0012FF78 -->      ==    0

munza[0]= 0012FF60 munza[0]= love        *(munza+0)= 0012FF60 *(munza+0)= love
munza[1]= 0012FF6A munza[1]= happ        *(munza+1)= 0012FF6A *(munza+1)= happ
munza[2]= 0012FF74 munza[2]= rich        *(munza+2)= 0012FF74 *(munza+2)= rich
Press any key to continue
```

9. 변수 x,y,z를 정수형으로 선언하여 x를 5 y를 10으로 한다. 포인터 p를 정수형으로 선언하여 z의 어드레스를 대입한 다음에 x+y를 구하여 z의 어드레스에 저장하고, x,y,z의 내용을 표시한 다음, x,y,z의 어드레스와 p의 내용 및 p의 어드레스를 표시하는 프로그램을 작성하시오.

```
#include <stdio.h>
 main(){
        int x=5,y=10,z;
        int *p;
        p=&z;
        *p=x+y;
        printf("%d(x)+%d(y)=%d(*p)₩n",x,y,*p);
        printf("&x=%x, &y=%x,p=%x,&p=%x ₩n",&x,&y,p,&p);
   }
```

[힌트 및 결과]

10. 다음 프로그램의 결과를 나열 하시오.

```
#include <stdio.h>
 main(){
      char *munzas="The rich are not always happy";
     void clrscr(void);
      while(*munzas){

            putchar(*munzas++);

             }
             printf("₩n");
}
```

[힌트 및 결과]

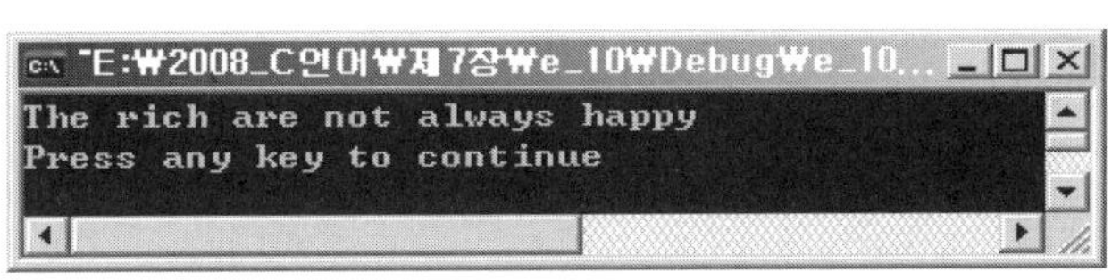

구조체와 공용체

Chapter 08

제8장에서는 C언어를 이해하는데 필요한 구조체와 공용체에 대하여 간단히 살펴본다.

1. 구조체
2. 공용체

이 장에서 소개하고자 하는 것은 구조체(structure)와 공용체(union)이다. 우선 구조체부터 설명하도록 하자.

구조체는 하나의 명칭에 놓인 하나 이상의 변수들의 모임이다. 이때의 변수들은 제각기 다른 데이터형을 가질 수 있다. 이와 비슷한 개념이 배열이었다. 그러나 배열은 데이터의 모임이라 할 수 있고, 서로 동일한 데이터형 이어야 했다.

구조체는 한 마디로 변수의 모임이라 표현할 수 있다.

그럼에도 불구하고 혹자들은 구조체를 너무 기피하는 경향이 있다. 심지어 C에서 아예 몰라도 된다는 식의 주장을 하는 이도 있다. 이유인즉 구조체를 몰라도 프로그램에 있어서 불편할 것이 없다는 말이다. 즉, 구조체 대신 배열을 쓰면 된다는 주장인 것이다. 알기 쉽고, 쓰기 쉬운 배열. 그러나 이러한 말들은 자기 방어의 성격이 너무 농후(濃厚)하다.

실제로 구조체에는 아주 유용한 정의들이 많이 존재한다. 이러한 유용한 서브루틴들을 십분 활용하기 위해서도 구조체를 아는 것은 중요할 것으로 생각한다.

1. 구조체

프로그램이 점차 복잡해지고 커지게 되면서 처리해야 할 데이터의 종류 또한 많아지고 있다. 이러한 경우라면 서로 밀접하게 연관이 있는 데이터들이 필연적으로 생겨나게 된다. 쉬운 예를 들면 명함관리 프로그램을 생각해 보자. 그곳에는 성명, 주소,

전화번호, 생년월일 등의 변수들이 필요할 것이라고 예측할 수 있다.

명함 관리	성명	주소	전화	생년월일

이처럼 명함 관리를 위해서 서로 연관된 데이터들의 묶음이 필요한 것이다. 일단 명함 관리를 위해서 일단 위의 네 가지 변수만을 사용한다고 가정하자. 그렇다면 일단 우리가 아는 지식으로는 배열을 생각할 수 있다. 배열을 사용하여 위의 변수들을 정의해 보자.

```
char name[20],add[20],tel[10];
int birth[10];
```

배열을 사용하면 앞에서와 같이 변수들을 각각 선언해야 한다. 그러나 이러한 배열들은 C에서 완전히 독립적인 형태를 취한다. 프로그래머 입장에서야 서로 연관된 것이라는 인상을 받을 수 있겠지만, C입장에서는 서로 별개의 변수들이라는 것이다. 이러한 변수들이 서로 연관성을 갖게 하는 방법이 바로 구조체를 사용하는 것이다.

우선 구조체를 정의하는 형식을 알아보자. 구조체를 정의하는 방법은 여러 형태가 존재하는데 일반적으로 다음의 두 가지 형태가 널리 사용되고 있다. 아래의 두 가지 형태는 서로 동등한 표현이다.

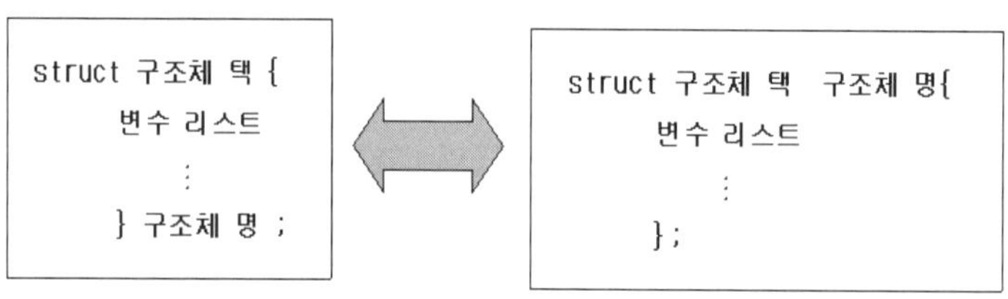

그림 8.1 구조체 정의 형식

구조체를 정의할 때에는 “struct” 뒤의 구조체 택을 적어주고 중괄호({ })안에 각 요소의 타입과 명칭을 적어준다. 물론 구조체 안에 또 다른 구조체를 가질 수도 있다. 이러한 구조체의 정의는 말 그대로 자료 형태의 정의와 관계된 것이고 실제 사용을 위한 구조체 변수를 할당하기 위해서는 다음 예제와 같이 변수 선언을 해주어야 한다. 앞의 변수들을 가지고 구조체를 정의해 보자.

표 8.1 구조체 정의 사용 예

<pre>struct namecard{
        char name[20];
        char add[20];
        char tel[10];
        int birth[10] ;
  } lee[10];</pre>
	⟺	<pre>struct namecard lee[10]
		 {
		        char name[20];
		        char add[20];
		        char tel[10];
		        int birth[10] ;
		 };</pre>

여기서 namecard는 구조체의 가변수 역할을 한다. 반면 실변수로써 "lee"를 사용하고 있다. 구조체에서 실변수니 가변수니 하는 말은 컴파일과 관련이 깊다. 여기서는 실변수 lee로 구조체 배열 lee[10]을 정의하고 있다. 이미 언급한 바와 같이 앞의 두 가지 정의 형식이 존재하는데, 편의상 본 책에서는 전자의 형식을 쓰는 경우가 많도록 할 것이다.

이러한 구조체를 사용하면 연관된 데이터를 묶어서 하나의 단위로 취급할 수 있다는 장점이 있다. 실제 예를 들어보자. 만일 명함관리에서 2번째의 자료를 4번째에 복사하려 한다고 가정하자. 배열을 사용했다면 다음과 같이 해야 할 것이다.

```
strcopy(name[4],name[2]);
strcopy(add[4],add[2]);
strcopy(tel[4],tel[4]);
birth[4]=birth[2];
```

만일 연관된 변수가 많으면 많을수록 앞의 번거로운 작업을 많이 해야 한다. 서로 연관된 변수가 한 100개쯤 된다고 생각해 보자. 정말 너무 지루한 작업이 아닌가? 그러나 구조체를 사용했다면 어떻게 해야 할까? 다음의 문장처럼 단 한방에 통한다(원샷 구조체?). 정말 배열의 경우와는 비교도 안되는 작업이다.

```
lee[4]=lee[2];
```

구조체를 사용했다면 이처럼 간단히 끝난다. 물론 변수 리스트 각각도 사용하여 배열에서와 같이 프로그램 할 수 있다. 그러나 너무 번거로운 작업이 아닌가?

구조체의 또 다른 편리함은 구조체를 함수에 전달할 수도 있고, 함수로부터 전달받을 수도 있다는 것이다. 함수가 구조체를 리턴할 수 있다는 것은 프로그램에 있어 대단한 융통성을 제시해 준다.

함수가 하나의 값만을 리턴 할 수 있다는 사실을 상기하자. 그러나 우리는 포인터에서 포인터 함수를 사용하여 여러 데이터를 리턴 할 수 있다고 하였다. 그 외에도 이처럼 구조체를 리턴 한다면 여러 개의 데이터를 리턴 할 수 있는 또 다른 방법이 된다. 물론 함수 입장에서야 구조체 하나만을 리턴하는 셈이 되지만 프로그래머 입장에서는 여러 개의 값을 리턴 받는 셈이 된다.

여기서 다 시 한 번 "함수의 값에 의한 호출(Call by value)"의 막강함을 알 수 있다. 도대체 C의 "Call by value"의 막강함은 어디까지 가능할 것인가? 필자도 C를 프로그램하면 할수록 요놈의 "Call by value"의 막강함을 대할 때마다 놀라움을 금치 못하는 실정이다.

그렇다고 구조체가 무조건 좋다는 말은 아니다. 구조체를 사용할 때 한 가지 생각해 봐야 할 것이 프로그램의 속도 면이다. 복잡한 것을 간단히 사용할 수 있는 장점에 비해 비교적 속도면의 단점을 가지고 있기 때문이다.

함수가 구조체를 다루는 기본적인 프로그램의 예를 살펴보자.

P/G 8.1 구조체와 함수

```
#include<stdio.h>
#include<string.h>
  struct namecard {          /* Struct Templet  */
    int no;
    char name[20];
    char addr[20];
    char tel[10];
    int age ;
  } lee[10];

struct   namecard   function(struct   namecard   lee)
 {
   return lee;
 }

void main(void)
{

     strcpy(lee[2].name,"hong gill dong ");
     lee[2].age=34;
     printf("NAME : %s, AGE: %d \n", lee[2].name,lee[2].age);
     lee[4]=lee[2];
     printf("NAME : %s, AGE: %d \n", lee[4].name,lee[4].age);

}
```

[P/G 8.1]의 프로그램은 일단 컴파일이 무사히 끝나는지의 여부만을 살펴보기 바란다. 다만 함수에서 구조체를 전달하는 방식과 앞에서 예를든 구조체의 복사형태만을 살펴보기 바란다. 무사히 컴파일 되었다면 그 결과는 다음과 같을 것이다.

[P/G 8.1] 실행 결과

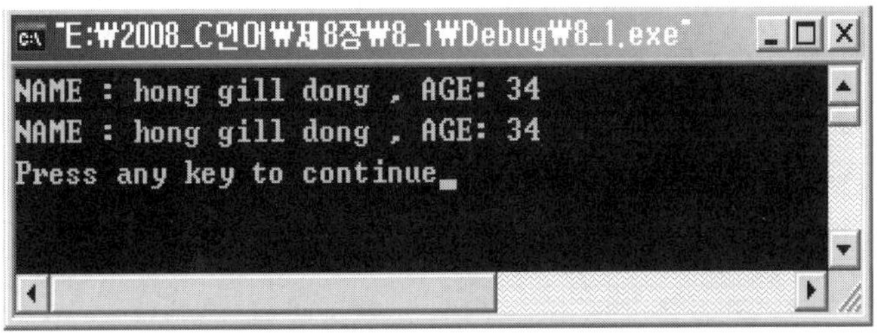

1.1 구조체의 시작

지금까지 구조체의 장단점과 간략한 맛보기 프로그램을 살펴보았다. 이제부터 정식으로 구조체에 대해 살펴보기로 하자. 우선 구조체 변수, 구조체 배열, 구조체 포인터 등을 정의하는 형식부터 알아보기로 하자.

구조체 변수를 정의하는 방법은 실로 여러 가지가 있으나, 가장 대표적인 방법으로는 구조체 틀(template)을 선언한 후에, 그 틀을 사용하여 구조체 변수, 포인터, 배열 등을 정의하는 방법이 있다. 구조체를 정의하는 방법은 앞서 [그림 8.1]에서 보인바 있다. 구조체 틀의 선언 방식은, 먼저 struct라는 키워드 다음으로 구조체 택을 기술하고 그 뒤에 중괄호{}안에 변수 리스트를 작성하면 된다. 이 때 구조체 택은 가변수로서 구조체 틀의 이름으로 생각하면 된다.

구조체 안의 변수 리스트로는 우리가 알고 있는 모든 선언문이 전부 가능하다. 또 변수 리스트로 다른 구조체의 선언도 가능하다. 변수 리스트를 작성할 때 주의할 것은 기억부류 지정자는 기술하지 않는다는 점에 주의해야 한다. 이는 구조체 변수 리스트는 모두 동일한 기억부류를 가지게 되고, 필요하다면 기억부류 지정자는 후에 구조체 틀을 사용하여 구조체 변수를 정의할 때 기술하면 된다.

다음은 위의 설명을 그림으로 나타낸 것이다. 이 그림은 point라는 이름의 구조체 틀을 말하고 있다.

```
struct  point   {
        변수 리스트
           ⋮
        } 구조체 명 ;
```

그림 8.2　구조체 틀

이처럼 구조체 틀을 선언하면 새로운 데이터형이 정의된다. 이때 구조체 틀 자체는 실제 메모리 상에 존재하는 것이 아니고 컴파일러에게 구조체를 설계하는 형태만을 알려준다. 구조체 틀이 선언되었다면, 구조체를 사용하기 위한 90%의 작업이 끝난 셈이다. 이제 이러한 구조체 틀로부터 구조체 변수, 구조체 배열, 구조체 포인터 등을 선언해 보자. 이러한 작업은 다음과 같이 선언하면 그만이다.

```
struct  point var, array[N], *ptr
```

이제 var은 구조체 변수, array는 구조체 배열, ptr은 구조체 포인터가 되는 것이다. 이 때 array는 배열 요소가 struct point형인 배열이 될 것이고, ptr은 struct point를 가리키는 포인터가 될 것이다.

먼저 다음과 같이 프로그램 내에서 구조체가 정의되었다고 가정하자.

```
struct  point {
    char var1[5];
    int var2,var3;
    float var4;
 };
struct  point var,array[N], *ptr;
```

따라서 실제로 구조체 변수 var이 메모리 상에 저장되는 개념과 실제의 저장형태를 살펴보자.

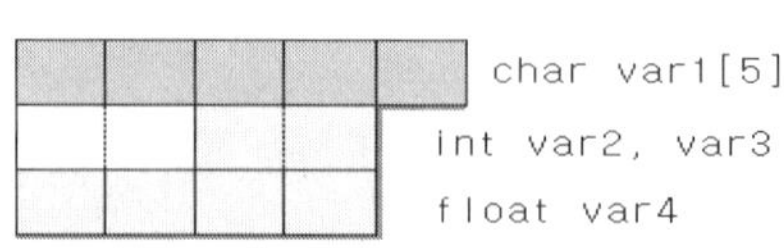

그림 8.3　구조체 변수의 개념도

이는 struct point형 구조체 변수 var이 메모리 상에 저장되는 개념을 그린 것이다. 실제로는 [그림 8.4]와 같이 저장되어 있다.

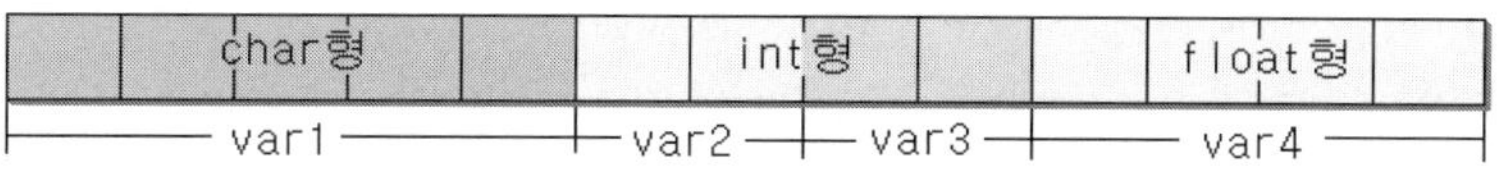

그림 8.4 struct point형이 메모리에 저장된 형태

또한 이미 선언된 struct point형 구조체 틀을 사용하여 또 다른 구조체 변수들을 정의 할 수도 있다.

```
struct point *aa, bb, cc[10];
```

앞에서와 같이 만들어진 구조체 변수들을 가지고, 각 구조체 변수 리스트에 각각 구체적인 값을 대입하는 방법을 알아보도록 하자. 일반적인 사용법은 아래와 같다.

구조체 이름.변수 리스트	혹은	(구조체 이름).(변수 리스트)

여기서 주의 할 것은 "구조체 이름"과 "변수 리스트" 사이의 "."를 생략해서는 안된다. "."은 "구조체 멤버 연산자(struct member operator)"라 불리는 연산자의 일종으로 구조체 이름과 변수 리스트를 서로 연결시켜 준다. 구조체 멤버 연산자는 ()나 []과 동위의 연산 순위를 가지고 있다. 또한 변수 리스트를 "구조체 멤버"라고 한다. 앞으로 변수 리스트를 "구조체 멤버" 또는 "멤버"라고 부르기로 하자. 혼동하지 않기를 바란다.

더불어, 위에 선언된 struct point형 구조체 var을 가지고 실제의 사용 예를 살펴보기로 하자.

『멤버의 사용 예』

```
var.var1[10]   var.var2   var.var3   var.var4
```

이와 같이 각 멤버들을 사용할 수 있으며, 이것을 연산식에 사용할 때는 다소 불편하더라도 위의 사용 형식을 모두 표기해야 한다. 마치 이러한 사용형식을 하나의 변수와 동일하게 취급하면 그만인 것이다.

1.2 구조체 배열/포인터/함수

동일한 구조체가 여러개 필요하다면 배열을 만들어 쓸 수 있다. 예를 들어 인사 파일의 경우 하나의 기록 카드에 들어 있는 항목들은 구조체 정의에서 틀을 갖출 수가 있고 그 기록 카드가 1000개정도 있다면, 배열을 사용하여 저장할 수 있을 것이다.

```
struct namecard names[1000];
```

구조체 배열을 참조하는 방식은 구조체 변수의 경우와 동일한 원칙에 의하면 될 것이다. 즉,

```
for(k=0; k<1000; k++)
printf("NAME: %s \n",names[52].name);
```

위와 같이 "구조체 변수[배열 요소].변수"와 같은 형식을 참조할 수 있다. 마찬가지로 구조체는 포인터를 가질 수 있으며 다음과 같이 "- >"를 사용하여 구조체 요소를 참조할 수 있다.

```
struct namecard *ptr;      /* 구조체 포인터 정의 */
struct namecard names[1000];
......
ptr=names;          /* 배열의 첫 요소는 번지 */
ptr->age=34;        /* 구조체 포인터 이용한 구조체 요소 참조 */
```

C 의 파일 입·출력 제어는 파일에 대한 포인터를 사용하게 되므로 이 절의 포인터 부분에 대해 숙지할 필요가 있다. C의 파일 입·출력문들을 이용하면 파일 변환, 텍스트, 이진 파일들의 제어 등 여러 응용 프로그램을 만들 수 있을 것이다.

이제 구조체를 함수에 건네주는 방법을 알아보자. 이러한 방법에는 크게 3가지 형식이 있다. 첫째 구조체를 통째로 건네는 방법이 있다. 둘째 구조체를 가리키는 포인터만을 건네는 방법이다. 셋째로 구조체의 멤버를 개별적으로 건네는 방법이 있다.

구조체를 통째로 전달하는 방법은 이미 [P/G 8.1] 에서 사용되었다. 여기서는 비교적 간단한 방법과 프로그램의 실행속도 또한 우수한 포인터를 건네는 방법만을 살펴

보기로 하자.

어떤 함수가 구조체 포인터를 매개 변수로 취한다면, 예를 들어 다음과 같이 그 함수의 원형이 선언되어 있다고 하자.

```
double sfunction (struct point *ptr)
```

여기서 point는 구조체의 틀을 말하고 있다. 또한 *ptr은 struct point형 구조체를 포인터로 선언하고 있는 것이다. 그리고 struct point형 구조체들이 앞에서의 예와 같이 선언되었다고 가정하자.

```
struct point *aa, bb, cc[10];
```

이 함수를 쓰고자 할 때에는 가인수로서 aa, &bb, &cc[0]등과 같이 구조체 명에 & 연산자를 붙여서 지정하면 된다. 즉, 실제 선두 주소값을 전달해야 한다. 여기서 aa는 구조체 포인터 상수를 가리키고 있음을 주의하기 바란다. 예컨데 다음과 같이 사용해야 한다.

```
sfunction (aa);
sfunction (&bb);
sfunction(&cc[0]);
```

C의 표준 라이브러리 함수에는 이와 같이 구조체 포인터를 매개 변수로 하는 많은 함수들이 있다. 예를 들어 파일 입출력 함수라든지, 날짜와 시간에 관계된 함수인 gettime, getdate, settime, setdate등등, 대체로 get…, set…과 같은 함수들이 구조체 포인터를 취하는 경우가 대부분이다.

예를 들어 C의 표준 헤더파일인 dos.h에는 아래와 같은 형식으로 구조체 형틀이 선언되어 있다.

```
struct time {
    unsigned char ti_min;
    unsigned char ti_hour;
    unsigned char ti_hund;
    unsigned char ti_sec;
};
```

```
struct date {
    int da_year;
    char da_day;
    char da_mon;
};
```

위에 선언된 구조체를 사용하기 위해서는 다음과 같은 선언문 형식을 이용하면 된다. 물론 "#include"문에서 "dos.h"파일을 포함시켜야 한다.

```
struct time sigan;
struct date day;
```

앞에서와 같이 선언한 struct time형 sigan과 struct date형 day는 다음과 같이 메모리에 저장된다.

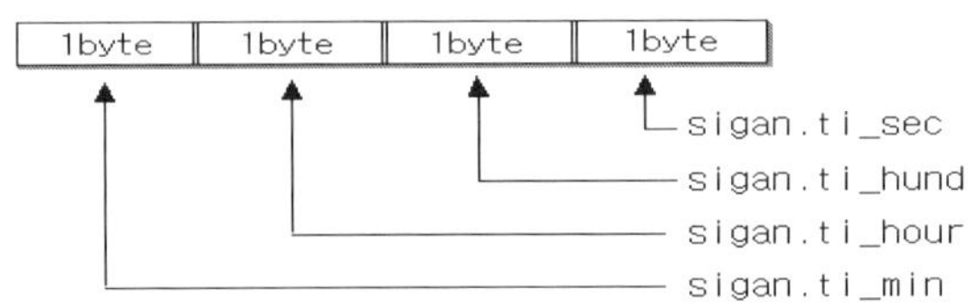

그림 8.5 구조체 sigan

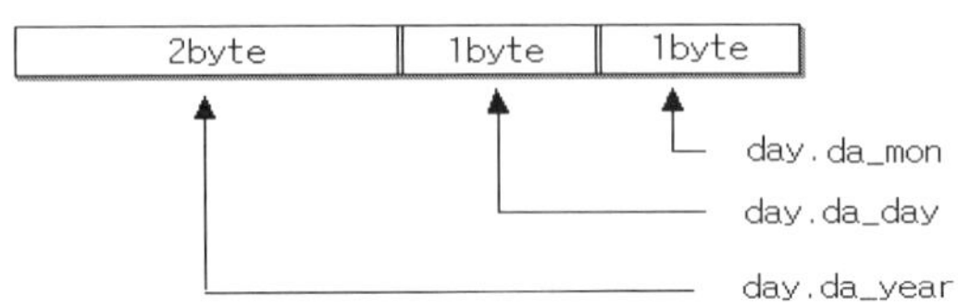

그림 8.6 구조체 day

위에서 선언된 구조체는 앞으로 이장의 끝에서 반드시 쓰일 일이 있으니 잘 기억하기 바란다.

파일의 구조체는 보통 몇 개의 field에서 구성된다. 예를 들면 남녀별의 평균수명이 어느 만큼 연장 가능했나를 보기 위한 파일을 만들고 가정하여 보자. 연, 남녀별의 평균수명의 field가 필요하게 된다.

표 8.2 평균 수명

연	평균수명	
	남	여
1960	65	70
1970	69	74
1980	73	78
1985	74	80
1987	75	81

C에서는 이 같은 자료를 구조체(structure)를 이용해 나타낼 수 있다. 구조체는 몇 개의 field로 구성된다. 예를 들면 [표 8.2]의 구성 예에서는 다음과 같이 나타낼 수 있다.

```
struct life {
        int year;
        int men;
        int women;
};
```

위와 같이 정의된 구조체 틀은 앞으로 사용자의 특성에 맞는 구조체 변수로 사용될 수 있다.

표 8.3 수명 구조체의 구성

연	남자의 수명	여자의 수명
1987	75 세	81세

만일 [표 8.3]의 내용을 약 30년간의 데이터로 만들고 싶다면 앞에서 언급한 구조체 배열로 표기할 수 있다. 즉, 다음과 같이 프로그램하면 된다.

```
struct  life  {
     int year;
     int men;
     int woman;
  }
struct life data[30];
```

위와 같이 프로그램이 되었다면 struct life형 구조체 배열 data[30]이 정의 된 것이다. 이러한 배열을 그림으로 표현하면 [그림 8.6] 수명 구조체의 배열과 표현할 수 있다. 배열이란 개념에서 먼저 표현했던 배열과 동일하게 생각하면 된다.

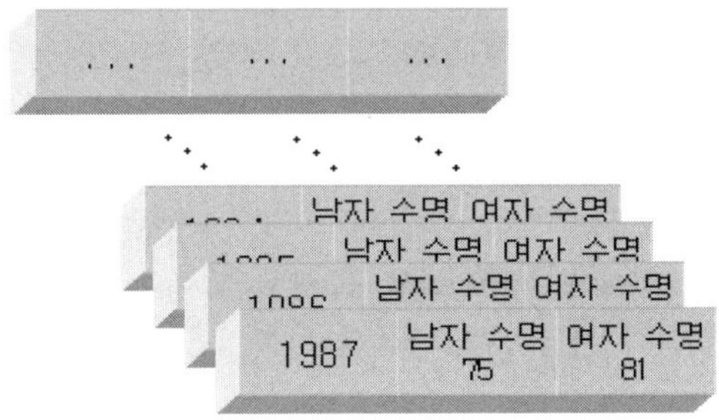

그림 8.7 수명 구조체의 배열

또 a, b, c 세 나라의 평균수명의 자료를 넣는 구조체는 다음과 같다.

```
struct life {
        int year;
        int men;
        int women;
};
struct life a, b, c;
```

이 경우 프로그램 가운데 구조체 a의 year를 지정 하는 데는 a.year로 하면 된다. 다음의 구조체에 대한 간단한 예를 확인해 보자.

P/G 8.2 struct형 자료의 입력과 리스트 작성

```
#include <stdio.h>
#include <conio.h>
void main(void)
{
    struct life {
            int year;
            int men;
            int women;
    } data[20];
    int n, i;
    printf("***This is a input program for life data***\n");
    printf("no.of life data ?");
```

```
        printf("no.of life data ?");
        scanf("%d", &n);
        for ( i=1; i <= n; i++ ) {
                printf("year?");
                scanf("%d", &data[i].year);
                printf("men?");
                scanf("%d", &data[i].men);
                printf("women?");
                scanf("%d", &data[i].women);
        }
    printf("*** Result ***\n");
        for ( i = 1; i <= n; i++ ) {
                printf("%6d", data[i].year);
                printf("%4d", data[i].men);
                printf("%4d\n", data[i].women);
        }
         }
```

그러면 평균수명 자료를 몇 년 분을 입력하여 리스트를 만드는 프로그램을 만들어 보자([P/G 8.2]). 이 예에서는 몇 년 자료를 입력한 레코드를 그 위에 array하여 사용하고 있다. 처음에 자료 수를 입력하면 자료를 1년씩 입력한 후 리스트를 만들고 있다. 그러면 이 프로그램에 [표 8.2]의 자료를 넣어 보자. 그 결과는 다음과 같게 된다.

[P/G 8.2] 실행 결과

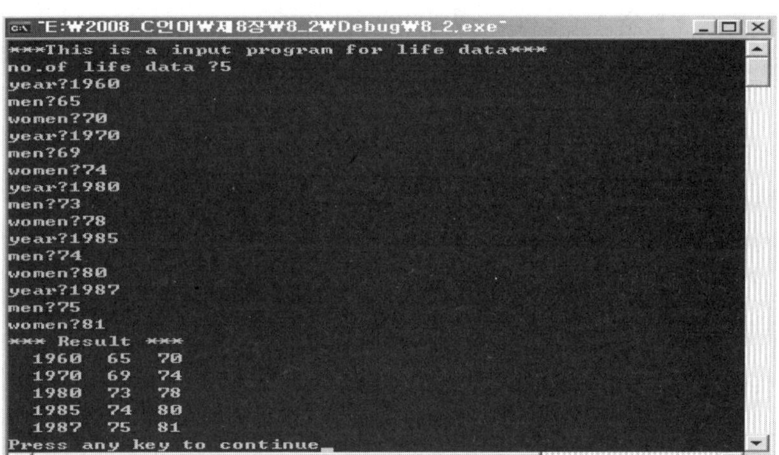

위 프로그램을 통해 구조체 멤버들의 연산법을 확실히 이해했으리라 생각된다. 그럼 이제 구조체 포인터 중 연산자 "->"에 대해 알아보기로 하자. 우선 다음과 같은 프로그램을 생각해 보기로 하자.

```
struct  ptr {
    double  x,y;
    } z,*ptrz;
 ptrz  =  &z;
```

분명히 구조체의 사용법을 숙지한 독자라면 위의 프로그램의 내용을 어느 정도 파악할 수 있을 리라 생각한다.

z는 struct ptr형인 구조체 변수이다. 물론 *ptrz는 struct ptr형인 구조체 포인터를 정의한 것이다. 또한 "ptrz=z"은 구조체 변수의 어드레스를 구조체 포인터 ptrz에 대입한다. 이에 대한 개념을 [그림 8.7]에 의해 확인하도록 하자.

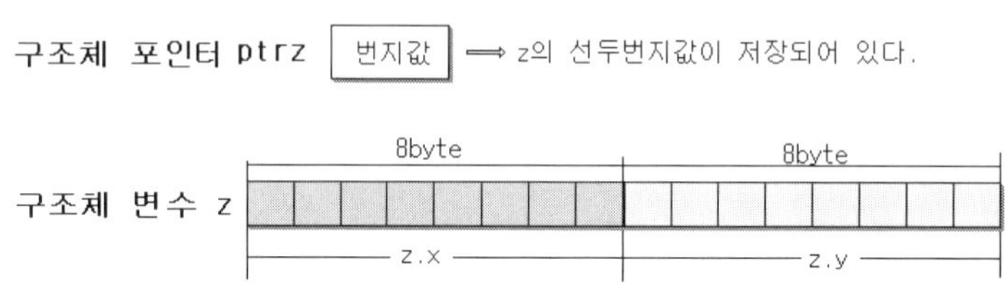

그림 8.8 구조체 포인터 ptrz

이처럼 구조체 포인터 ptrz에는 struct ptr형 변수z의 선두 번지값이 들어있다. 이는 일반 포인터의 형태와 다를 바가 없다. 이렇게 정의된 구조체 포인터를 이용하여 멤버를 나타내려면 다음과 같이 한다.

```
(*ptrz).x     or   (*ptrz).y
```

그런데 여기서 괄호를 생략해서는 안된다. 만일 괄호를 생략하면 연산 순위에 의해서 *(ptrz.x)와 같이 인식되어 컴파일할 때 에러가 발생하게 된다. 이처럼 구조체 포인터를 사용하여 각 멤버를 계산하려 할 때 매번 *와 ()를 써주어야 한다. 너무 불편한 일이 아닐 수 없다. 이러한 불편을 없애기 위해서 C에서는 "->" 연산자를 제공한다. 이를 "구조체 포인터 연산자"라 한다. 또한 구조체 포인터 연산자는 다음과 같은 뜻을 가지고 있다.

```
ptrz=-> y   <=>   (*ptrz).y
```

위에서의 "ptrz->y"는 구조체 포인터 ptrz가 가리키고 있는 구조체 멤버 'y'를 가리키고 있다. 이때 y가 double형 변수이므로 ptrz->z도 당연히 우변 값으로 double형 값을 취하게 된다. 또한 일반적인 수식에서 사용할 수 있으며, 함수의 매개변수로도 사용이 가능하다. 즉, ->은 그것이 가리키는 멤버의 데이터형이 가지고 있는 특성을 그대로 이어받는 셈이다.

1.3 typedef문에 의한 구조체의 형정의

지금까지의 형정의에 있어서 "struct"라는 키워드가 항상 따라 다녔다. 별로 불편을 느끼지 못하는 독자들도 있겠지만, 왠지 불편을 느끼는 독자라면 앞으로의 부분을 한번쯤 읽어보는 것이 도움이 되리라 생각된다.

"struct"라는 키워드 없이 구조체를 정의할 수 있는데, 바로 "typedef"문에 의해서 가능하게 된다. "typedef"문을 사용하는 방법은 비교적 간단하다.

가장 널리 사용되는 형식은 typedef라는 키워드 다음으로 struct라는 키워드를 작성한 후, 구조체 택을 생략한 채로 '{' 다음에 변수 리스트(구조체 멤버)를 작성하면 된다. 그리고 '}'으로 마무리를 하고 구조체 이름을 적으면 된다.

지금까지의 설명을 예로 들어보자.

```
typedef  struct {
        int year;
        char month;
        char day;
    } date;
```

위의 예는 typedef문으로 형정의 되었기 때문에 구조체 택을 쓸 필요가 없을 뿐 아니라, 다음과 같이 struct라는 키워드도 필요가 없다.

```
date  sigan, *time ;
```

여기서 sigan과 *time은 date형 구조체를 가리키는 변수와 포인터를 각각 정의한 것이다. 위에서도 확인하였듯이 struct라는 키워드를 사용하지 않으므로 매우 편리하게 사용할 수 있다.

C에서 제공하는 구조체는 이와 같이 typedef문을 이용해서 정의한 것이 대부분이다. 그 대표적인 예가 "FILE"이란 구조체인데 이는 다음 장에서 자세히 설명하기로 하자. 일단 이곳에서는 typedef문을 이용한 구조체 정의 방법만을 이해하도록 하자.

2. 공용체

지금부터는 공용체에 대해 알아보도록 하자. 공용체(union)은 메모리의 동일한 기억장소를 서로 다른 데이터형이 공동으로 사용할 수 있도록 만드는 유도형 데이터이다.

공용체는 주택의 방에 비유할 수 있다. 이러한 사무실은 사용자에 따라서 창고가 될 수도 있고, 거실이 될 수도 있다. 부엌이 될 수도 있고, 서재가 될 수도 있다. 그러나 일단 정해진 용도의 방은, 다른 용도로 사용하려 한다면 너무 복잡한 일이 된다. 가구도 옮겨야 하고 책도 옮겨야 한다. 침대도 책상도 옮겨야 한다. 그래서 안 바꾸려(?) 한다.

즉, 공용체는 일정한 메모리 공간을 마치 방처럼 비워두는 역할을 한다. 이렇게 공용체가 만들어 졌으면, 사용자의 편의에 맞게 거실이나 침실, 서재 등으로 사용하기만 하면 된다. 구체적으로 하나의 기억장소를 int형이나 float형, double형, 구조체 변수 등 원하는 데이터들이 서로 공동으로 사용할 수 있도록 해준다.

이와 같은 점들을 제외하고 거의 모든 형식이 구조체와 동일한 형태를 갖는다. 공용체 택, 공용체 틀, 공용체 멤버등 필요한 대부분이 동일하다. 반면 구조체와 다른 것은 struct라는 키워드 대신 union이란 키워드가 필요하고, 초기화 방법이 다를 뿐이다. 이제 공용체의 선언 형식을 알아보자.

표 8.3 공용체 선언 형식

```
union  공용체 택 {
      자료형 멤버;
      자료형 멤버;
           ⋮
      자료형 멤버;
   }
```

구조체와는 달리 멤버들은 해당 자료형에서 하나의 변수만을 선언해야 한다. 그 이유는 실제로 변수가 모두 존재하는 것이 아니고 동일한 기억장소를 공유하기 때문이다. 즉, 다음과 같은 선언은 공용체에서는 이루어 질 수 없는 선언 형식이다.

```
union uni {
    int a,b,c ;
  float x[10];
 } dot;
```

앞에서 "int a,b,c;"와 같은 선언는 안된다는 말씀인 것이다. 공용체는 각 멤버들을 선언했을 때, 각 멤버들은 동일한 기억장소를 공유한다. 따라서 공용체는 각 멤버가 저장되는 선두 번지가 일치하는 구조체라 할 수 있다. 그런 이유로 하나의 공용체에는 하나의 데이터만을 저장할 수 있다. 또한 컴파일러는 공용체의 멤버 중에서 가장 멤버가 들어갈 만큼의 기억장소를 공용체 변수에 할당한다.

그런데 주의할 것은 공용체 변수에 저장되어 있는 값의 데이터형이 무슨 형인지는 전혀 알 수 있는 방법이 없다. 다만 공용체는 가장 최근에 저장된 값을 가지고 있다. 이제 다음과 같은 선언을 생각해 보자.

```
union   pop {
  int data;
  float x;
  double y;
  char a[5];
};
union pop dot;
```

이제 공용체 변수 dot는 각 멤버들 중 가장 큰 데이터형을 위한 메모리를 할당하게 된다. 위에서 가장 큰 메모리는 double형으로 8바이트의 크기를 차지한다. 또한 123을 저장한다고 하더라도 "dot.x=123"과 같은 명령이 주어진다면, 이것은 4바이트의 크기로 저장된다. 이러한 개념을 [그림8.8]로 확인하도록 하자.

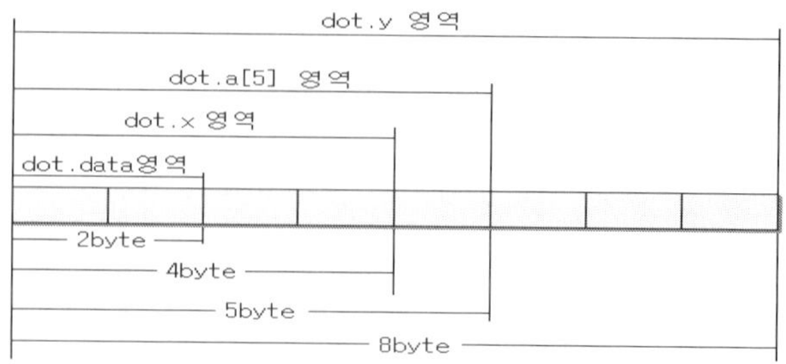

그림 8.9 공용체 변수 dot의 메모리상의 모습

다음의 간단한 프로그램을 이용하여 이 사실을 확인하기 바란다.

P/G 8.3 공용체의 예

```
#include<stdio.h>
  #include<conio.h>
  void main(void)
  {
    union pop {
       int data;
                      float x;
                      char a[5];
                      double y;
     };
    union pop dot={123};
    printf("------- Adress of union pop dot ------\n");
    printf("\t dot.data=%p , dot.x=%p\n",&dot.data,&dot.x);
    printf("\t dot.a[0]=%p , dot.y=%p\n",&dot.a[0],&dot.y);
    printf("------- Size of union pop dot ------\n");
    printf("\tdot.data=%d,dot.x=%d\n",sizeof(dot.data),sizeof(dot.x));
    printf("\t dot.a[5]=%d , dot.y=%d\n",sizeof(dot.a),sizeof(dot.y));
    printf("\t union pop dot=%d\n",sizeof(dot));
    printf("-------------------------------------\n");
    printf("\t union pop dot=%d\n",dot);
    printf("-------------------------------------\n");
    dot.data=20; dot.x=30; dot.a[5]="abcde"; dot.y=100.;
    printf("\t dot.data=%d , dot.x=%f\n",dot.data,dot.x);
    printf("\t dot.a[5]=%s , dot.y=%lf\n",dot.a,dot.y);
    }
```

| 해석 |

[P/G 8.3] 에서 확인 할 것은 공용체를 초기화하는 방법이다. "union pop dot={123}"의 부분이 공용체를 초기화 한 부분이다. 일반적으로 공용체 변수 자체를 초기화 할 때에는 {}으로 둘러싸서 값을 대입한다. 또한 공용체를 초기화하는 방법에 있어서, 공용체는 그 첫 번째 멤버의 데이터형을 가지는 상수 수식으로 초기화할 수 있다. 예로 [P/G 8.3] 의 경우, 123을 int형으로 초기화하려 한다면, int형 자료를 첫 번째 멤버로 선언해야 한다.

끝으로 [P/G 8.3] 의 결과는 아래와 같다.

[P/G 8.3] 실행 결과(*)

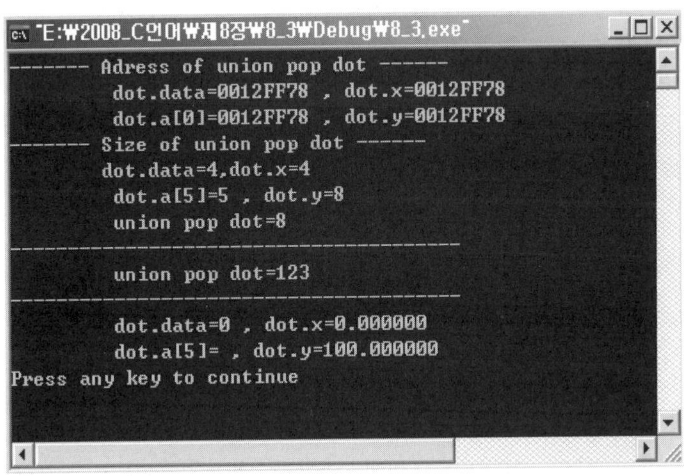

| 해석 |

[P/G 8.3] 공용체의 예에 대한 결과를 다시 한번 주목하자. "Adress of union pop dot"의 부분은 각 멤버들의 시작 주소값을 확인하는 부분이다. 시작 주소값은 "0012FF78"로(경우에 따라 물론 다르게 나온다.) 모두 동일하다.

"Size of union pop dot"은 각 멤버들의 메모리 크기를 나타낸 부분이다. 앞에서 이미 설명했듯이 멤버들은 서로 다른 메모리의 크기를 가지고 있는 것으로 나타나고 있다. 한가지 주목 할 것은 공용체 변수 dot는 8바이트의 크기를 가지고 있다. 즉, 구성 멤버 중 가장 큰 메모리를 차지하는 멤버의 크기로 메모리를 할당하고 있는 것이다.

"union pop dot=123" 부분은 공용체 변수 dot가 초기화된 값을 나타내고 있다.

[P/G 8.3]의 초기화 부분에서 공용체 변수 dot를 123으로 초기화했다. 이 부분과 관련하여 [P/G 8.3]의 다음 부분을 살펴보자.

```
dot.data  =20;  dot.x=30;  dot.a[5]="abcde";  dot.y=100.;
```

이 부분은 각 멤버에 서로 다른 값을 대입하고 있다. 이것이 만일 구조체 같다면 각 멤버들은 서로 다른 값을 가지고 있어야 한다. 따라서 그에 대한 결과도 살펴보면 전혀 다르게 나타나고 있는 것을 확인할 수 있다.

```
dot.data  =0  ,  dot.x=0.000000
dot.a[5]=  ,  dot.y=100.000000
```

앞의 결과는 공용체의 속성을 잘 나타내는 결과이다. 앞에서도 언급했듯이 공용체는 최종적으로 저장한 값을 갖는다고 했다. 따라서 dot.y만이 값을 가지고 있다. 또한 서로 메모리를 공유하고 있기 때문에, 서로 다른 값을 동시에 가질 수 없음도 확인하였다.

공용체가 필요하게 된 주요 원인은, 동일한 데이터형 명이라도 실제로는 시스템에 따라 그 바이트 크기가 서로 다르다. 이러한 여건 하에서 여러 컴퓨터간의 시스템로부터 서로의 호환성을 유지하기 위해서 공용체가 만들어졌다.

이처럼 공용체를 비트 단위로 조작하기 위해서는 "비트 필드(bit-field)"라는 일련의 구조체를 사용해야 한다. 이러한 자세한 사항은 매뉴얼을 참조하기 바란다.

연 / 습 / 문 / 제 (A)

1. 구조체와 공용체의 개념을 설명하여라.

2. 구조체의 선언 형식을 열거하라.

3. 학번, 성명및 점수를 필드로 하는 구조체의 형이름을 srec이라고 선언하여 초기값을 각각 9905, Kim C.S., 3.25와 9907, Chi, S,K., 3.75로 부여하여 단순하게 출력하는 프로그램이다. 프로그램을 분석하여라.

```
main()
{
    struct srec {
      int    hak;
      char *name;
      float jumsu;
  };
 struct srec kim, park;
 kim.hak =9905; kim.name ="Kim  C.S."; kim.jumsu=3.25;
 park.hak=9907; park.name="Park S.K."; park.jumsu=3.75;
 printf("₩n %d : %s = %4.2f",kim.hak, kim.name, kim.jumsu);
 printf("₩n %d : %s = %4.2f",park.hak,park.name,park.jumsu);
}
```

4. 학번(int), 학점(float)을 필드로 하는 구조체형 srec를 선언하고, 이 srec형을 원소로 하는 배열 pupil[10]을 선언하였고, pupil[0], pupil[1], ⋯등에 학번과 성적을 입력해 나가면서 계속 입력할 것인가를 확인하는 함수는 contain()으로 작성하였다. 이 프로그램을 분석하라.

```
#include <stdio.h>
#include <ctype.h>
struct srec {
    int     hak;
    float   jumsu;
 };
void main()
{
    struct   srec   pupil[10];
    int i=0, rcnt;
    clrscr();
    printf("Size of struc type = %d",sizeof(struct srec));
    do {
      input_data(&pupil[i]);
      ++i;
     }
    while (contin());
    rcnt=i-1;
    for (i=rcnt; i>=0; i--)  output_data(pupil[i],i);
}      /* end of main() */
input_data(stdnt)
  struct   srec   *stdnt;
{
  int   hakbun;
  float    jum;
  printf("₩nEnter HakBun(integer):");  /* HakNun */
  scanf("%d",&hakbun);
  printf("Enter JumSu(float):");        /* JumSu */
  scanf("%f",&jum); stdnt->hak   =hakbun; stdnt->jumsu=jum;
}
output_data(std,n)
 struct   srec std;
   int              n;
{
   printf("₩n[%d] :%4d:   %4.3f ", n,std.hak,std.jumsu);
}
contin()
{
  printf("  Quit or Continue ? (Q/C)");
  if ('Q'==toupper(getch()) )   return(0);  /* getch() : No-echo */
     else  return(1);
}
```

5. 다음과 같은 데이터를 구조체를 사용하여 메인에서 작성하고, 함수에서 출력하는 프로그램을 작성하여라.

이 름	성 별	나 이	전 화 번 호
su min	f	20	02-4211-9876
jon	m	19	032-3452-3218
india	m	23	0335-2627-9765
sujan	f	21	034-5437-5673
john	m	22	0531-7289-6673

6. 공용체 배열을 사용하여 다음 자료를 int형과 float형으로 각각 계산하여 총합을 구하는 프로그램을 함수를 이용하여 작성하라.

10, 5, 35, 15, 41, 56, 23, 56, 25, 26, 46, 33, 35

7. 『문제 6』에 대하여, 구조체와 유사형태인 공용체의 형태가 있는데, 공용체를 이용하여 프로그램을 작성한 후 구조체와 비교 설명하여라.

연 / 습 / 문 / 제 (B)

1. 2명의 통계학, 수학, 전산학 점수를 입력하여 합과 평균을 계산하는 프로그램을 구조체를 이용하여 작성하시오.

[힌트 및 결과]

```
#include <stdio.h>
 void main()
 {
     struct sunjuk
         {
             char sunjuk[50];
             int stat , math, com;
             int sum;
   double ave;
      } kim, gang;

     kim.stat=80;
     kim.math=90;
     kim.com=70;
     gang.stat=80;
     gang.math=90;
     gang.com=90;
       kim.sum=kim.stat+kim.math+kim.com;
     gang.sum=gang.stat+gang.math+gang.com;
       kim.ave=(kim.stat+kim.math+kim.com)/3;
     gang.ave=(gang.stat+gang.math+gang.com)/3;
     printf("kim 통계학 = %d, 수학 = %d, 컴퓨터학 = %d, 합=%d, 평균=%.2f₩n",
                          kim.stat,kim.math,kim.com,kim.sum,kim.ave);
     printf("gang통계학 = %d, 수학 = %d, 컴퓨터학 = %d, 합=%d, 평균=%.2f₩n",
                          gang.stat,gang.math,gang.com,gang.sum, gang.ave);
     }
```

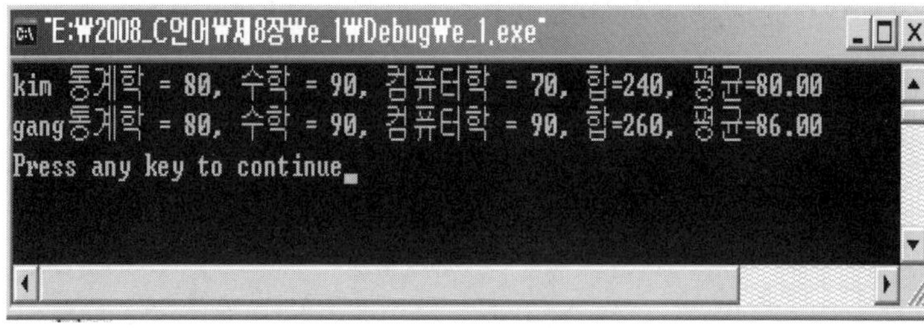

2. 다음 프로그램을 실행하고 그 결과를 나열하고 설명하시오.

```
struct list{
    char *hak1;
    char *hak2;
    int hak3;
 };
 #include<stdio.h>
 main(){
    struct list t[3]={{"통계학     ","일학년",  90},
                      {"전산학     ","일학년",  85},
                      {"전자공학과","일학년",  90}};
    struct list *hak4;
    printf("학과                학년      인원₩n");
    printf("-----------------------------------------------₩n");
    for(hak4=t;hak4<t+3; hak4++)
        printf(" %10s₩t %s₩t %4d₩n",hak4->hak1, hak4->hak2, hak4->hak3);
 }
```

[힌트 및 결과]

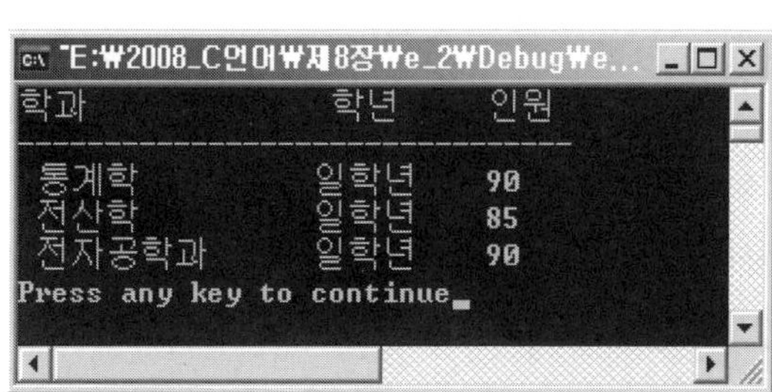

3. 다음 프로그램은 구조체 포인터 연산자(->)를 이용한 프로그램이다. 실행하여 그 결과를 나열하고 설명하시오.

```
#include <stdio.h>
 struct exapp
  {  int number;
      char n;
  } mun, *stmun;
 void main()
  {   stmun=&mun;
      stmun->number=10;
      stmun->n='F';
      printf("₩n mun.Number = %d",mun.number);
      printf("₩n mun.n = %c",mun.n);
      printf("₩n stmun->number = %d",stmun->number);
      printf("₩n stmun->n = %c₩n",stmun->n);
  }
```

[힌트 및 결과]

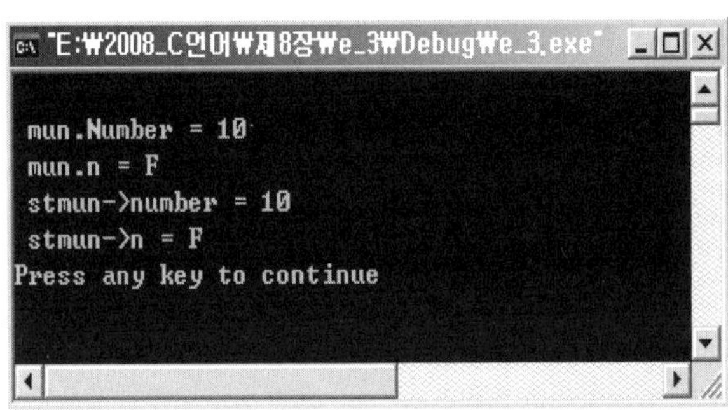

4. 다음 프로그램은 구조체 이용한 프로그램이다. 실행하여 그 결과를 나열하고 설명하시오.

```
#include <stdio.h>
struct info0
  {
```

```
        char *name;
        char TEST;
        int age;
        struct info0 *info2;
    };
void main()
    {
        struct info0 info[3],*imsi;

        info[0].name = "김 형보 ";
        info[0].TEST = 'F';
        info[0].age = 22;
        info[0].info2 = info+1;

       info[1].name = "강 남길";
        info[1].TEST = 'P';
        info[1].age = 21;
        info[1].info2 = info+2;

        info[2].name = "서 장원";
        info[2].TEST = 'F';
        info[2].age =25;
        info[2].info2 = NULL;
        imsi = info;

      {  printf("이름   졸업시험(P,F)   나이\n");
         printf("------------------------\n");}
        while(imsi) {
         printf("%-10s %c          %4d    \n",
              imsi->name,imsi->TEST,imsi->age);
           imsi = imsi->info2;
                         }
          }
```

[힌트 및 결과]

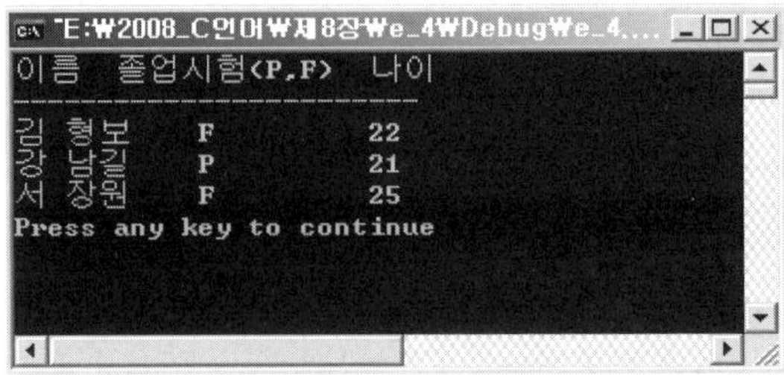

5. 다음 프로그램은 구조체 이용한 프로그램이다. 실행하여 그 결과를 나열하고 설명하시오.

```
#include <stdio.h>
#include <string.h>
struct munza_t {
 int i;
 char munza[80];
 } st, *po;

 int main(void) {
 po = &st;

 st.i = 23;
 po->i =23;
 strcpy(po->munza, "The are not always happy");

 printf("%d %d %s₩n", st.i, po->i, po->munza);
 return 0;
 printf("₩n");
 }
```

[힌트 및 결과]

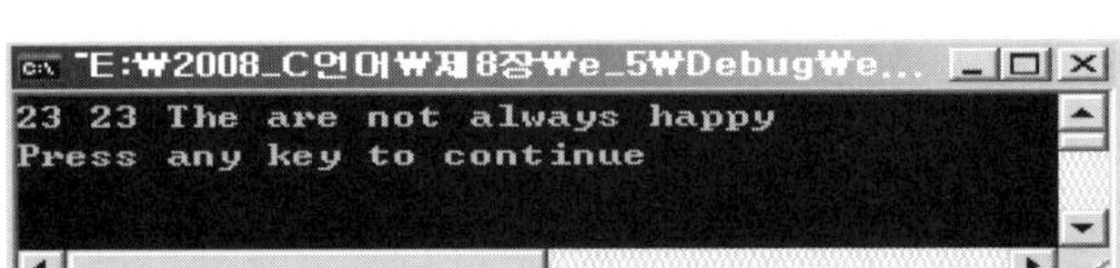

6. 다음 프로그램은 구조체의 포인터 표현(배열)에 관한 프로그램이다. 실행하여 그 결과를 나열하고 설명하시오.

```
#include<stdio.h>
typedef struct{
 int x1;
 int x2;
 }po;
 int main(int* argc,char* argv[]){
 po a[3]={{1,2},{3,4},{5,6}};
 po *po;
 po=a;
 printf("%d %d₩n",      a[2].x1   ,      a[2].x2 );
 printf("%d %d₩n",(*(po+2)).x1   , (*(po+2)).x2 );
 printf("%d %d₩n",  (po+2)->x1   ,    (po+2)->x2 );
 printf("%d %d₩n",      po[2].x1   ,      po[2].x2 );
 return 1;
}
```

[힌트 및 결과]

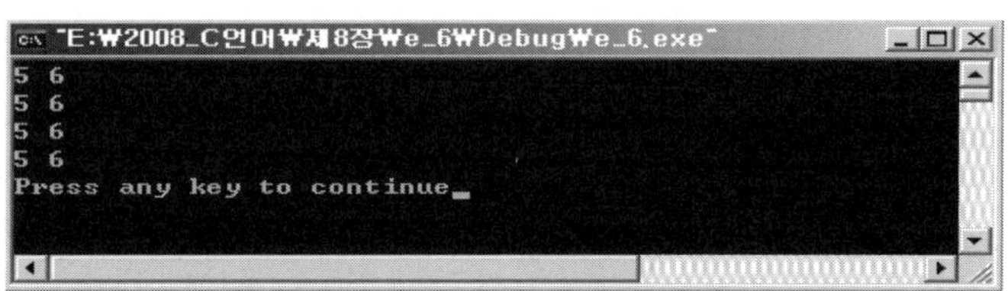

7. 다음 프로그램은 구조체와 공용체의 바이트에 관한 프로그램이다. 실행하여 그 결과를 나열하고 설명하시오.

```
#include <stdio.h>
union info1
{
        short name;
    char TEST;
        double age;
 }student1;
```

```
struct info2
{
        short name;
      char TEST;
        double age;
}student2;
void main()
{
        printf("%d바이트 %d바이트\n", sizeof(student1), sizeof(struct info2));
 }
```

[힌트 및 결과]

8. 다음 프로그램은 실행하여 그 결과를 나열하고 설명하시오.

```
#include <stdio.h>
#include <conio.h>

union un_type {
        int      x1;
        short    x2;
        long     x3;
        unsigned x4;
        float    x5;
        double   x6;
        char x7;
};
void main ()
{
union un_type v;
```

```
v.x1=66;
printf( " int          = %d₩n",v.x1);
printf( "   short      = %d₩n",v.x2);
printf( "   long       = %ld₩n",v.x3);
printf( "   unsigned = %u₩n",v.x4);
printf( "   float      = %f₩n",v.x5);
printf( "   double     = %e₩n",v.x6);
printf( "   char x7   = %c₩n",v.x7);
getch ();
}
```

[힌트 및 결과]

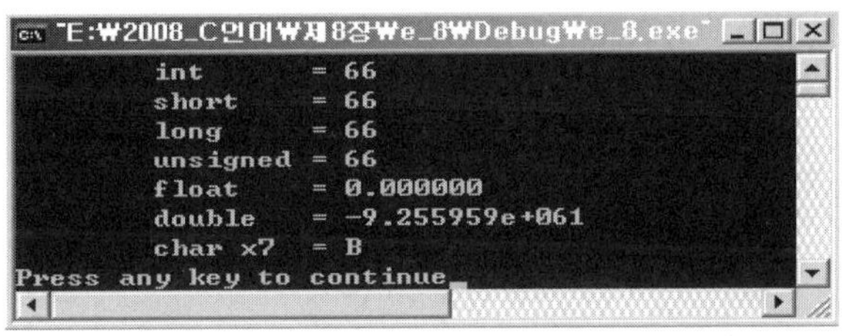

9. 다음 프로그램은 enum형 변수를 사용한 프로그램이다. 실행하여 그 결과를 나열하고 설명하시오.

```
#include <stdio.h>
void main()
{       enum day {sun, mon, tue, wed, thu, fri, sat};
        printf("결과  : %d %d %d %d₩n", sun, mon, tue, wed);
        printf("           %d %d %d₩n", thu, fri, sat);
}
```

[힌트 및 결과]

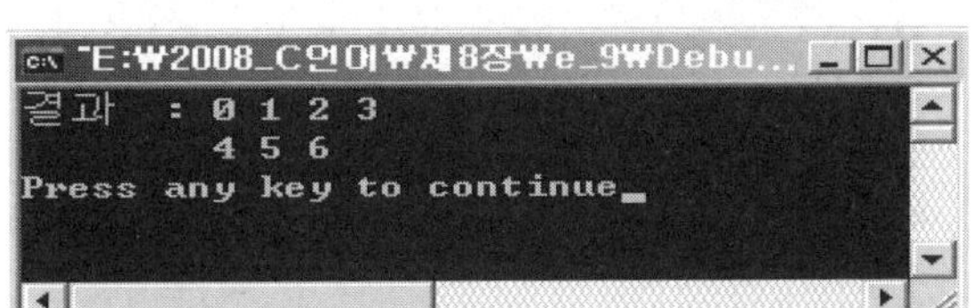

10. 다음 프로그램은 enum형 변수를 사용한 프로그램이다. 실행하여 그 결과를 나열하고 설명하시오.

```
#include <stdio.h>
enum  key     { open1=100,
                open2,
                    input1,
                    input2=200,
                    input3
  };

 void main()
    {  enum  key ko;
          ko=open1;
       printf("open1 = %d₩n", ko);
                ko=open2;
       printf("open2 = %d₩n", ko);
                ko=input1;
       printf("input1 = %d₩n", ko);
                ko=input2;
       printf("input2 = %d₩n", ko);
                ko=input3;
       printf("input3 = %d₩n", ko);
       printf("₩n");
     }
```

[힌트 및 결과]

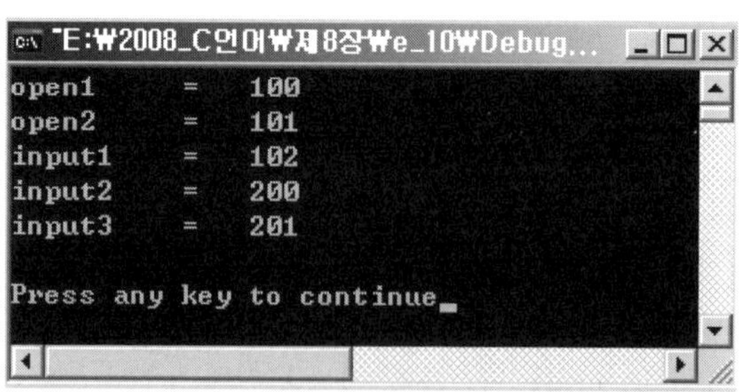

파일 포인터

Chapter 09

제9장에서는 C언어를 이해하는데 필요한 파일 포인터에 대하여 간단히 살펴본다.

본 장에서는 C 에서 파일을 다루는 방법과 파일에 대한 기초적인 학습을 하게 될 것이다.

1. Direct File I/O

우리는 지금껏 C의 결과물을 모니터 상에서만 확인할 수 있었다. 예로 프로그램을 실행 했을 때는 화면상에 표현되는 것이지, 이것을 파일로 저장할 방법이 없었던 것이다. 지금 까지 많은 독자들은 훌륭한 프로그램을 작성해서 결과물을 얻었다 하더라도 이것을 리포트로 제출하지 못해 망연자실해 했을 것이다. 그러나 이제부터 그런 걱정은 안해도 된다. 그러면 이제 본격적으로 파일에 대한 얘기를 시작해 보자. 우선 FILE라는 구조체를 사용하여 파일을 다루는 개략적인 내용부터 살펴보도록 하자. 우리는 8장에서 구조체에 대해 공부하였다. C에서 제공하는 구조체중 "FILE"이라는 구조체가 있다고 했다. 이 구조체가 문제의 파일 구조체이다. 그러면 C에서 제공하는 FILE 구조체의 형정의를 소개하도록 하자.

```
typedef struct {
      short   level;
      unsigned   flags;
      char fd;
      unsigned     char   hold;
      short   bsize;
      unsigned   char   *buffer;
      unsigned   char   *crup;
      unsigned   istemp;
      short   token;
   } FILE ;
```

우리는 위의 FILE형 구조체에 대한 정의는 쉽게 알 수 있을 것으로 생각된다. 즉, 위에서 선언된 FILE이란 이름의 구조체를 우리는 쉽게 재정의 해서 사용할 수 있다. 즉,

```
FILE   op, *fp;
```

처럼 사용할 수 있다.

이러한 형태의 정의는 typedef문에 의해 가능한 일이란 걸 이미 설명하였다. op와 *fp는 각각 FILE형 구조체를 가리키는 구조체 변수와 구조체 포인터이다. 그런데 이러한 FILE형 구조체와 연관된 함수 중에서 "fopen()"이란 함수가 있다.

FILE형 구조체는 fopen()이란 함수와 연관되어 모든 파일 처리를 하게되는데, fopen()의 특성상 FILE형 구조체는 반드시 구조체 포인터(스트림)로 재 선언해야 한다. 즉, 실제의 파일 입/출력을 위해서는 구조체 변수 op보다 구조체 포인터인 *fp로의 선언이 옳은 일이다. 따라서 앞으로 FILE형 구조체를 다룰 때에는, 구조체 포인터로 선언할 것을 약속하자(매우 중요한 약속이다). 또한 이러한 구조체 포인터를 특별히 "파일 포인터"라고 하자.

실제의 파일 포인터의 개념은 그렇지가 않다. 파일 포인터의 정확한 의미는, FILE형 구조체를 재 정의한 구조체 포인터(스트림) 위에서 데이터를 입출력할 현재의 위치를 나타내는 말이다.

좀더 정확히 말하면 파일 입출력 버퍼에서 현재 입출력하고자 하는 문자의 위치를 가리키는 것이다. 하지만 구조체 포인터와 파일 포인터를 혼용해도 무관한 관계로 혼

용해서 쓰기로 한다.

그럼 구조체 FILE을 *fp라는 파일 포인터로 선언했다고 가정한 후 이러한 파일 포인터 *fp는 fopen()함수를 사용하여 스트림을 개방한다. C에서는 파일을 "스트림(stream)"이라 한다는 점에 혼동하지 않기를 바란다. 따라서 위의 말은 "파일 포인터 *fp를 fopen()함수를 사용하여 파일을 개방한다"라는 의미로 받아들이라는 것이다.

다음으로 개방된 스트림을 적당한 파일 입출력 함수를 사용하여 스트림에 데이터를 입출력한다. 그 다음으로 필요한 경우 fclose()라는 스트림 종결 함수를 사용하여 스트림을 종결시킨다. 이 때 잊지 말아야 할 것은 반드시 #include문에 "stdio.h"을 포함시켜야 한다. 그렇지 않으면 C는 위의 일련의 작업들을 알아듣지 못한다. 여기까지가 파일을 입/출력하기 위한 과정이다. 지금까지의 내용을 다음의 간단한 도표로 정리하였다.

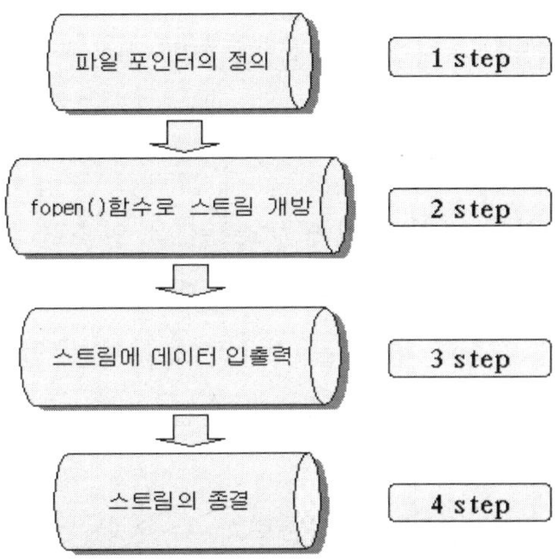

그림 9.1 파일 입출력을 위한 순서

1.1 파일 열기

C가 제공하는 파일 입출력 표준 라이브러리 함수는, C가 시스템 언어라서 그런지는 몰라도 초보자에게 부담스러울 정도로 많다. 이렇게 많은 파일 입출력 함수는 크게 고주준 파일 입출력 함수(High level file I/O function)와 저수준 파일 입출력 함수(Low level file I/O function)로 나뉜다. [표 9.1]에서 몇 가지 파일 입출력 함수를 소개한다.

표 9.1 파일 입출력 함수

고주준 파일 입출력 함수		저수준 파일 입출력 함수	
fopen /fclose	파일 개방/종결 함수	open /close / create	파일 개방/종결/생성 함수
fgetc /fputc	단일 문자 파일 입력/출력 함수	read /write	파일 읽기/쓰기 함수
fgets /fputs	문자열 파일 입력/출력 함수	eof	파일끝 검출 함수
fscanf / fprintf	서식화 파일 입력/출력 함수	lseek	파일 임의 접근 함수
fread /fwrite	블럭 입력/출력 함수		
feof / ferror	파일 끝 / 에러 검출 함수		

고수준 파일 입출력 함수는 저수준 파일 입출력 함수에 비교해서 다음과 같은 몇 가지 특성에 의해 구분된다.

❶ 물리적으로 디스크상의 파일 대신에 "스트림"을 입출력 대상으로 사용하여 보다 효율적이고, 융통성 있는 작업을 가능하게 한다.
❷ 함수 내부의 "파일 입출력 버퍼"를 경유하여 문자를 입출력한다.
❸ 도스 기능 호출에 대한 지식이 없이도 사용할 수 있으며, 서로 다른 시스템간의 호환성이 높다.
❹ 데이터를 개개의 문자 단위별로 입출력할 수 있다.

이에 반해 저수준 입출력 함수는 데이터가 버퍼를 경우하지 않으며, 도스와의 밀접한 관계를 가지고 있기 때문에 원하는 파일을 도스 수준의 저수준으로 세밀하게 조작할 수 있는 특징을 가지고 있다.

1.2 파일 개방 함수

지정된 스트림을 읽어 나가기 위해서는 스트림을 개방 해야한다. 스트림을 여는 함수는 fopen()으로 다음과 같이 선언되어 있다.

```
FILE   *fopen (const char *filename, const char *mode );
```

const char *filename에는 파일명에 해당하는 문자열이나 파일명을 가리키는 포인터가 들어가고 const char *mode에는 파일을 여는 형식이 들어간다. 파일명에는 drive와 path를 지정할 수 있다.

```
"a:test.txt"  A 드라이브의 test.txt 파일
"c:\\temp\\mean.dat" C 드라이브의 temp 디렉토리에 있는 mean.dat 파일
```

파일을 여는 형식(mode)에는 여러 가지가 있다. 읽기용 "r", 쓰기용 “w", 추가용 ”a"가 있고 여기에 “b"를 덧붙이면 이진 파일 형식, ”t"를 덧붙이면 텍스트 파일 형식이고, 거기다가 또 “+”를 붙이면 갱신용 형식이 된다. 그러므로 파일을 여는 형식은 다음과 같은 종류가 있다.

표 9.2 파일 열기 형식

형 식(mode)	내 용
"rt"	텍스트파일을 읽기용으로 연다
“wt"	텍스트파일을 생성하고 쓰기용으로 연다
“at"	텍스트파일을 추가용으로 연다
“rb"	이진파일을 읽기용으로 연다
“wb"	이진파일을 쓰기용으로 연다
“ab"	이진파일을 추가용으로 연다

이러한 fopen() 함수는 다음과 같은 사용 형식을 지켜야 한다.

```
파일 포인터 = fopen("파일명","입출력모드")
『사용 예』
#include <stdio.h>
FILE *fp;
fp=fopen("work.txt","wt");
```

1.3 파일 닫기

파일을 열어서(open) 사용한 후에는 반드시 파일을 닫아야(close) 한다. 파일을 닫는 함수인 fclose는 다음과 같이 선언되어 있다.

```
int fclose( FILE *fp );
```

fclose() 함수는 스트림이 성공적으로 종결되면 정수값 “0”을 리턴한다. 에러가 발생하는 경우라면 EOF(-1)을 리턴한다. 파일을 닫기 위해서는 다음처럼 하면 된다.

```
fclose (fp) ;
```

이렇게 하면 fp가 가리키는 파일을 닫게 된다.

2. 예제

2.1 텍스트 파일의 예제

C 프로그램에서 파일을 사용하려면 먼저 파일을 오픈하는 작업이 선행되어야 한다. 파일 오픈은 시스템상의 어떤 파일을 어떤 모드(읽기 전용, 읽기 쓰기 등)로 열 것인지를 결정하게 된다.

만일 “a.dat”라는 파일이 존재한다면, 다음은 “a.dat” 파일에 있는 문자들을 읽어서 화면에 뿌려 주는 역할을 한다.

P/G 9.1 fopen()과 fclose()함수의 사용의 예

```
#include <stdio.h>
FILE *fp;
void main(void)
{
            char c;
            fp=fopen("a.txt","r");
            if(fp==NULL) {
                printf("File(a.txt) cannot open \n");

               }
           while((c=fgetc(fp))!=EOF) putchar(c);
           printf("\n");
           fclose(fp);
}
```

파일 오픈을 위해서 사용되는 fopen()문 안에는 먼저 열고자 하는 파일명을 문자열로 적어 주고(예에서 "a.txt"), 다음에 파일 오픈 모드라는 것을 지정해주게 된다.

파일 오픈 모드에는 읽기 전용("r"), 읽기 쓰기("rw"), 추가 모드("a"), Text 형식("t"), Binary형식으로 읽기 전용의 파일을 오픈한다는 것이다. fopen() 함수는 반환값(return 값)으로 FILE 구조체에 대한 포인터를 돌려준다.

FILE 구조체는 <stdio.h> 헤더파일에 정의되어 있으며 구조체에 대한 포인터값이 반환되므로 FILE *fp; 와 같이 변수가 정의되었다. 이 선언문은 파일 제어와 관련된 많은 프로그램에서 약방의 감초 격으로 볼 수 있다. 파일은 일단 open한 후에는 close까지 계속 파일 포인터에 의해 참조된다. 만약 파일 오픈이 실패한다면 파일 포인터의 값이 Null값이 될 것이다. 따라서 위의 예제에서 파일 오픈의 성공 여부를 체크하기 위해 파일 포인터와 Null을 비교한 문장을 볼 수 있다. 파일을 다 사용한 후에는 반드시 닫아 주어여 하는데 위의 마지막 문장처럼 fclose()를 호출하여 간단히 수행할 수 있다.

[P/G 9.1] 실행 결과

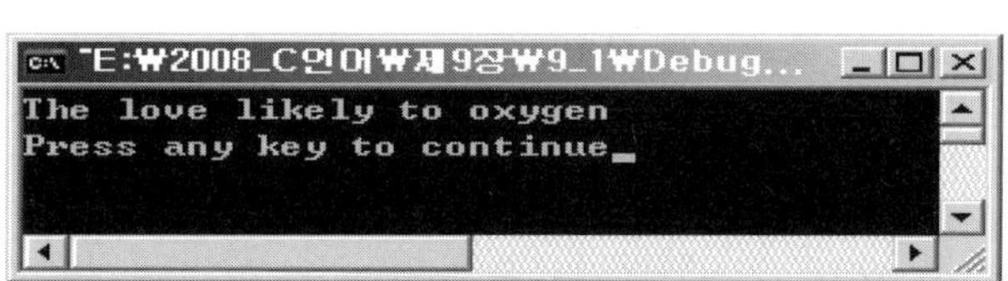

다음의 예를 확인하도록 하자.

P/G 9.2 텍스트 파일의 입력

```
/*(1) */ #include <stdio.h>
/*(2) */ void main(void)
/*(3) */  {
/*(4) */      FILE *data;
/*(5) */      data = fopen("sample.txt", "wt");
/*(6) */      fputs("This is the first line.\n", data);
/*(7) */        fputs("This is the second line.\n", data);
/*(8) */      fputs("This is the last line.\n", data);
/*(9) */      fclose(data);
/*(10)*/  }
```

| 해석 |

위 프로그램 [P/G 9.2] 에서

(4) 파일 포인터를 선언하고 있다. 즉, 앞으로 FILE형 구조체를 data라는 이름의 스트림으로 사용할 것을 나타내고 있다.

(5) 파일을 연다. data라고 하는 스트림으로 sample.txt라는 파일을 만든다. "wt"에서 쓰기용 텍스트 파일을 나타내고 있다. 쓰기용으로 sample.txt를 열기 때문에 sample.txt 파일이 만들어진다.

(6) fputs 함수는 문자열을 파일에 저장하는 함수이다. 형식은 앞 인자에 저장할 문자열이 들어가고, 뒤의 포인터가 가리키는 파일에 저장하게 된다. puts 함수와 비교해 보면 쉽게 이해가 갈 것이다.

(9) data를 다 사용했으므로 파일을 닫아 준다.

[P/G 9.2]의 텍스트 파일의 입력이 프로그램 상에서 확실하게 이루어 졌는가를 확인해 보자. 무사히 실행되었다면 "sample.txt"라는 파일이 생성되어 있을 것이다. 텍스트 파일이므로 도스용 에디터 창이나, 윈도우를 사용하고 있는 독자라면 메모장 정도에서 불러오면 무난히 확인할 수 있을 것이다. 그 결과는 다음과 같다.

[P/G 9.2] 실행 결과

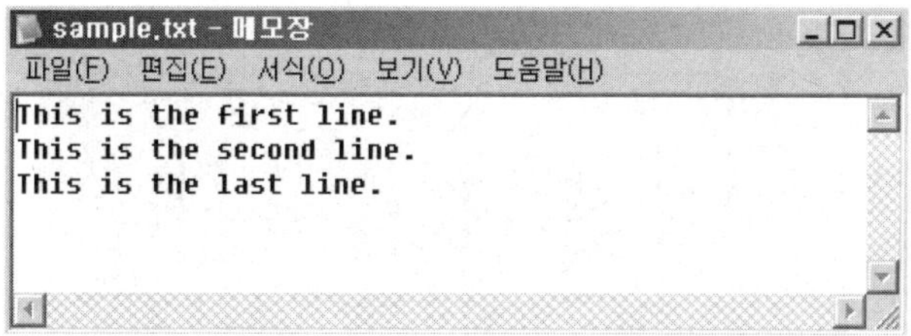

그러면 이제 우리가 만든 파일의 확인을 위해 우리가 만든 파일을 다시 읽어들이는 프로그램을 만들어 보자. 프로그램의 형식은 대부분 동일함을 알 수 있을 것이다. 아래의 [P/G 9.3]는 파일을 읽어 들이는 프로그램이다.

P/G 9.3 텍스트 파일의 읽기

```
/*(1) */ #include <stdio.h>
/*(2) */ void main(void)
/*(3) */ {
/*(4) */          FILE *data;
/*(5) */          char a[30];
/*(6) */          data = fopen("sample.txt", "rt");
/*(7) */          while ( fgets(a, 30, data) != NULL )
/*(8) */                   printf("%s", a);
/*(9) */          fclose(data);
/*(10) */         printf("\nPress <return>\n");
/*(11) */ }
```

| 해석 |

위 프로그램 [P/G 9.3] 에서

(4) 파일 포인터를 선언하고 있다.

(6) 파일을 연다. data라고 하는 포인터로 sample.txt라는 파일을 연다. "rt"에서 읽기용 텍스트 파일을 나타내고 있다. 읽기용으로 파일을 읽기 때문에 sample.txt라는 파일이 존재해야 한다.

(7) fgets 함수는 문자열을 파일에서 읽어 오는 함수이다. 인자로는 문자열을 저장할 변수, 문자열의 크기, 파일을 가리키는 포인터가 필요하다.

그러면 [P/G 9.3]의 프로그램을 실행시켜 보자. 결과는 다음과 같이 된다.

[P/G 9.3] 실행 결과

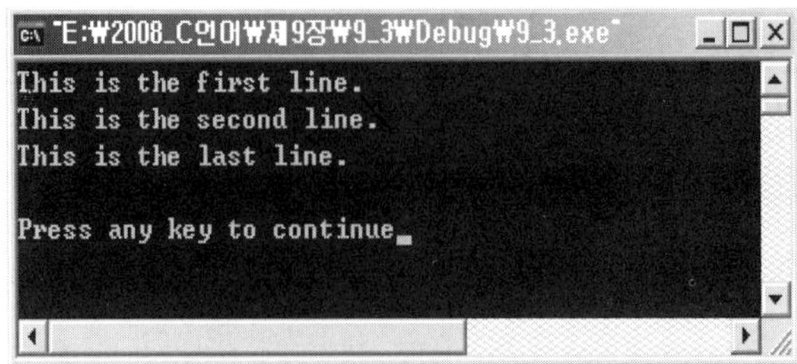

2.2 구조체형의 파일의 읽기와 쓰기

파일에서 데이터를 읽거나 파일로 출력하기 위해 보통 다음과 같은 함수가 사용된다.

■ 읽기

- int fgetc(FILE *fp)

  fp에 주어진 파일에서 문자 한 개를 읽는다.

- int fscanf(FILE *fp, char *format, <변수 리스트>)

  scanf와 같으나 파일에서 읽는다.

- char *fgets(char *str, int max, FILE *fp)

  fp에 주어진 파일에서 한 라인의 문자열을 읽어 str에 넣는다. max는 최대 문자열 크기로 이 크기가 넘으면 절삭한다.

- size_t fread(void *ptr, size_t size,size_t n,FILE *fp)

  fp에 주어진 파일에서 크기만큼의 문자를 n개 가져와서 버퍼 ptr에 저장한다.

■ 쓰기

- int fputc(int c, FILE *fp)

  fp에 주어진 파일로 문자 한 개를 쓴다.

- int fprintf(FILE *fp, char *foemat,<변수 리스트>

  printf와 같으나 파일로 출력

- size_t fwrite(void *ptr,size_t size,size_t n,FILE *fp)

  fp에 주어진 파일로 버퍼 ptr에 있는 size*n 크기만큼의 데이터를 저장한다.

다음의 예를 보면서 사용법을 익혀 보도록 하자. 다음 예는 한 파일에 있는 데이터의 ASCII값을 3씩 감소시켜서 출력 파일에 저장하는 것이다. 이렇게 하면 텍스트문장들이 무의미한 문장으로 변환될 것이다.(테스트를 위해 a.dat라는 파일을 에디터로 작성하여 먼저 저장해 두어야 한다.)

P/G 9.4 fgetc(), fputc()의 사용 예

```
#include <stdio.h>
#include <stdlib.h>
  main()
  {
                    FILE *fi,*fo;
                    char ch;
                    /*입력 파일 오픈*/
                    fi=fopen("a.dat","r");
                    if(fi==NULL) {
          printf("a.dat파일을 open할 수 없습니다. \n");
                              exit(0);
                            }
                    /*출력 파일 오픈 */
                    fo=fopen("a.lis","wt");
                    if(fo==NULL) {
                        printf("a.lis 파일을 open할 수 없습니다. \n");
                              exit(0);
                          }
                    /*읽기, 변환 및 저장 */
                    while((ch=fgetc(fi))!=EOF)
                       fputc(ch+3,fo);
                    /*파일 닫기*/
                    fclose(fi);
      fclose(fo);
  }
```

여기서 입력 파일과 출력 파일의 오픈 모드가 각각 "r","w"인 것을 볼 수 있을 것이다. "w"모드(쓰기 모드)는 만약 기존 파일이 있는 경우에는 지우고 다시 쓰게 되고 없는 경우에는 새로 생성하게 된다. 기존 파일의 뒷부분에 첨가하려면 "a"(추가 모드)를

선택해야 한다. 읽기 부분에서 fgetc는 fi 파일 포인터에서 문자 한 개를 읽어서 ch라는 변수에 넘겨주고 fputc는 fo 파일 포인터에 (문자값+3)을 계산한, 한 개의 문자를 출력하게 된다. while loop를 사용하여 입력 문자가 EOF(End Of File)값, 즉 파일의 끝이 아닐 경우에는 계속 루프를 돌게 했다.

[P/G 9.4] 실행 결과

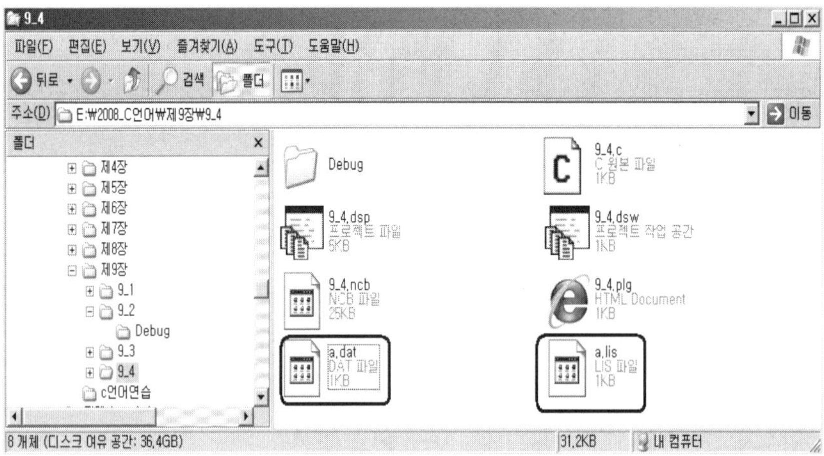

다음 예제는 한 라인씩 읽어서 출력 파일에 홀수 라인만 출력하게 하는 프로그램이다. 라인 단위로 읽기 위해서 fgets를 사용하였고 라인 단위 출력을 위해 fputs를 사용하였다.

P/G 9.5 fgets(), fputs()의 사용 예

```
#include <stdio.h>
#include <stdlib.h>
#define MAXCHAR 80
main()
{
  FILE *fi,*fo;
                    char str[81];
                    int i;
                    /*입출력 파일 오픈 */
```

```
            if((fi=fopen("a.dat","rt"))==NULL) {
                    printf("a.dat파일을 open할 수 없습니다. \n");
                    exit(-1);
    }
            if((fo=fopen("A.LIS","wt"))==NULL) {
              printf("a.lis파일을 open할 수 없습니다. \n");
              exit(-1);
            }
            /*라인단위 읽기, 홀수라인만 저장 */
            i=1;
            while((fgets(str,MAXCHAR,fi))!=NULL){
                  if((i%2)==1) fputs(str,fo);
                  i++;
            }
            fclose(fi);
            fclose(fo);
}
```

fgets() 함수는 첫 번째 파일에서 읽은 데이터를 넣을 문자열 변수를 지정하고, 두 번째 newline('\n')을 만날 때까지의 문자수가 지정된 최대 문자수를 넘지 못하도록 제한하기 위한 값을 넣어 준다. 이것을 넣는 이유는 읽은 데이터 크기가 배열 크기를 초과하지 못하도록 하기 위한 것이다.

라인 단위 출력 fputs() 함수를 사용하는데 첫 번째 파일에 출력하고자 하는 문자열 변수를 써주고 두 번째 출력 파일 포인터를 지정하기만 하면 된다.

만약 좀 더 융통성 있는 파일 입출력을 하려면 fprintf()와 fscanf()를 많이 사용하면 된다. 파일의 데이터를 숫자, 혹은 특정한 자릿수의 문자열로 계속 읽어 들이기 위해서는 fscanf()문이 편리하며, 여러 복합 데이터를 지정된 양식으로 출력하기 위해서는 fprintf() 문이 편리하다.

[P/G 9.5] 실행 결과

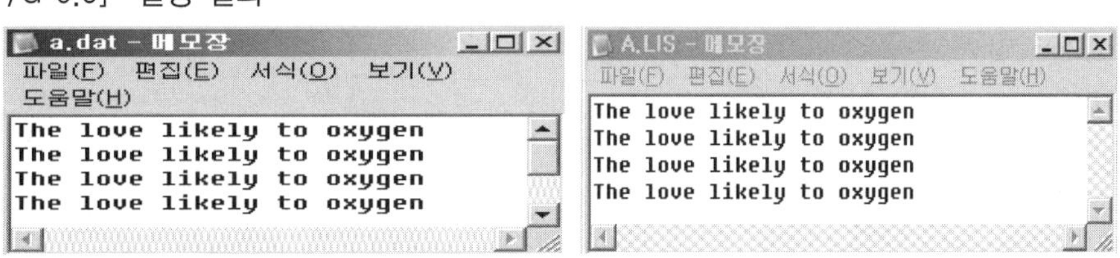

다음의 예는 fscanf()와 fprintf()문의 사용 예이다.

P/G 9.6 fscanf()와 fprintf()의 사용 예

```
#include <stdio.h>
#include <stdlib.h>
struct student {
     char name[10];
     int age;
     int eng;
  }
main()
{
                    struct student stu[10];
                    FILE *fi,*fo;
                    int i;
                    /*입출력 파일 오픈 */
                    if((fi=fopen("STU.txt","rt"))==NULL) {
                        printf("stu.dat파일을 open할 수 없습니다.\n");
                        exit(-1);
                    }
                    if((fo=fopen("stu.lis","wt"))==NULL) {
                        printf("stu.lis파일을 open할 수 없습니다. \n");
                        exit(-1);
                    }
                    /*자료를 읽어서 역순으로 출력 */
                    for(i=0;i<10;i++) {
    fscanf(fi, "%5s %2d %2d",stu[i].name,&(stu[i].age),&(stu[i].eng));
                         printf("%5s %2d %2d\n",stu[i].name,stu[i].age,stu[i].eng);
                     }
                    for(i=9;i>=0;--i) {
                         fprintf(fo,"%s %d %d\n",stu[i].name,stu[i].age,stu[i].eng);
                         printf("%s %d %d\n",stu[i].name,stu[i].age,stu[i].eng);
                      }
                    fclose(fi);
                    fclose(fo);
  }
```

위 예에서는 {이름, 나이, 영어 점수}가 들어 있는 가상의 STU.txt라는 파일에서 데이터를 문자 혹은 숫자 형식으로 한번에 가져오는 fscanf()문이 잘 나타나 있다. 사용법은 scanf()와 비슷하며 틀린 점은 첫 번째 인수에 파일 포인터(여기서는 fi)를 넣어 준다는 것이다. fprintf()도 역시 printf()와 같으나 첫 번째 인수에 파일 포인터(여기서는 fo)를 써 주었다.

예제의 내용은 자료를 읽어 임시로 구조체에 저장해 두었다가 역순으로 출력하는 것이다(테스트를 위해서 STU.txt라는 파일에 문자 5자, 숫자 2자, 숫자 2자와 같은 형식으로 자료를 입력한 후 실행).

[P/G 9.6] 실행 결과

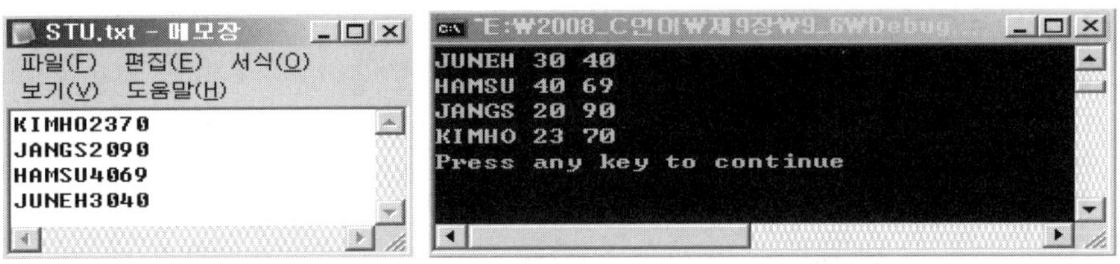

다음은 fread()함수의 사용 예이다.

P/G 9.7 fread()함수의 사용 예

```
#include <stdio.h>
#include <stdlib.h>
main()
{
        FILE *f;
        int i;  int j;
        char buf[10];
        f=fopen("stu.txt","r");
        for(i=0;i<5;j++){
        fread(buf,sizeof(buf),1, f);buf[9]='\0';
                        printf("%s\n",buf);
                exit(1);
                        }

            fclose(f);

}
```

fread()나 fwrite()는 일정 크기의 블럭을 읽어오고 저장하는데 편리한 함수로서 그래픽 프로그래밍이나 binary데이터를 많이 사용하는 분야에 잘 이용된다. 두 함수 모두, 첫 번째 인수로 메모리 버퍼를 지정해 주는데, 이는 선언문에서 배열로 지정되거나 malloc() 함수를 사용하여 동적으로 할당될 수 있다.

두 번째 인수는 크기를 지정하게 되고, 세 번째는 개수를 지정한다. 따라서 크기 ×개수 만큼의 데이터를 버퍼에 읽거나 버퍼의 내용을 파일에 저장하게 되는 것이다.

예제는 stu.dat에 있는 문자열을 배열에 저장하고 출력하는 것인데 여기서 한가지 주의할 것은 배열의 마지막에 널 문자('\0')를 넣어 주어야 한다는 것이다. fread()는 널 문자를 자동으로 넣어 주지 않는다.

[P/G 9.7] 실행 결과

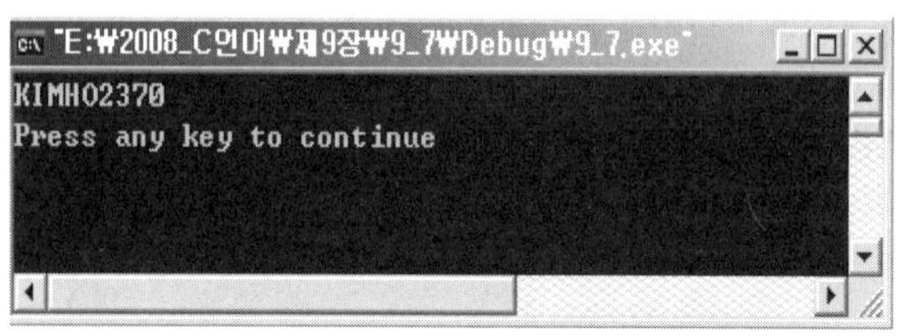

2.3 특별한 파일 포인터

앞에서 설명하였듯이 파일 포인터를 사용하려면 파일 오픈을 반드시 수행하여야 한다. 그러나 시스템이 표준 입출력으로 사용하는 다음 세계의 포인터는 시스템이 자동적으로 오픈하고 클로즈한다.

```
stdin : 표준입력(키보드)
stdout: 표준출력(화면)
stderr: 표준에러(화면)
```

만약 다음과 같이 프로그램되었다면, 이는 printf()를 사용한 것과 같은 효과를 가지게 된다.

```
fprintf(stdout,File %s is not found\n",filrname);
fprintf(stderr,"Error : variable not found\n");
```

비록 파일로 출력한 것이지만 표준 입력장치와 출력 장치에 대한 파일 포인터이므로 동일한 효과를 갖게 되는 것이다.

2.4 외부에서 파라미터 전달받기

만약 시스템에서 입출력 파일명이나 특별한 인수값을 직접 받아서 프로그램 안에서 사용하려면 main() 함수에 다음과 같은 인수를 적어주면 된다.

P/G 9.8 main()함수에서의 외부 입력 예

```
#include <stdio.h>
main(int argc.char *argv[])
{
                FILE *fp;
                int ch;
                /*Parameter 개수 체크 */
                if (argc<2) {
                    printf("Usage : C>ex30 input_file \n");
                    exit(0);
                }
                /*파일오픈*/
                fp=fopen(argv[1],"r");
                if(fp==NULL) {
        fprintf(stderr,"%s:cannot open\n",argv[1]);
                    exit(0);
                }
                /*화면에 출력*/
                while((ch=getc(fp))!=EOF) putchar(ch);
                fclose(fp);
}
```

main()의 첫 번째 인수 argc는 파라미터의 수를 가리키는 것으로, 시스템에서 다음과 같이 명령을 주었을 경우 파라미터 수는 2가 된다.

[P/G 9.8] 실행 결과

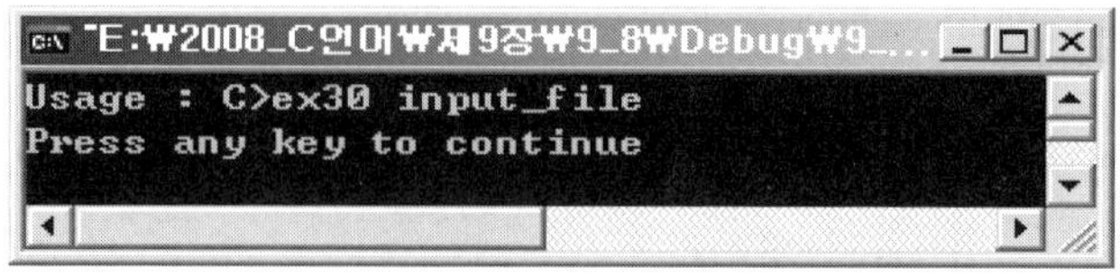

즉, 명령 라인에 사용자가 입력한 문자열의 수를 가리키는 것이다. 이 문자열을 배열에 담게 되는데 argv[0]은 "ex30"을, argv[1]은 "stu.lis"라는 값을 순서대로 저장하게 된다. 위의 예문에서 argv[1]을 오픈한다는 뜻은 결국 사용자가 화면에 출력하고자 하는 파일명을 오픈한다는 것이다.

getc()는 fgetc()와 같으며, putchar() 또는 putc()는 화면에 한 개의 문자를 출력하는 것이다.

이제 구조체형의 파일의 읽기와 쓰기에 관하여 공부하여 보자. 예로 전국 세대에 대해 연차별의 연 실수입 평균의 시계열 파일을 만들어 보자. 덧붙여 실수입이란 수입에서 적금 인출하고 재산매각, 차입금 등의 자산의 감소 혹은 증가한 것을 뺀다. 우선 구조체를 정의한다.

```
struct list {
int men;
int income;
};
```

다음에는 아래와 같이 구조체형을 사용할 파일 이름이나 자료이름을 정의한다.

```
FILE *earn;
struct list x;
```

구조체를 다룰 경우 파일 입출력을 하기 위해서는 파일 블록 입출력 함수를 사용한다. 파일 블록 입출력 함수는 일정한 크기의 데이터를 읽거나 쓸 때 사용한다. fread()와 fwrite()가 파일 블록 입출력 함수이다. 이러한 함수의 원형을 소개한다.

```
size_t fread(void *ptr, size_t size, size_t n, FILE *fp);
size_t fwrite(const void *ptr, size_t size, size_t n, FILE *fp);
```

연 / 습 / 문 / 제 (A)

1. 파일 입출력을 위한 순서을 나열하고 설명하시오.

2. 파일 열기 형식을 나열하고 사용하는 방법을 설명하시오.

3. 파일 입출력 함수의 종류를 나열하고 설명하시오.

4. 표준 입출력 함수를 나열하고 설명하시오.

5. 함수 fread와 fwrite 를 사용할 경우에 대하여 설명하시오.

6. getc()와 fgetc(), putchar()와 putc()에 대하여 비교 설명하시오.

7. malloc() 함수에 대하여 설명하시오.

8. fprintf()와 fscanf, printf, scanf의 차이점을 설명하시오.

9. FILE 구조체에 대하여 약술하시오.

10. 구조체형의 파일의 읽기와 쓰기에 대하여 약술하시오

11. 외부에서 파라미터 전달받는 방법에 대하여 약술하시오.

12. 표준 입력장치와 출력 장치에 대하여 약술하시오.

연 / 습 / 문 / 제 (B)

1. 다음 프로그램은 구조체 변수 사용한 프로그램이다.실행하고 그 결과를 약술하시오.

```
#include <stdio.h>
#include <string.h>
#include <stdlib.h>
struct data1 {
    int X1;
    char *X2;
 };
 int main()
{ struct data1 Data2;
   Data2.X1 = 100;
   Data2.X2 = (char *)malloc(100);
    strcpy(Data2.X2, "LOVE");
     printf("Data2.X1=%d₩n", Data2.X1);
     printf("Data2.X2=%s₩n", Data2.X2);
     free(Data2.X2);
     return 0;
  }
```

[힌트 및 결과]

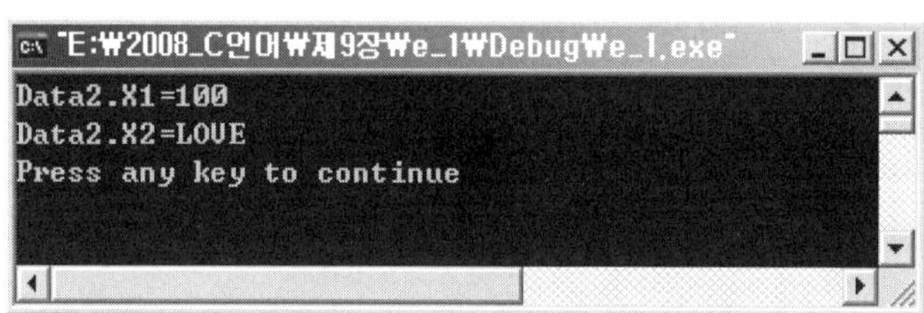

2. 다음 프로그램은 복수 문자열을 파일에 써 넣는 프로그램이다. 행하고 그 결과를 약술하시오.

```
#include <stdio.h>
FILE *in;
main(){
    static char a[][8]={"나의 ","사랑--","그 대","곁으로--","C언어---"};
    int i;
    in=fopen("ex.txt","w");
    for(i=0;i<=4;i++)
        fputs(a[i],in);
    fclose(in);
}
```

[힌트 및 결과]

3. 다음 프로그램은 서식을 지정하여 문자열 쓰기를 하는 프로그램이다. 실행하고 그 결과를 약술하시오.

```
#include <stdio.h>
FILE *fi;
main(){
    char *x1="LOVE", *x2="KOREA";
    fi=fopen("a.txt","w");
    fprintf(fi,"%10s%10s",x1,x2);
    fclose(fi);
}
```

[힌트 및 결과]

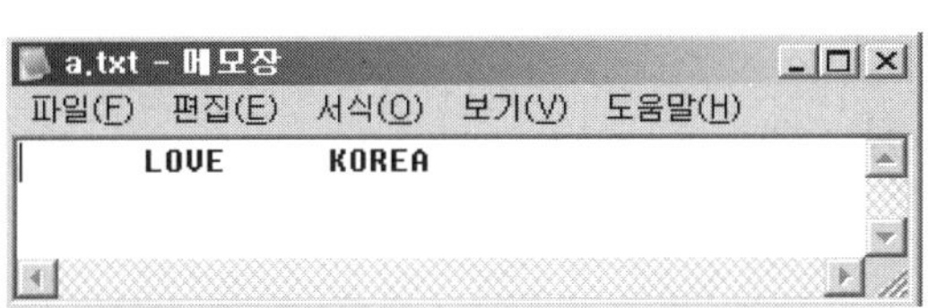

4. 다음 프로그램은 서식을 지정하여 문자열 쓰기를 하는 프로그램이다. 실행하고 그 결과를 약술하시오.

```
#include <stdio.h>
 FILE *fi;
 int a[]={ 10, 20, 30, 40, 50, 60};
 main(){
     int i;
     fi=fopen("a.txt","w");
     for(i=0;i<=6;i++)
         fprintf(fi,"%d",a[i]);
     fclose(fi);
   }
```

[힌트 및 결과]

5. 다음 프로그램은 파일의 내용을 다른 파일로 이동하는 프로그램이다. 실행하고 그 결과를 약술하시오.

```
#include <stdio.h>
 void main(void)
 {         int c;
           FILE *p1, *p2;
           if((p1 = fopen("a1.txt", "r")) != NULL)
           {    p2 = fopen("a2.txt", "w");
              while((c = getc(p1)) != EOF)
                        putc(c, p2);
                       fclose(p1);
                 fclose(p2);
           }
     }
```

[힌트 및 결과]

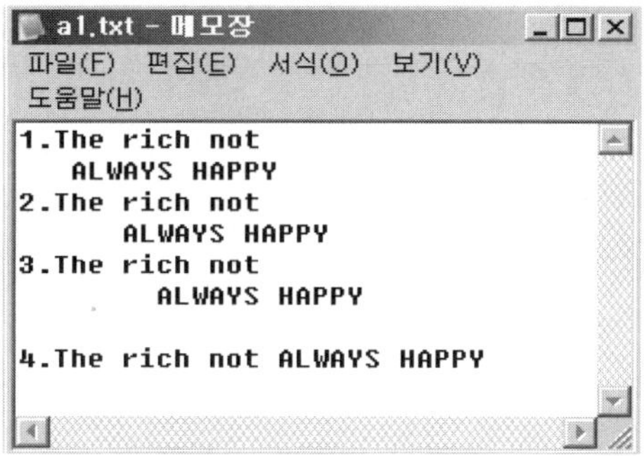
a1.txt - 메모장
파일(F) 편집(E) 서식(O) 보기(V)
도움말(H)
1.The rich not
ALWAYS HAPPY
2.The rich not
ALWAYS HAPPY
3.The rich not
ALWAYS HAPPY
4.The rich not ALWAYS HAPPY

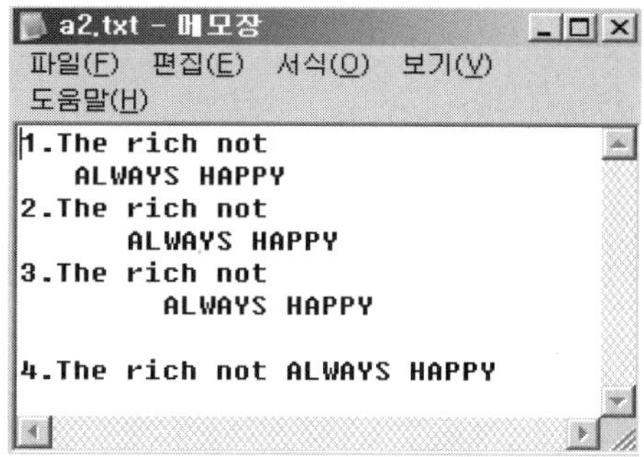
a2.txt - 메모장
파일(F) 편집(E) 서식(O) 보기(V)
도움말(H)
1.The rich not
ALWAYS HAPPY
2.The rich not
ALWAYS HAPPY
3.The rich not
ALWAYS HAPPY
4.The rich not ALWAYS HAPPY

부록

표1 ASCII 표준문자표

ASCII	10진	16진	ASCII	10진	16진	ASCII	10진	16진	ASCII	10진	16진
	0	00	<space>	32	20	@	64	40		96	60
	1	01	!	33	21	A	65	41	a	97	61
●	2	02	〃	34	22	B	66	42	b	98	62
♥	3	03	#	35	23	C	67	43	c	99	63
◆	4	04	S	36	24	D	68	44	d	100	64
♣	5	05	%	37	25	E	69	45	e	101	65
♠	6	06	&	38	26	F	70	46	f	102	66
·	7	07	'	39	27	G	71	47	g	103	67
	8	08	(	40	28	H	72	48	h	104	68
○	9	09	)	41	29	I	73	49	i	105	69
	10	0A	·	42	2A	J	74	4A	j	106	6A
	11	0B	+	43	2B	K	75	4B	k	107	6B
	12	0C	,	44	2C	L	76	4C	l	108	6C
♪	13	0D	-	45	2D	M	77	4D	m	109	6D
♬	14	0E	.	46	2E	N	78	4E	n	110	6E
	15	0F	/	47	2F	O	79	4F	o	111	6F
▶	16	10	0	48	30	P	80	50	p	112	70
◀	17	11	1	49	31	Q	81	51	q	113	71
↕	18	12	2	50	32	R	82	52	r	114	72
!!	19	13	3	51	33	S	83	53	s	115	73
	20	14	4	52	34	T	84	54	t	116	74
	21	15	5	53	35	U	85	55	u	117	75
	22	16	6	54	36	V	86	56	v	118	76
	23	17	7	55	37	W	87	57	w	119	77
↑	24	18	8	56	38	X	88	58	x	120	78
↓	25	19	9	57	39	Y	89	59	y	121	79
→	26	1A	:	58	3A	Z	90	5A	z	122	7A
←	27	1B	;	59	3B	[	91	5B	{	123	7B
	28	1C	<	60	3C	＼	92	5C	|	124	7C
↔	29	1D	=	61	3D	]	93	5D	}	125	7D
▲	30	1E	>	62	3E		"94	5E	~	126	7E
▼	31	1F	?	63	3F		−95	5F	△	127	7F

표2 ASCII 제어 코드

명령	의 미	코드		함께 사용		화 면 표 시
		10진수	16진수	Alt-키	Ctrl-키	
NULL	Null	0	0	none	none	nothing
SOH	Start of heading	1	1	Alt-1	Ctrl-A	^A
STX	Start of text	2	2	Alt-2	Ctrl-B	^B
ETX	End of text	3	3	Alt-3	Ctrl-C	^C
EOT	End of transmission	4	4	Alt-4	Ctrl-D	^D
ENQ	Enquire	5	5	Alt-5	Ctrl-E	^E
ACK	Acknowledge	6	6	Alt-6	Ctrl-F	^F
BEL	Bell	7	7	Alt-7	Ctrl-G	^G
BS	Backspace	8	8	Alt-8	Ctrl-H	^H
HT	Horizontal tab	9	9	Alt-9	Ctrl-I	^I
LF	Line feed	10	A	Alt-10	Ctrl-J	^J
VT	Vertical tab	11	B	Alt-11	Ctrl-K	^K
FF	Form feed	12	C	Alt-12	Ctrl-L	^L
CR	Carriage return	13	D	Alt-13	Ctrl-M	^M
SO	Shift out	14	E	Alt-14	Ctrl-N	^N
SI	Shift in	15	F	Alt-15	Ctrl-O	^O
DLE	Data link escape	16	10	Alt-16	Ctrl-P	^P
DC 1	DEVICE CONTROL 1	17	11	Alt-17	Ctrl-Q	^Q
DC 2	DEVICE CONTROL 2	18	12	Alt-18	Ctrl-R	^R
DC 3	DEVICE CONTROL 3	19	13	Alt-19	Ctrl-S	^S
DC 4	DEVICE CONTROL 4	20	14	Alt-20	Ctrl-T	^T
NAK	Negative acknowledge	21	15	Alt-21	Ctrl-U	^U
SYN	Synchronous idle	22	16	Alt-22	Ctrl-V	^V
ETB	End transmission block	23	17	Alt-23	Ctrl-W	^W
CAN	Cancel	24	18	Alt-24	Ctrl-X	^X
EM	End of medium	25	19	Alt-25	Ctrl-Y	^Y
SUB	Substitute	26	1A	Alt-26	Ctrl-Z	^Z
ESC	Escape	27	1B	Alt-27	Ctrl-[	^[
FS	File separator	28	1C	Alt-28	Ctrl-\	^\
GS	Group separator	29	1D	Alt-29	Ctrl-]	^]
RS	Record separator	30	1E	Alt-30	Ctrl-^	^
US	Unit separator	31	1F	Alt-31	Ctrl-_	^_

표3 문자열 라이브러리 함수

아스키 문자들을 인쇄 가능한 문자, 제어 문자, 구두점, 대문자 등으로 분류한다. 문자열 조작 함수들은<ctype.h>에 정의되어 있다.

- isalnum()

  [형 식] : int, isalnum(int c);

  [설 명] : 주어진 값이 영숫자(A~Z, a~z, 0~9) 코드인지를 조사하여 영숫자 코드이면 0이 아닌 값을 반환.

- isalpha()

  [형 식] : int isalpha(int c);

  [설 명] : 주어진 값이 영문자(A~Z, a~z) 코드인지를 조사하여 영숫자 코드이면 0이 아닌 값을 반환.

- isascii()

  [형 식] : int isascii(int c);

  [설 명] : 주어진 값이 ASCII 코드인지를 조사하여 참이면 0 이 아닌 값을, 거짓이면 0을 나타냄

- iscntrl()

  [형 식] : int iscntrl(int c);

  [설 명] : 주어진 값이 제어 문자 코드인지를 조사하여 제어 문자 코드이면 0 이 아닌 값을 반환.

- sdigiti()

  [형 식] : int isdigit(int c);

  [설 명] : 주어진 값이 숫자인지를 조사하여 숫자이면 0 이 아닌 값을 반환.

- isgraph()

  [형 식] : int isgraph(int c);

[설 명] : 주어진 값이 인쇄 가능한 문자인지를 조사하여 인쇄 가능한 문자이면 0 이외의 값반환. 공백은 0을 복귀시킴.

- islower()

[형 식] : int islower(int c);

[설 명] : 주어진 값이 소문자인지를 조사하여 소문자이면 0 이 아닌 값을 반환

- isprint()

[형 식] : int isprint(int c);

[설 명] : 주어진 값이 인쇄 가능한 문자인지를 조사하여 인쇄 가능한 문자이면, 0 이외의 값을 반환

- ispunct()

[형 식] : int ispunct(int c);

[설 명] : 주어진 값이 구두점 문자(punctuation character : 공백을 포함하는 영 숫자 이외의 문자인지를 조사하여 구두점 문자이면 0 이외의 값을 반환

- ispace()

[형 식] : int ispace(int c);

[설 명] : 주어진 값이 공백 문자(공백, 탭, 시작 문자)인지를 조사하여 공백 문자이면 0 이외의 값 반환

- isupper()

[형 식] : int isupper(int c);

[설 명] : 주어진 값이 대문자인지를 조사하여 대문자이면 0 이외의 값 반환

- isxdigit()

[형 식] : int isxdigit(int c);

[설 명] : 주어진 값이 16진수 숫자 코드인지를 조사하여 16진수 숫자 코드이면 0 이외의 값 반환.

▶ 데이터 변환 함수

문자나 문자열을 정수, 실수 등의 수치 값으로 변환시키거나 대문자를 소문자로, 혹은 소문자를 대문자로 변환시킨다. 데이터 변환 함수들은 <stdlib.h>에 정의되어 있다.

● atof()

[형 식] : double atof(char *s)

[설 명] : 인수로 주어지는 문자열을 부동 소수점수로 변환한다. 부동소수점수로 변환할 수 없는 문자열일 경우 0을 반환

● stoi()

[형 식] : int stoi(char *s)

[설 명] : 인수로 주어지는 문자열을 정수로 변환. 오버플로우에 대한 처리는 없으며 인식되지 않는 문자를 만나면 변환이 중지되며 변환할 수 없는 경우에는 0을 리턴

● atol()

[형 식] : long atol(char *s)

[설 명] : 10진 정수 문자열을 long 형 정수로 변환..문자열에서 10진 정수 숫자 문자 뒤의 일반 문자는 취소되며, 10진 정수 숫자 문자까지만 숫자로 변환. 10진 정수 숫자 문자 앞의 공백문자는 자동 제거되어 10진 정수 숫자 문자까지만 숫자로 변환. 공백 및 10진 정수 문자가 아닌 문자로 시작하면 0을 반환

● ecvt()

[형 식] : char *ecvt(double value, int count, int *dec, int *sign);

[설 명] : value는 지수가 포함된 실수값, count는 총 몇 자리만큼의 문자열로 생성할 것인가를 지정. dec는 변환된 문자열의 몇 번째가 소수점의 위치인가를 표시(보통1). sign은 0이면 양수값, 1이면 음수값으로 변환.fcvt()와 동일하게 내부적인 공간을 사용하며, 그 공간의 메모리 주소를 반환

● fcvt()

[형 식] : char fcvt(double value, int count, int *dec, int *sign);

[설 명] : value는 변환될 실수값, count는 소수점 이하 몇 자리까지 문자열로 변환할지를 지정. dec는 변환된 문자열의 몇 번째가 소수점의 위치인가를 표시(보통1). sign은 0이면 양수값으로 변환, 1이면 음수값으로 변환. 실수값을 문자열로 변환하여 내부적인 기억 공간에 별도로 저장하며, 그 별도로 저장된 공간의 메모리 주소를 반환

● itoa()

[형 식] : char *itoa(int value, char *string, int radix);

[설 명] : value는 변환될 숫자값, string은 변환될 숫자가 저장될 버퍼, radix는 몇 진수 문자열의 형태로 저장할 지를 지정

● Itoa()

[형 식] : char *ltoa(long value, char *string, int radix);

[설 명] : itoa()와 동일한 기능

● strtod()

[형 식] : double strtod(const char *string, char **stop);

[설 명] : string은 지수가 포함된 문자열이며, stop은 변환이 되다가 멈춰진 위치의 포인터 값. atof() 함수와 비슷한 기능

● strtol()

[형 식] : long strtol(const char *string, char **stop, int radix);

[설 명] : strtol() 함수는 atoi(), atol() 함수와는 달리, 기수라는 것이 존재하고 기수라는 것은 10진수, 2진수, 8진수, 16진수 등과 같이 각 진수의 기본이 되는 수를 의미한다. radix를 통해 변경할 수 있다. radix의 값을 2로 하면 2진수 문자열을 10진수로, 8로하면 8진수 문자열을 10진수로 변환..

● strtoul()

[형 식] : unsigned long strtoul(const char *string, char **stop, int radix);

[설 명] : strtol() 함수와 사용법이 같다. 단지, 반환 값이 unsigned long(%u)형이라는 점이 다르다.

- ultoa()

[형 식] : char *ultoa(unsigned long value, char *string, int radix);

[설 명] : itoa()와 유사한 기능.

▶ 〈ctype.h〉에 정의되어 있는 함수

- __tolower()

[형 식] : int __tolower(in ch);

[설 명] : ch가 대문자인 경우 ch에 해당하는 소문자를 나타내고 주어진 문자가 대문자이면 소문자로 바꾼다.

- __toupper()

[형 식] : int __toupper(in ch);

[설 명] : ch가 소문자인 경우 ch에 해당하는 대문자를 나타내고 주어진 문자가 소문자이면 대문자로 바꾼다.

- toascii()

[형 식] : int toascii(int c);

[설 명] : c의 하위 7비트를 리턴하여 정수를 문자로 변환한다.

- tolower()

[형 식] : int tolower(in ch)

[설 명] : ch가 대문자인 경우 ch에 해당하는 소문자를 나타내며 주어진 문자가 대문자이면 소문자로 바꾼다.

- tuupper()

[형 식] : int __toupper(in ch);

[설 명] : ch가 소문자인 경우 ch에 해당하는 대문자에 해당하며 주어진 문자가 소문자이면 대문자로 바꾼다.

▶ 문자열 조작

문자열을 비교, 복사, 변환, 검색 등의 문자열을 조작하는 함수들이다. 문자열 조작 함수들은 <string.h>에 정의되어 있다. 일부 메모리에서 string을 처리하는 함수들은 <mem.h>도 포함(include) 해야 한다.

● strcat()

[형 식] : char *strcat(char *dest, const char *src);

[설 명] : 문자열은 dest 문자열에 추가되기 때문에 dest 버퍼는 src 문자열을 추가할 만큼의 충분한 버퍼가 있어야 한다. 문자열을 부분적으로 연결하려면 strncat()을 사용한다.

● strcmp()

[형 식] : int strcmp(char *s1, char *s2);

[설 명] : s1 < s2 이면 음수, s1 > s2 이면 양수, s1 = s2 이면 0을 리턴 즉, 인수로 주어진 두 개의 문자열을 비교하여 두 문자열이 같으면 0을 리턴하며, 주어진 문자열에서 처음의 다른 문자가 나타나면 실행을 중지한다.

● strcpy()

[형 식] : char *strcpy(s1, s2);

```
char *s1;          /* 문자열을 받을 변수 */
char *s2;          /* s1에 넘겨줄 문자열 */
```

[설 명] : 문자열을 복사한다. 즉, s1에 s2의 내용이 복사

● stricmp()

[형 식] : int stricmp(char *s1, char *s2);

[설 명] : s1 < s2 이면 음수, s2 > s2 이면 양수, s1 = s2 이면 0을 리턴. 즉, 인수로 주어진 두 개의 문자열을 대·소문자 구별 없이 비교한다. 두 문자열이 같으면 0을 리턴 한다. 주어진 문자열에서 처음으로 다른 문자가 나타나면 실행을 중지한다.

● strcspn()

[형 식] : int strcspn(char *s1, char *s2);

[설 명] : 문자열 s1에서 s2에 포함되어 있는 문자가 나타날 때까지의 문자수를 반환

● stricmpi()

[형 식] : int stricmpi(char *s1, char *s2, int n);

```
char *s1, *s2;            /* 비교할 두 문자열 */
int n;                    /* 비교해야 할 문자열의 길이 */
```

[설 명] : s1 < s2 이면 음수, s2 > s2 이면 양수, s1 = s2 이면 0을 리턴. 즉, s1과 s2를 대 소문자를 비교하지 않고 n 바이트만큼 비교한다.

● strlen()

[형 식] : int strlen(char *s)

[설 명] : 문자열 s의 길이를 리턴. 즉, NULL문자를 제외한 s의 길이를 구한다.

● strlwr()

[형 식] : char *strlwr(char *s);

[설 명] : 문자열 s를 조사하여 대문자는 소문자로 바꾼다.

● strncmp()

[형 식] : int strncmp(char *s1, char *s2, int n);

```
char *s1, *s2;            /* 비교할 두 문자열 */
int n;                    /* 비교할 문자열의 최대 길이 */
```

[설 명] : s1 < s2 이면 음수, s2 > s2 이면 양수, s1 = s2 이면 0을 리턴. 즉, 주어진 두 문자열 s1과 s2를 n바이트 이내에서 비교한다.

● strncpy()

[형 식] : char *strncpy(char *s1, char *s2, int n);

char *s1; /* 문자열을 받을 변수 */

char *s2; /* s1에 넘겨줄 문자열 */

int n; /* 복사할 문자의 개수 */

[설 명] : s1에 s2의 내용 중 n 바이트가 복사되어진다.

● strnicmp()

[형 식] : int strnicmp(s1, s2, n);

char *s1, *s2; /* 비교할 두 문자열 */

int n; /* 비교할 문자열의 최대길이 */

[설 명] : 주어진 두 문자열 s1과 s2를 대·소문자로 구분 없이 n 바이트 이내에서 비교한다.

● strpbrk()

[형 식] : char *strpbrk(s1, s2);

char *s1; /* 조사할 문자열 */

char *s2; /* 검색할 문자들의 집합 */

[설 명] : s2로 주어진 문자 집합 중의 문자가 s1에 최초로 나타나는 위치를 찾는다.

● strrchr()

[형 식] : char *strrchr(s, c);

char *s; /* 검색할 문자열 */

int c; /* 검색할 문자 */

[설 명] : 문자열 s의 끝에서부터 문자 c를 찾아서 그 위치를 반환한다. NULL은 문자열의 부분으로 간주한다.

● strrev()

[형 식] : char *strrev(char *s)

[설 명] : 문자열 s를 역순으로 변환한다.

● strset()

[형 식] : char *strset(char *s, int c);

[설 명] : 문자열 s에 있는 모든 문자를 지정 문자 c로 변환한다.

● strspn()

[형 식] : char *strstr(s1, s2);

```
char *s1;          /* 검색 문자열 */
char *s2;          /* 찾는 문자열 */
```

[설 명] : 문자열 s1 속에 s2를 찾아 그 위치를 리턴 한다.

● strtok()

[형 식] : char *strtok(s1, s2);

```
char *s1;          /* 검색 문자열 */
char *s2;          /* 토큰 분리자 */
```

[설 명] : 문자열 s2속에 있는 토큰 분리자를 이용하여 s1의 최초 토큰을 리턴 한다. 나머지 문자열은 strtok 함수에 보존하며, 마지막에 NULL을 반환한다.

▶ 메모리에서 문자열을 처리하는 함수

<mem.h>와 <string.h>를 #include해야 한다.

● memchr()

[형 식] : void *memchr(void *s, int c, int I);

```
void *s;          /* 검색할 메모리 블록의 선두 번지 */
int   c;          /* 검색할 문자 */
int   i;          /* 검색할 최대 길이 */
```

[설 명] : 문자열 s의 i 바이트 이내에서 문자 c를 찾는다. c가 처음으로 나타난 위치를 반환하고 c가 나타나지 않은 경우 NULL을 반환한다.

● memcmp()

[형 식] : int memcmp(s1, s2, n)

void *s1, *s2; /* 비교할 메모리 영역의 선두 */

int n; /* 정수 */

[설 명] : 두 메모리 영역 s1, s2를 n 바이트로 비교한다.

● memcpy()

[형 식] : int memcpy(s1, s2, i)

void *s1, *s2; /* 메모리 영역의 선두 */

int i; /* 정수 */

[설 명] : 메모리 영역 s2의 최초 I 바이트를 s1에 복사

● memset()

[형 식] : void *memset(s, i, n);

void *s; /* 메모리 블록의 위치를 나타내는 포인터 */

int i; /* 써넣을 문자 */ int n; /* 바이트 수 */

[설 명] : 메모리 블록의 s로부터 n 바이트를 문자 i로 치환한다.

● movedate()

[형 식] : void movedata(seg1, off1, seg2, off2, n);

unsigned seg1, off1; /* 데이터가 있는 세그먼트와 오프셋 */

unsigned seg2, off2; /* 결과를 저장할 세그먼트와 오프셋 */

int n; /* 복사할 바이트 수 */

[설 명] : seg1:off1에 있는 n 바이트가 seg2:off2로 복사된다.

표4 입출력 라이브러리 함수

▶ 파일 입출력〈stdion.h〉

● fclose()

[형 식] : int fclose(stream);

FILE *stream; /* 파일포인터 */

[설 명] : stream으로 지정된 파일을 닫는다. 정상적으로 수행되면 0, 에러 발생시 EOF 반환

● feof()

[형 식] : int feof(FILE *stream)

[설 명] : 파일포인터가 파일의 끝에 있는지 조사하고 stream으로 지정된 파일이 EOF이면 0 이외의 값을 반환

● ferror()

[형 식] : int ferror(FILE *stream)

[설 명] : 파일의 error를 조사한다. stream파일에 에러가 있으면 0 이외의 값을 리턴

● fflush()

[형 식] : int fflush(FILE *stream)

[설 명] : 현재 버퍼에 들어 있는 모든 내용을 처분한다. 정상적인 종료시 0을 리턴하고 그 이외에는 EOF를 리턴

● fgetc()

[형 식] : int fgetc(FILE *stream)

[설 명] : 파일에서 한 문자를 읽어 들인다.읽어들인 문자 에러 발생이나 파일의 끝일 경우 EOF 리턴.

● fgets()

[형 식] : char *fgets(char *s, int n, FILE *stream);

```
char    *s;          /* 읽어들인 문자열을 저장하기 위한 영역 */
int      n;          /* s의 크기(바이트 수) */
FILE *stream;        /* 파일포인터 */
```

[설 명] : 파일에서 문자열을 읽어들인다. 읽어들이는 단위는 EOF까지. 실패한 경우 NULL을 리턴

● fopen()

[형 식] : FILE *fopen(filename, mode)

```
char *filename;                    /* 파일의 이름 */
char *mode;
/* 파일의 모드 */
/* "r" : 읽기용 파일 */             /* "w" : 쓰기용 파일 */
/* "a" : 파일의 끝에 첨가 */         /* "r+" : 기존의 파일갱신 */
/* "w+" : 새로운 파일작성 */         /* "a+" : 파일의 끝에서 갱신 */
/* "t" : 텍스트 파일로 open */       /* "b" : 2진 파일로 open */
```

[설 명] : filename의 파일이 지정된 mode로 open. 에러가 있으면 NULL.

● fprintf()

[형 식] : int fprintf(stream, format [, arg1[, arg2,,,]]);

```
FILE *stream;          /* 파일포인터 */
char *format;          /* 포맷 문자열 */
                       /* arg1, arg2,,, = 출력 항목 */
```

[설 명] : 포맷에 의해 파일로 출력한다. 서식 제어는 printf와 같다. 에러 발생시 EOF 리턴.

● fputc()

[형 식] : int fputc(int c, FILE *stream);

[설 명] : stream 파일에 문자 c를 출력한다.에러 발생시 EOF리턴

● fputs()

[형 식] : int fputs(char *s, FILE *stream)

[설 명] : stream 파일에 문자열 s를 출력한다. 에러 발생시 EOF 리턴.

● fread()

[형 식] : int fread(ptr, size, n, stream);

```
void *ptr;          /* 읽어들인 내용을 저장하는 버퍼 */
int size;           /* 데이터 블록의 바이트 수 */
int n;              /* 읽어들일 블록의 수 */
FILE *stream;       /* 파일포인터 */
```

[설 명] : 파일에서 size * n 바이트를 읽어 들인다. 읽어 들인 블록의 수를 리턴.

● fscanf()

[형 식] : int fscanf(stream, format, address);

```
FILE *stream;       /* 파일포인터 */
char format;        /* 포맷 문자열 */
void *address;      /* 입력 결과를 저장할 변수의 번지 */
```

[설 명] : stream 파일로부터 format에 지정한 형식에 따라 한 문자씩 읽혀진다. format의 형식은 scanf와 같다.

● fwrite()

[형 식] : int fwrite(ptr, size, n, stream);

```
void *ptr;          /* write할 내용이 저장되어있는 버퍼 */
int size;           /* 데이터 블록의 바이트 수 */
int n;              /* 읽어들일 블록의 수 */
FILE *stream;       /* 파일포인터 */
```

[설 명] : 파일에 n 바이트를 write한다.

▶ 콘솔 입출력 〈conio.h〉, 〈stdio.h〉에 정의

● cgets()

[형 식] : #include <conio.h>

```
char *cgets(char *s)
char *s;        /* 받아들인 문자열을 저장할 변수 */
/* s[0]에는 읽을 문자열의 최대 길이를 미리 설정.*/
/* s[1]에는 읽은 문자가 설정 */
```

[설 명] : 콘솔로부터 시작 문자, LF 또는 최대 길이 이상의 문자열이 입력될 때까지 문자열을 읽어 들인다.

● cscanf()

[형 식] : #include <conio.h>

```
int cscanf(char *format, arg1 [, arg2,,,]);
/* *format : 포맷 문자열 */
/* arg1, arg2 : 데이터가 저장되어 있는 포인터 */.
```

[설 명] : 포맷 문자열을 콘솔로부터 읽어 들인다.

● cprintf()

[형 식] : #include <conio.h>

```
int cprintf*char *format, arg2, arg2,,,);
/* char *format : 포맷 문자열, arg1, arg2 : 인수 리스트 */
```

[설 명] : 콘솔(console)에 포맷에 의한 출력을 한다.

● cputs()

[형 식] : #include <conio.h>

```
int cputs(char *s) ;  /* s : 출력할 문자열 */
```

[설 명] : 콘솔에 문자열 s를 출력한다.

● getch()

[형 식] : #include <conio.h>

int getch()

[설 명] : 화면에 에코(echo) 없이 키보드로부터 하나의 문자를 읽어들인다.

● getchar()

[형 식] : #include <conio.h>

int getchar();

[설 명] : 키보드로부터 하나의 문자를 읽어 들이며, 화면에 echo back 된다.

● gets()

[형 식] : #include <stdio.h>

char *gets(char *s); /* s : 읽은 문자열 저장할 변수 */

[설 명] : 공백 문자열도 읽어들이며, 시작 문자에서 읽기를 끝낸다.

● putch()

[형 식] : #include <conio.h>

int putch(int c);

[설 명] : 화면에 한 문자 c를 출력.

● putchar()

[형 식] : #include <stdio.h>

int putchar(int c)

[설 명] : 화면에 한 문자 c를 출력.

● puts()

[형 식] : #include <stdio.h>

int puts(char *s);

[설 명] : 문자열 s를 표준 출력에 출력한 후 시작 문자를 추가한다.

표5 수치연산라이브러리 함수

▶ 산술 연산 라이브러리 함수〈stdlib.h〉

● abs()

[형 식] : #include <math.h>

```
#include <stdlib.h>
int abs(int x)
```

[설 명] : 정수의 절대값을 계산한다.

● div()

[형 식] : struct div__t div(numer, denom)

```
int unmer;              /* 분자 */
int denom;              /* 분모 */
                        /* div__t의 형식 */
typedef struct {
int quot;               /* 몫 */
int rem;                /* 나머지 */
} div__t;
/* 몫과 나머지로 이루어진 구조체 div__t를 리턴. */
```

[설 명] : numer / denoom을 계산하여 그 몫과 나머지를 반환한다.

● labs()

[형 식] : #include <math.h>

```
#include <stdlib.h>
long int labs(long int x)
```

[설 명] : 정수의 절대값을 구한다.

● rand()

[형 식] : int rand()

[설 명] : 0~215±1사이의 난수를 구한다.

● random()

[형 식] : int random(int num)

[설 명] : 0~num사이의 난수를 발생한다.

● randomize()

[형 식] : #include <stdlib.h>

#include <time.h>

void randomize();

[설 명] : 시간 함수 time를 호출하여 난수 발생기를 초기화한다.

● srand()

[형 식] : void srand(unsigned seed)

seed : 초기화에 쓰이는 값.

[설 명] : 난수 발생기를 seek로 초기화한다.

▶ 〈math.h〉에 정의되어 있는 함수

● ceil()

[형 식] : double ceil(double x);

[설 명] : 부동 소수점수 x의 소수점 이하를 반올림한다.

● cos()

[형 식] : double cos(double x);

[설 명] : 라디안 값 x에 해다하는 코사인 값이 구해진다.

- cosh()

  [형 식] : double cosh(double x);

  [설 명] : x의 하이퍼브릭 코사인 값이 구해진다.

- exp()

  [형 식] : double exp(double x);

  [설 명] : 지수함수의 값을 구하고 아주 작은 값일 때는 0.0이 리턴 된다.

- fabs()

  [형 식] : double fabs(double x);

  [설 명] : 부동 소수점수 x의 절대값을 구한다.

- fmod()

  [형 식] : double fmod(double x, double y);

  [설 명] : x를 y로 나눈 나머지를 구한다.

- frexp()

  [형 식] : double frexp(double, int *exponent);

  [설 명] : 배정도형 수치를 지수부와 가수부로 나눈다.

- log()

  [형 식] : double log(double x);

  [설 명] : log x의 자연 대수를 구한다.

- log10()

  [형 식] : double log10(double x);

  [설 명] : log x의 상용 대수를 구한다.

● poly()

[형 식] : double poly(double x, int degree, double coeff[]);

```
double x;            /* 변수 x의 값 */
int degree;          /* 계산할 식의 차원 */
double coeff[];      /* 계수의 배열 */
```

[설 명] : 다항식을 만든다. 즉, 주어진 x로 계산한 다항식의 값을 반환

● pow()

[형 식] : double pow(double x, double y);

[설 명] : x의 y제곱값을 계산.

● pow10()

[형 식] : double pow10(int p);

[설 명] : 10의 p제곱(10p)을 구한다.

● sin()

[형 식] : double sin(double x)

```
double x;                  /* 라디안 값 */
```

[설 명] : x의 사인값을 구한다.

● sqrt()

[형 식] : double sqrt(double x);

[설 명] : x의 양의 제곱근을 구한다.

● tan()

[형 식] : double tan(double x);

```
double x;                  /* 라디안 값 */
```

[설 명] : x의 탄젠트 값을 구한다.

표6 기타 라이브러리 함수

▶ 〈alloc.h〉, 〈dos.h〉에 정의되어 있는 메모리 라이브러리 함수

● calloc()

[형 식] :
```
#include <stdlib.h>
#include <alloc.h>
void *calloc(int num. int size);
int num;          /* 할당할 메모리 블록의 개수 */
int size;         /* 할당할 메모리 블록의 크기 */
```
[설 명] : 연속된 메모리를 지정된 크리만큼 확보한다. size 바이트 만큼의 메모리 블록을 연속해서 num개 만큼 확보한다. 확보한 영역은 0으로 초기화한다.

● malloc()

[형 식] :
```
#include <stdlib.h>
#include <alloc.h>
void *malloc(int size);
int size;                  */ 확보하고자 하는 메모리의 바이트 수 */
```
[설 명] : size로 지정한 바이트 크기의 메모리를 확보한다.

● realloc()

[형 식] :
```
#include <stdlib.h>
#include <alloc.h>
void *realloc(void *oldblock, int size);
void *oldblock;            /* 이미 확보된 메모리의 포인터 */
int size;                  /* 새로 확보할 블록의 크기 */
```
[설 명] : 이미 확보되어 있는 메모리 블록의 크기를 size로 변경한다. oldblock에 있던 데이터는 새로 확보된 블록에 남아 있다.

▶〈conio.h〉 정의 되어 있는 화면제어 라이브러리함수

● clreol()

[형 식] : void clreol();

[설 명] : 텍스트 모드에서 커서의 현재 위에서 행 끝까지 지운다.

● clrscr()

[형 식] : void clrscr();

[설 명] : 텍스트 모드에서 현재 사용 중인 윈도우를 지우고 커서를 왼쪽 상단으로 이동시킨다.

● delline()

[형 식] : void delline();

[설 명] : 커서가 있는 행을 삭제하고, 아래의 행들을 한 행씩 끌어올린다.

▶ 시스템제어 라이브러리〈dos.h〉에 정의

● delay()

[형 식] : void delay(milliseconds);

[설 명] : 지정한 시간(1/1000 초) 만큼 프로그램을 정지시킨다.

● disable()

[형 식] : void disable();

[설 명] : 인터럽트를 금지시킨다.

● enable()

[형 식] : enable();

[설 명] : disable();로 금지한 인터럽트를 허가한다.

● sleep()

[형 식] : void sleep(unsigned sec);

[설 명] : 지정한 sec 동안 실행을 정지한다.

● sound()

[형 식] : unsigned int sound(unsigned freequency)

[리 턴] : 이전에 설정되었던 주파수 값.

[설 명] : frequency * 2의 사이클을 갖는 주파수를 설정한다.

▶ 〈dir.h〉에 정의되어 있는 디렉토리 제어 루틴

● chdir()

[형 식] : int chdir(char *path);

[설 명] : path가 지정하는 곳으로 현재의 디렉토리를 변경한다.

● getdisk()

[형 식] : int getdisk();

[리 턴] : 현재의 드라이브 번호.

[설 명] : 현재의 드라이브 번호를 얻는다.

● mdir()

[형 식] : int mkdir(path); char *path /* 작성할 디렉토리 이름 */

[설 명] : path로 지정한 디렉토리를 생성한다. 성공시 0, 에러 발생시 -1 반환.

● rmdir()

[형 식] : int rmdir(char *pathname);

[리 턴] :

[설 명] : pathname으로 지정된 디렉토리를 삭제한다. 정상 종료시 0리턴. 에러인 경우 -1리턴.

● serchpath()

[형 식] : char *searchpath(file); char *file; /* 찾을 파일의 이름 */

[설 명] : 지정하는 파일이 존재하는 경로를 찾는다.

▶ 〈process.h〉의 프로세스 제어 함수

● exit()

[형 식] :

```
#include <process.h>
#include <stdlib.h>
void exit(int status);          /* status가 0이면 정상적인 종료 */
```

[설 명] : 프로그램을 종료시킨다.

● system()

[형 식] :

```
#include <process.h>
#include <stdlib.h>
int system(char *command);      /* command : 실행할 dos 커맨드 */
```

[설 명] : 프로그램 수행 중 DOS 명령어나 배치 파일을 수행한다. 정상 종료시 0, 에러인 경우 -1 리턴

참 고 문 헌

1. C언어와 통계학(상조사, 김희철 외 1 , 2000)
2. C & C++ 프로그래밍 실습(21세기사., 김상욱, 2001)
3. 전산통계입문(자유아카데미, 최기헌외1, 1997)
4. 알기 쉽게 해설한 C(이한 출판사, 우진운 외 1 역,1998)
5. 프로그램 실습 II(한국방송통신대학교출판부, 이지수 외 1, 1995)
6. TURBO C 프로그래밍 500제(영진출판사, 김용성역, 1995)
7. C언어 기초 +α(교학사, 황희융, 1997)
8. 터보 C & C++(생능, 조상문외1, 1995)
9. 예제로 배우는 C언어기초(한올출판사, 김창화 외 4, 2005)
10. 족집게 C언어(한올출판사, 정구영, 2002)
11. 강의와 함께 쉽게 배우는 C언어(한올출판사, 윤은주, 2004)
12. C언어 프로그래밍(대광서림, 장광훈 역, 1992)
13. 자바프로그래밍 입문(OK Press, 김희철 외2, 2002)
14. 비주얼 베이직(한올출판사, 김희철외2, 2007)
15. 비주얼 베이직(오성미디어, 김희철 외1, 2006)
16. C언어를 이용한 전산통계입문(반도출판사, 최기헌 외 1, 1996)

찾 아 보 기

(D)

(E)

(F)

(G)

(I)

(T)

(U)

(V)

(W)

(기타)

저자약력

김희철
· 전) 송호대학 인터넷비즈니스 전공 교수(2000-2004)
· 현) 남서울대학교 산업경영공학과 교수(2005~)

김재욱
· 현) 남서울대학교 전자공학과 교수(2006~)

C언어 프로그래밍 입문

2008년 6월 15일 초판1쇄 인쇄
2008년 6월 20일 초판1쇄 발행

저자와의
협의하에
인지생략

저 자 김희철 · 김재욱
펴낸이 임 순 재
펴낸곳 한올출판사
등록 제11-403호
121 - 849
주 소 서울시 마포구 성산동 133-3 한올빌딩 3층
전 화 (02)376-4298(대표)
팩 스 (02)302-8073
홈페이지 www.hanol.co.kr
e-메 일 hanol@hanol.co.kr
정 가 **13,000원**

• ISBN 978-89-8325-985-1